湖南省普通国省道
勘察设计手册

湖南省交通规划勘察设计院有限公司　编著

人民交通出版社股份有限公司

北　京

内 容 提 要

本书基于"创新、协调、绿色、开放、共享"的发展理念和高质量发展的要求，紧密结合普通国省道建设改扩建居多，资金、用地等限制因素较多的实际，提出"坚持以人为本，确保安全至上""统筹资源利用，实现集约节约""加强生态保护，注重自然和谐""着眼周期成本，强化建养并重""强化功能属性，助力经济发展"五大设计理念。从总体设计、路线、路基、路面、桥涵、隧道、公路交叉、交通安全设施、沿线服务设施、景观及绿化、工程地质勘察十一个专业方向详细论述了设计技术和要点，最后对已建成的普通国省道案例进行剖析，进一步用实例说明各个专业的设计技术具体应用。

本书紧扣普通国省道建设特点，以问题为导向，采用阐述观点与案例分析相结合的写作手法，图表丰富翔实，系统性、实用性较强，兼顾适用于普通国省道的新技术、新材料、新工艺，对标准规范中一些技术条款及相关专业内容进行量化、细化，内容全面，查用方便，是一本对普通国省道公路从业人员具有指导意义和参考价值的工具书，也可供有关管理单位和研究人员参考使用。

图书在版编目(CIP)数据

湖南省普通国省道勘察设计手册/湖南省交通规划勘察设计院有限公司编著.—北京：人民交通出版社股份有限公司,2023.6

ISBN 978-7-114-18827-5

Ⅰ.①湖… Ⅱ.①湖… Ⅲ.①道路工程—工程地质勘察—湖南—技术手册 Ⅳ.①U412.22-62

中国国家版本馆 CIP 数据核字(2023)第 098576 号

Hunan Sheng Putong Guo-Shengdao Kancha Sheji Shouce

书　　名：	湖南省普通国省道勘察设计手册
著　作　者：	湖南省交通规划勘察设计院有限公司
责任编辑：	杨　思
责任校对：	孙国靖　刘　璇
责任印制：	张　凯
出版发行：	人民交通出版社股份有限公司
地　　址：	(100011)北京市朝阳区安定门外外馆斜街 3 号
网　　址：	http://www.ccpcl.com.cn
销售电话：	(010)59757973
总　经　销：	人民交通出版社股份有限公司发行部
经　　销：	各地新华书店
印　　刷：	北京虎彩文化传播有限公司
开　　本：	787×1092　1/16
印　　张：	18.25
字　　数：	397 千
版　　次：	2023 年 6 月　第 1 版
印　　次：	2023 年 6 月　第 1 次印刷
书　　号：	ISBN 978-7-114-18827-5
定　　价：	98.00 元

(有印刷、装订质量问题的图书，由本公司负责调换)

《湖南省普通国省道勘察设计手册》编审委员会

主　　编：肖　燕　彭　立　李　瑜
主　　审：向建军
审　　查：张重禄　吴典文

各章编写人员

章名	编写人员
导论	余进修　肖　燕　胡惠华 徐　旸　聂士诚
总体设计	徐　旸　李　大　王　璞
路线	穆　程　樊华明
路基	肖　燕　瞿　帅
路面	张迎春　王　俏　胡　省
桥涵	戴小冬　胡　琼
隧道	易震宇
公路交叉	彭　宇　李　硕　黄　佳
交通安全设施	谢　冰　黄　征
沿线服务设施	石东浩　徐　钦
景观及绿化	雷正杰
工程地质勘察	龚道平　胡新红
普通国省道设计案例分析	黄　征　裴　浪　张　健 唐　华　陈远志　谭宇峰

前　言

我国交通运输实现了从瓶颈制约，到总体缓解，再到基本适应的重大跃升，走出了一条具有中国特色的交通运输发展道路。我国交通运输建设突飞猛进，交通基础设施加速成网，公路路网四通八达，综合运输保障能力大幅提升。截至2022年末，全国公路总里程535.48万km，高速公路里程达到17.73万km，高速公路里程居世界第一位。根据《湖南省公路水路交通运输行业发展统计公报》，截至2022年末，湖南省公路总里程超过24.24万km，高速公路总里程7330km，全面实现"县县通高速"。

全国公路网根据不同运输方式功能定位和技术经济特征构建成了高速公路主骨架网、普通国省道干线骨架网、农村公路基础网"三张网"。"三张网"共同组成了我国层次多样的公路网络。构建安全、便捷、高效、绿色的现代综合交通运输体系，离不开普通国省道和农村公路的必要补充。高速公路是公路网"主动脉"，农村公路是公路网"毛细血管"，而普通国省道则承担"内接外联"任务，是高速公路和农村公路之间、城市节点之间与乡镇间、城镇与风景名胜区之间的重要通道，起到联系纽带和承上启下作用。其功能主要有三个方面：一是助推区域经济功能。公路运输是地方产业结构的重要支柱，承担区域内客运、物流运输重要功能；普通国省道一般为开放性交通，对于沿线地域经济发展具有较强导向性和助推力。二是公共服务功能。普通国省道相对高速公路可免费通行，相对农村公路其路况更好，可快速通行，是一定区域范围内体现服务民生水平，较好提升政府满意度的基础设施。三是灾害应急和国防战备功能。与高速公路相比，普通国省道具有较强气候适应性和较短修补周期；与农村公路相比，可满足重荷载、大交通量要求，可为国家战略规划、省级重点项目任务等提供服务保障功能。

2019年，党中央、国务院发布《交通强国建设纲要》，明确提出"推动交通发展由追求速度规模向更加注重质量效益转变"。普通国省道建设正由"数量"向"高质量"转变。要求普通国省道路网更加完善，需要更加安全、便捷、舒适、绿色，建设过程更加注重环保、绿色，资源应尽可能集约节约利用，最大限度地减少对自然环境的破坏，要求路网能更好地助力产业发展，助力乡村振兴、交通扶贫等，这些都对普通国省道勘察设计从业单位、人员提出了进一步提升设计理念、提高设计技术、积累设计案例和经验的要求。

同时，按照国家进一步深化"放管服"改革要求，普通国省道设计文件审批权限已分层级下放。为保证设计质量、提升设计水平，使行业审批更便捷高效，推动普通国省道建设由"高数量"向"高质量"转型发展，相关部门需进一步了解相关设计理念和设计技术，以期实现审批的统一、协调、科学、高效，推动审批服务更加规范有序。同时通过对建成项目的剖析，形成一批可复制、可推广、可观摩的示范工程和品质工程。

鉴于上述原因，湖南省交通规划勘察设计院有限公司编写了本书。其主要特点如下：

一是突出高质量发展理念。结合国家政策层面分析,基于普通国省道的功能定位(完善路网结构、服务地方经济和人民群众共享交通发展成果,进一步提升人民群众交通出行满意程度),根据湖南省多条普通国省道的勘察设计成果和经验,提出了"坚持以人为本,确保安全至上""统筹资源利用,实现集约节约""加强生态保护,注重自然和谐""着眼周期成本,强化建养并重"和"强化功能属性,助力经济发展"五大设计理念及其相应的设计技术和案例分析。从人、资源、环境、经济、服务和设计技术几个方向,全面融合"创新、协调、绿色、开放、共享"发展理念,全面贯彻了交通运输部倡导的"绿色公路"理念,湖南省"建好、管好、护好、运营好"的"四好"公路理念。

二是以问题为导向提出解决思路。针对目前普通国省道设计、建设过程中容易出现的问题和设计难点逐一进行了分析和论述,基于普通国省道筹资方式减少,项目建设以路网提质改造、老路改扩建居多的现实需求,通过问题分析,提出适用的设计技术与方法,力求技术方案与建设成本相匹配。

三是突出重点,不求大而全。重点聚焦于符合五大设计理念和湖南省普通国省道建设特点的设计原则、设计方法等方面,不追求涵盖公路设计领域的全部内容,不对理论进行过多探讨。结合湖南省公路设计建设多年取得的经验,总结出各类适宜的设计方法和设计原则,并以图例和表格等形式,提供直观的、可操作性强的设计指导。

总而言之,本手册是对现行标准、规范、细则及湖南省普通国省道及其他相关道路技术指南的补充,主要依据湖南省普通国省道建设特点和多年建设经验的总结,参考和吸收了国内其他多个省(区、市)相关技术指南成果,对标准规范中一些技术条款及相关专业内容进行了量化、细化。

本手册相关内容可供湖南省公路项目参考使用。

编写过程中除参考了国家和行业相关标准外,还借鉴了其他省(区、市)的相关地方标准和研究成果,在此一并表示感谢。

编者

2023 年 5 月

目录

导论 / 001

- 第一节　普通国省道特点 …………………………………………………… 001
- 第二节　普通国省道设计理念 ……………………………………………… 003

第一章　总体设计 / 014

- 第一节　对总体设计的理解 ………………………………………………… 014
- 第二节　总体设计中的关键问题 …………………………………………… 015
- 第三节　路线总体设计原则 ………………………………………………… 018
- 第四节　技术标准 …………………………………………………………… 020
- 第五节　设计荷载 …………………………………………………………… 021
- 第六节　路基横断面 ………………………………………………………… 022
- 第七节　路基设计高度 ……………………………………………………… 024
- 第八节　老路改扩建方式 …………………………………………………… 025
- 第九节　兼顾城市道路功能公路技术标准 ………………………………… 025

第二章　路线 / 028

- 第一节　路线设计一般原则 ………………………………………………… 028
- 第二节　路线平面设计 ……………………………………………………… 034
- 第三节　路线纵面设计 ……………………………………………………… 039
- 第四节　路线线形设计 ……………………………………………………… 042

第三章　路基 / 044

- 第一节　特殊填料路堤 ……………………………………………………… 044
- 第二节　路基防护设计 ……………………………………………………… 058
- 第三节　路基排水设计 ……………………………………………………… 068
- 第四节　特殊路基设计 ……………………………………………………… 074
- 第五节　土石方设计 ………………………………………………………… 089
- 第六节　老路加宽设计 ……………………………………………………… 090

第四章　路面 / 095

第一节　路面设计原则 ·· 095
第二节　新建路面设计 ·· 095
第三节　老路改扩建路面设计 ·· 098
第四节　路面设计新技术 ··· 106

第五章　桥涵 / 112

第一节　桥涵总体设计 ·· 112
第二节　新建桥梁设计 ·· 115
第三节　通道及涵洞设计 ··· 117
第四节　改扩建桥涵设计 ··· 118

第六章　隧道 / 123

第一节　隧道总体设计 ·· 123
第二节　隧道洞口段方案设计 ······································· 125
第三节　隧道土建结构设计 ·· 127
第四节　隧道机电设计 ·· 129
第五节　隧道改扩建及加固方案设计 ······························ 130

第七章　公路交叉 / 133

第一节　普通国省道交叉口类型及存在问题 ······················ 133
第二节　平面交叉转弯处理类型及设计要点 ······················ 134
第三节　平面交叉线形及设计要点 ·································· 139
第四节　一级公路交叉口总体设计 ·································· 143
第五节　普通国省道立体交叉设置条件及设计要点 ············· 149

第八章　交通安全设施 / 153

第一节　普通路段交通安全设施 ···································· 153
第二节　特殊路段交通安全设施 ···································· 170

第九章　沿线服务设施 / 182

第一节　沿线服务设施设计总体要求 ······························ 182
第二节　场址选择 ·· 184
第三节　功能及类型 ··· 185

| 第四节 | 设计要点 | 190 |
| 第五节 | 共享策略 | 192 |

第十章　景观及绿化 / 195

第一节	以一路一景为目标的景观总体设计与开发	195
第二节	突出地域特色的自然景观设计	198
第三节	辉映文化历史的人文景观设计	202
第四节	服务区景观设计	206
第五节	植物配置及物种选择	206

第十一章　工程地质勘察 / 207

第一节	工程地质勘察一般要求	207
第二节	工程地质选线	207
第三节	不良地质与特殊性岩土勘察	212
第四节	改建公路地质勘察	219

第十二章　普通国省道设计案例分析 / 221

第一节	浏阳市永社公路示范工程	221
第二节	G354 娄底至涟源公路改扩建工程	230
第三节	S218 新宁县白沙至塔子寨改建工程	239
第四节	S253 湘西州凤凰至木江坪公路工程	250
第五节	G242 新晃侗族自治县新晃至平仓坳公路工程	261

参考文献 / 279

导 论

第一节 普通国省道特点

普通国省道有着厚重的历史,与区域经济社会发展直接相关。城市多数沿路发展,傍路开发建设工业园区。公路是服务城乡经济社会发展的基础设施。公路建设与城市建设,应根据客观需要与实施的可行性,同步规划、互联互通、相互兼容、协调发展。

湖南省普通国省道的特点如下。

一、功能特点

湖南省解决普通国省道交通供给服务与需求,大致经历了四个阶段:一是解决公路"通"的问题,主要解决没有公路的问题;二是解决"畅"的问题,主要通过低标准路面硬化,解决晴通雨不通和简易公路扬尘问题;三是解决"快"的问题,提高运输效率;四是现阶段,目标是高质量发展,实现质量与效益综合发展。

近年来,随着湖南省高速公路网络的不断完善和全省所有县城通高速公路,普通国省道承担长距离、大通道运输的功能逐渐弱化,普通国省道现在主要承担省界内市州间乃至市县区域内对外交通和内部交通,是区域内部不可替代的干线公路,服务区域经济社会发展。要实现市州或县市区域经济社会的持续、健康发展,应当高度重视并加快普通国省道的规划建设。在武陵山脉、南岭山脉、罗霄山脉等旅游资源十分丰富的地区,地方政府还提出了实施全域旅游的战略,因此通往或经过重要风景名胜的普通国省道提质改建工程,还应考虑兼顾旅游公路的功能特点。

二、建设特点

(1)普通国省道大部分路段均为沿老路进行提质改造,不宜进行大规模裁弯取直。且由于在建设过程中难以封闭交通,需综合考虑保通对施工质量的影响。

(2)普通国省道在提质改造过程中,路基、路面容易出现半新半旧、搭接利用的情况,应做好精细化设计,保证工程整体稳定性。

(3)部分普通国省道穿越城镇区域,线形布置应综合考虑其发展规划,做好市政改造预留。同时,沿线平交路口多、建筑物多、集镇多,在公路提质改造设计时,公路平、纵线形控制点多,须做好精细化设计。

（4）普通国省道的老桥较多,桥梁设计荷载标准不断提高,老桥检测评估工作量大,多数桥梁查不到原设计资料,应做好原桥梁评估,综合判断是拆除重建还是加固利用。

（5）普通国省道由于受到功能、地域等因素影响,不能全部采用统一标准,导致适应性差,技术、经济不合理,应提倡"优面、强基、稳土基"的设计理念。

三、工程地质特点

湖南省全域地貌单元变化丰富,地层岩性、地质构造复杂多变,工程地质条件错综复杂,特殊性岩土主要为膨胀土、红层、软土,不良地质条件主要包括岩溶、边坡失稳、采空区等。参考《湖南省工程地质图(1:50万)》,结合公路建设成果,对湖南省的工程地质特点分区说明如下。

(一) 按地貌特征划分

按地貌的绝对高度、相对高度以及地面的平均坡度等形态特征,可将湖南省的地形划分为平原、丘陵及山岭三种地区,其主要特征分述如下：

（1）平原地区:平原地区是地面高度变化微小的地区,有时有轻微的波状起伏或倾斜。其特点是地势开阔平缓,地面起伏不大。湖南省的洞庭湖平原即此地貌。

（2）丘陵地区:丘陵地区是介于平原和山地之间的地形,分布有连绵不断的丘岗和纵横交错的沟壑。湖南省大部分地区均属于该地貌。

（3）山岭地区:山岭地区山高谷深、坡陡流急、地形复杂,但山脉和水系清晰,又有日温差和年温差较大、暴雨多、河流水位变幅大等特点。湖南省的西北部、西部及南部边缘地区即属于该地貌。

另外,在丘陵地区和山岭地区还发育河谷微地貌。由于路线沿河谷布设,可使路线具有线形舒顺、纵坡平缓、工程量小等优点,所以河谷通常是山区公路争取利用的一种有利的地貌类型。

(二) 按地理位置和工程地质条件划分

按地理位置和工程地质条件主要特征,可将湖南全省划分为六个大区。各分区的主要工程地质特征和公路工程所面对的主要工程地质问题分述如下：

1. 湘西北褶皱隆起山原山地工程地质区（Ⅰ）

本区位于湖南省西北部,地貌上属于山岭地貌,地势高峻,具明显的山原地貌景观。海拔一般为600~1200m,最高为2098m。总的来说,本区为较稳定地块,历史地震最高为6.1级。

本区酸盐岩分布较广泛,岩溶发育强烈;局部分布的浅变质岩软弱夹层多,而且较普遍存在滑坡塌崩。因此,本区的主要地质问题是岩溶塌陷和浅变质岩边坡沿软弱夹层滑移失稳。

2. 湘西断褶隆起山地工程地质区（Ⅱ）

本区含雪峰山及其两侧部分山地区,主要为中低山地形,大部分属于丘陵地貌,小部分属于山岭地貌。整个地势自南西向北东逐渐降低。海拔500~1800m,最高为2021m。区内水系发育,沅江、资江蜿蜒其间,水位落差较大。本区构造较复杂,地壳尚较稳定,历史地震最高为5级。

本区的主要工程地质问题是红层边坡失稳、浅变质岩边坡沿软弱夹层滑移失稳以及岩溶塌陷。其中,岩溶可能会对公路隧道的修筑带来洞壁稳定、隧道涌水等工程问题;红层具有膨胀性或崩解性,其作为路基填料,需进行改良后使用。

3. 湘北断陷盆地堆积平原工程地质区(Ⅲ)

本区位于湖南省北部,地貌上属于平原地貌,为冲湖积平原,向北开口,其余三面为丘陵低山环绕。平原中河汉湖泊广布,港汊纵横,地势低平,边部为低丘岗地。

本区构造上处于洞庭湖凹陷盆地,盆地东西两侧的断裂挽近期仍在继续活动,形成省内两条重要的地震活动带。历史地震最高为6.5级,局部烈度高达Ⅷ度,因此本区地壳为较不稳定地块。

本区分布的岩土体类型基本为第四系河湖相堆积的松散土类,呈多层结构,总厚最大达342m。软土在本区广泛分布,其组成特征与工程性能存在差异,对公路工程的影响不同。因此,有必要对洞庭湖区域性软土的特征组成和工程特征进行研究。同时,本区域地震活动较强,桥梁抗震是应考虑的问题。

4. 湘中褶断丘陵盆地工程地质区(Ⅳ)

本区地貌上绝大部分为丘陵盆地,局部为簇状中低山分布。全区由大小不等的、相邻的数个盆地组成,中低山及高丘陵散布其间。丘陵海拔一般为150～350m,中低山山峰最高为1513m。

本区酸盐岩分布较广泛,岩溶路基塌陷和桥梁桩基难以穿过溶洞,是主要的工程地质问题。另外,本区矿产资源很丰富,不少已经开发,因此采空区对公路项目建设的不良影响亦需进行深入研究。

5. 湘东断褶拗陷丘陵山地工程地质区(Ⅴ)

本区位于湖南省东部及东北部。地貌上,中部及南部为丘陵盆地,海拔一般在100～300m间,个别山峰最高为1289m;东北部为低山丘陵区,边境一带为幕阜山、连云山,海拔最高1615m,从与江西交界处向西至洞庭湖盆地,地势逐渐降低。

红层填料的性能改良利用、路堑边坡沿软弱夹层滑移失稳、岩溶路基塌陷与桥梁桩基难以穿过溶洞,是本区公路建设中的主要工程地质问题。

6. 湘东南褶断隆起山地丘陵工程地质区(Ⅵ)

本区约60%面积属于山岭地貌,其余为山间丘陵盆地。总的地势是南及东南部为中低山,向北渐降低为丘陵盆地;西及北部为高耸的中低山环绕。两山间为岭间盆地。山地区海拔一般为400～1500m,最高为2042m;盆地海拔一般为200～400m。盆地中多为碳酸盐岩分布,岩溶发育多很强烈。

路堑边坡沿软弱夹层滑移失稳、岩溶路基塌陷与桥梁桩基难以穿透溶洞,是本区公路建设中的主要工程地质问题。

第二节 普通国省道设计理念

党中央十八届五中全会提出了"创新、协调、绿色、开放、共享"新发展理念,交通运输部按照新发展理念和建设好"综合交通、智慧交通、绿色交通、平安交通"的要求,提出了建设"绿色公路"和"品质工程"。2019年《交通强国建设纲要》要求"绿色发展节约集约、低碳环保"。"高质量发展"更是"十四五"交通发展规划的方向。

"十一五"期间,湖南省为加快普通国省道建设,按照"安全、环保、节约、实用"的原则,制定了《湖南省公路建设工程前期工作技术指导意见》。该指导意见在一段时期有效地指导了湖南省普通国省道建设前期工作。随着社会经济进一步发展,设计建设的内涵越加丰富,生态环保成为基本国策,高质量发展取代高数量发展,并且人们对交通出行的舒适性、安全性要求更高,原来的设计理念需进一步总结和完善,以顺应时代发展的要求。

本设计手册按照普通国省道建设由高速增长阶段转向高质量发展阶段建设发展要求,研究分析湖南省公路建设各类案例,总结出"坚持以人为本,确保安全至上;统筹资源利用,实现集约节约;加强生态保护,注重自然和谐;着眼周期成本,强化建养并重;强化功能属性,助力经济发展"的设计理念。

通过统筹公路设计方案、建设质量、资源利用、能源耗用、污染排放、生态影响和运行效率之间的关系,贯穿公路规划、设计、建设、运营、管理全过程,以资源占用少、能源耗用小、污染排放低、环境影响轻,获得优良工程质量和高效运输服务,实现外部刚性约束与公路内在供给之间最大程度均衡。

一、坚持以人为本,确保安全至上

贯彻"人民至上"的理念,安全应作为公路设计和建设应考虑的首要因素。在普通国省道勘察设计时需要制定和采取有效的针对性措施。

公路安全包括工程建设实体安全和长期的运营安全。通常,设计人员对建设阶段实体安全关注得较多,这些可以通过有效执行相关技术规范规程和精心设计施工得到基本保证。而公路运营期因为时间跨度大、人车路因素变化大,运营期安全对人民生命财产有直接关系且社会关注度高,更能体现公路"高质量"发展的本质。设计理念首先应坚持以人为本,确保安全至上。

(一)灵活线形设计

优良的线形是保证行车安全的根本。除了常规的平面半径、纵坡坡度、平纵组合措施外,在老路提质改造过程中还应关注常年存在的地质灾害路段、平纵组合无法改善路段,果断地采取绕避措施。对城镇周边交通干扰过大路段应综合论证,通过建设辅道完善市政基础设施或采取绕行新建线位。同时,线形应契合地形地貌,不应过高追求高指标,增加工程造价;平纵横指标应均衡,个别利用老路路段经论证可采用老路指标,并配套设置安全防护设施。

创新灵活设计,合理选择公路设计指标,实现项目建设安全、经济、环保。总而言之,根据项目自身环境灵活运用各项指标就是设计价值的体现。

标准规范中的设计指标有主次之分,强制指标应执行,次要指标灵活掌握,突破指标须经安全论证。对环境生态影响不大的,可采用较高指标;经比选,对造价、生态环境、土地资源影响大的,应采用较低指标。同一条路,可分段视实际地形地貌功能按不同的设计标准设计,但需确保平纵横指标均衡。如图0-1所示,建设者们创新性地将双螺旋升坡展线方案应用到高速公路当中,成功克服高落差、高地震烈度及高海拔的"三高难题",实现了3km的直线距离克服300m的高差,使得设计纵坡控制在3%以内,是体现创新设计、灵活设计的很好的案例。

a)

b)

图0-1　高速公路利用双螺旋展线,3km距离克服300m高差

积极采用新技术,提升勘察设计质量,保证可靠性。积极应用可视化、数字化、建筑信息模型(BIM)技术,可用无人机对项目进行数据采集。保证第一手资料的正确性,提高测量效率。

(二) 提升和完善生命安全防护设施

在灵活线形设计中,若局部老路段降低了设计指标,应强化多重安防设置,采用预告标志告知、提醒司机,采取工程措施使运行速度提前达到原有公路安全行驶速度。以提质改造为主的普通国省道建设过程中应按照相关规范、标准的要求完善各类标志、标线及其他防护设施。

二、统筹资源利用,实现集约节约

公路建设应体现对自然资源,尤其是稀缺资源减量利用、有效利用和循环利用,重点解决长期以来我国公路建设普遍存在的资源统筹利用不足、循环利用率低、能源耗用高等问题。设计浪费就是最大浪费,统筹资源利用,实现集约节约可从集约利用通道资源,保护土地资源,严格保护基本农田、公益林,提高老路及废旧资源利用率四个大的方向,从规划设计、施工组织及运营维护等多个方面进行统筹考虑,在整个公路建设过程中融入节约资源、降低能耗的设计理念。

(一) 集约利用通道资源

对于改扩建项目,最重要的是提高老路利用率,即"沿着老路走",直接利用现有通道资源。城镇规划范围内,充分考虑公路空间、水利设施空间、走廊城市道路功能,协同发展,集约利用不同通道资源。

如图0-2所示,常德利用柳叶湖湖堤建设公路,依托优美的路畔景观,同步修建了马拉松和自行车赛道,成功举办了国际级马拉松赛事,带动了周边系列旅游产业发展,大力发展了滨湖和运动产业,是土地资源与旅游资源复合利用的好例子。

a)　　　　　　　　　　　　　　　　　b)

图 0-2　常德柳叶湖环湖公路结合防洪堤设置(公路+防洪堤+旅游休闲)

(二)保护土地资源

保护土地资源主要可以从尽可能利用老路,取弃土与改地、造地及复垦科学结合,采用低路堤与浅路堑,临时用地与永久用地结合等几个方面来实施。

随着公路发展所需关键土地资源供给日益紧张,国省道公路建设对老路的利用率要求越来越高,应遵循运营安全、资源节约的原则,最大程度地利用原有公路占用的土地。第一,要合理利用老路的平纵面,在满足强制性指标的前提下,可灵活采用指标,减少新增用地。第二,通过加强工程措施也可减少耕地、基本农田等土地资源的占用。第三,对于不良地质路段优先避让,在不可避让、较长距离横坡陡峭路段,可因地制宜,采用增加桥梁比例,减少挖方占地,保护生态环境。第四,合理调配土石方,充分考虑取弃土的合理设计。土石方纵向合理调配及通过技术手段将不适宜填料处治后予以利用,将一方面减少弃土场的占地,另一方面减少取土场对土地占用及生态环境的改变和破坏。

(三)严格保护基本农田、公益林

公路建设不可避免占用土地,但应以严格保护耕地和基本农田、公益林为原则,拓宽路基时应尽量占用非耕地一侧,实在无法避免时,也应通过降低路基高程、设置桥梁或收缩坡脚等措施,将占用量降到最低;新建路线尽量沿山坡或坡脚布线,以占用荒地、坡地为主,且应最大限度避免对农田的条块分隔。

(四)提高老路及废旧资源利用率

普通国省道大部分均为老路改扩建工程,提高老路及废旧资源利用率对集约节约、控制工程造价起着至关重要作用。国内一些地市甚至对路基采用建筑垃圾处治料的利用比例提出了要求。从湖南省情况来看,目前老路废旧资源中利用较为成熟的包括旧水泥路面破碎后作为底基层或砌石材料,旧沥青路面就地再生以及隧道弃渣和原防护排水圬工的再利用,如图 0-3~图 0-5 所示。

同时,通过各种技术手段提高老路利用率,从而减少新建道路的资源消耗以及充分利用当地建材都是节约能源的高效手段。

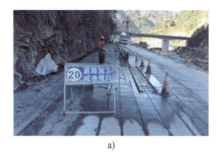

a)　　　　　　　　　　　　b)

图 0-3　路面水泥板用作挡土墙饰面　　　　　图 0-4　路面碎块砌筑边沟

a)　　　　　　　　　　　b)　　　　　　　　　　　c)

图 0-5　路面破碎后用作底基层

如图 0-6 所示,湖南省涟源公路采用泡沫轻质土和钢波纹管结合加固改造老桥,虽然牺牲了一点桥下净空,但是降低了工程造价,同时将对现状交通的干扰降到最低。

a)　　　　　　　　　　　　　　　　　　b)

图 0-6　湖南省涟源公路采用泡沫轻质土和钢波纹管结合加固改造老桥

湖南省长沙至湘潭高速公路就将当地盛产的竹子应用在隧道浅埋偏压及围岩破碎段地表预加固和软弱围岩大断面隧道施工掌子面加固和边坡格栅防护中,如图 0-7、图 0-8 所示,保证了工程安全,同时降低了工程造价,保护了环境,取得很好的效果。

湖南省南县至益阳高速公路采用水袋预压技术,如图 0-9 所示,采用水荷载取代常规土荷载,既保证了洞庭湖平原区软土路基的预压固结,又避免了平原区超远距离取土带来的一系列次生生态环保和经济问题,值得推广。

三、加强生态保护,注重自然和谐

党的十九大以来,湖南省践行中央提出的生态环保要求,执行最严格生态环境保护制度。公路设计应尽可能地减少对原有生态系统、水系等的影响。

a)

b)

c)

图 0-7 湖南省长湘高速公路利用地材竹子作为隧道地表注浆体

a)

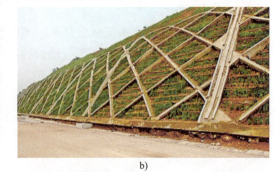
b)

图 0-8 湖南省长湘高速公路利用竹子作为边坡固土材料

图 0-9 湖南省南益高速公路采用水袋预压技术,实现清洁、节能、环保

坚持生态优先、和谐发展的指导方针,强化设计、施工、运营、养护等各阶段的生态环境保护,实现最大程度的保护、最低限度的影响、最有力度的恢复,实现公路与生态、社会的健康可持续发展。

(一)坚持生态环保选线及设计

生态环保选线核心就是注重自然和谐,师法自然,不强求,包括地质选线、地形选线、节能选线和环保选线。在设计阶段前期工作中,对应保护和有保留价值的自然景观、人文景点进行充分调查,平面选线时应进行规避或保护,使公路线形融入大自然,和谐统一。

新建、改扩建项目均要充分调查项目所在地地质情况,通过地质选线,合理避让,防患于未然,减少地质灾害的发生。

路线布设应与地形相协调,实现行车舒适与运营节能的统一。路线走向尽量与河流、山川相吻合,不强拉直线,不硬性切割地形,顺势而行,线形连贯,平滑流畅。满足安全视距,灵活运用直线和曲线的组合,适应地形起伏,形成自然景观。

节能选线除了减少占地、减少土石方等,还应关注以碳排放量作控制指标的公路综合评价指标,缩短路线长度是最为直接的节能选线措施,此外,较陡的纵坡也可能造成综合碳排放量增加。

环保选线需要绕避或有效保护集中居住区、水源保护地等环境敏感点。

图 0-10 ~ 图 0-13 从不同角度展示了生态环保选线的细节。图 0-14、图 0-15 为国道 G320 某隧道改扩建前后的对比。

图 0-10 湖南省凤凰至木江坪公路线形流畅

图 0-11 师法自然景观小品

图 0-12 去除人工的天然景观

图 0-13　湖南省白沙至塔子寨公路综合地形、土石方设置停车区、观景台

a)

b)

图 0-14　国道 G320 某隧道改扩建前风景优美，是地方的一个标志性建筑

a)

b)

图 0-15　国道 G320 某隧道改扩建后人工痕迹明显

公路设计人员应结合公路学、美学、生态、历史、风俗等,在设计初期明确项目功能定位。通过对项目环境的调查,将大自然的美发掘和展现出来,实现公路美学价值。对于老路改扩建项目,应调查当地标志性景观,予以关注和保护。

(二)设计应避免施工过程对生态环境的破坏

设计应关注施工过程中的环境保护,对一些可能造成环境污染生态破坏的施工,设计应予以关注。如设计确定环保绿线能有效避免施工期过度砍伐(图0-16),水上施工时可指导采用泥浆循环收集系统减少对水环境的破坏(图0-17)。建设单位制定施工组织方案时也应严格重视环境保护。

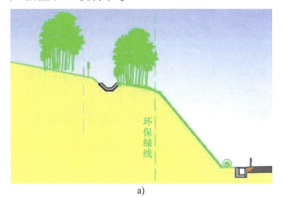
a)

b)

图0-16 环保绿线

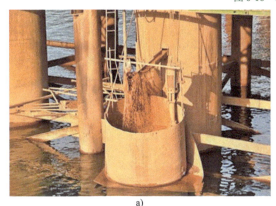
a)

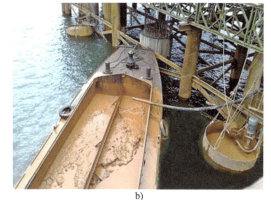
b)

图0-17 泥浆循环收集系统

四、着眼周期成本,强化建养并重

公路全寿命周期成本管理,是指把公路建设的全过程作为一个系统的整体来考量,统筹该系统整体包括的规划、设计、建设、运营、养护和回收等全部环节的资源占用、能源损耗、环境影响、安全可靠和经济成本等,把全系统、全过程的成本最优作为系统的最优目标来实现。简单地说,就是在设计阶段就应统筹考虑建设期成本(含资金和安全)和运营养护期成本(含资金和安全),不以建设期成本作为考量方案的唯一指标或绝对权重指标。

普通国省道的建设项目,特别是改扩建工程,应着重考虑将资金用于解决原有公路由于当时设计理念、设计理论、行业规范、施工水平、材料因素、资金条件等历史原因造成的不足,如高危路堑边坡的处治、关键性结构物的提质等,对这些在运营期成本高、安全风险大的环节,通过建设期加大投入,全面提高工程品质,延长公路使用寿命,从而减少运营期的安全风险和处治费用,不但能提升公路的综合服务水平,更能使项目在全寿命周期中成本最优。

如图 0-18 所示的老路路堑边坡是一个大型的松散堆积体,由于多种原因,无法在运营期根治边坡病害,是老路的一个重大地质隐患。为保障运营安全,养护部门在坡前路段竖立了"停车、观察、通过"的警示牌,并且对于边坡的垮塌土方基本上是"雨后清""年年清"。在项目提质改造过程中,比选了根治边坡、安全隐患小但前期建设成本高的棚洞方案和前期建设成本低但后期运营有一定安全风险的边坡局部清理方案。最终成功采用了棚洞方案,使得一直以来的案例"顽疾"得以彻底整治,该道路品质得到了本质提升。

加强上述项目工程防护力度,从建设投资期来看费用增加,但按照事权划分,道路的运营养护由当地政府负责。如果建设期过分强调节约建设期的资金,会导致养护资金大大增加,而且还会给运营期留下安全隐患;在极端天气条件下,一旦发生安全事故,可能会造成生命财产损失和不良的社会影响。因此,本着不以建设期投资为唯一判断标准,以科学养护为统领,注重公路设计与建设的前瞻性原则,最终采用的棚洞处治方案是全寿命周期成本最优的方案。

图 0-18 重大地质隐患路段

导论

五、强化功能属性，助力经济发展

公路所提供的服务决定了其功能定位，多层次、多功能的路网结构才能提供适应经济发展水平的服务体验，才能真正做到助力地方经济发展，这也是普通国省道"高质量"发展的本质。

湖南省普通国省道从功能区分来看，大致可以分为基本型、旅游型及城乡接合部三大类型。每种不同功能定位的公路决定了其建设标准和具体的设计要求，下面简要介绍基本型与旅游型。

基本型公路的功能定位以传统的公路通达为主，其设计要求也趋向于常规的舒适、安全、环保、经济等。

旅游型公路需要具有更强烈的个性、更好的导向性、更舒适的视觉体验、更便捷的停车等功能，对于景观、服务设施及指引标志有更突出的要求。图0-19为赤水河谷旅游公路项目定位。

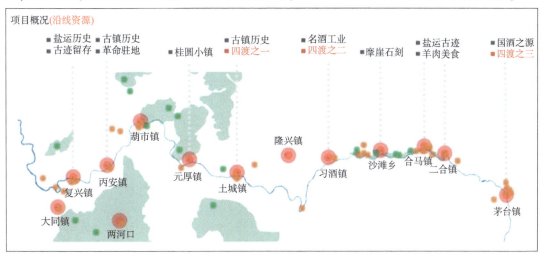

项目概况(沿线资源)
人文资源：酒文化、四渡赤水红色文化、丰富的古镇文化、盐运文化等

深厚的文化底蕴

图0-19　赤水河谷旅游公路项目定位

随着城镇化的发展，部分普通国省道还应兼具城市道路功能，以及与其他交通形式(航空、高铁客运、城市轨道、水运)的有效衔接、互联互通。

013

第一章 总体设计

第一节 对总体设计的理解

公路项目总体设计就是项目的"总策划",是指在确定项目总体定位的基础上,兼顾建设期和运营期,内容包括路线、路基、路面、桥梁、隧道、勘察、交安、景观等。

做好普通国省道总体设计,最重要的是依据项目的功能和对项目环境特征的理解,确定好项目的主题(必要时分段确定设计主题),是"谋定而后动"中"谋定"的过程,对工程的格局、功能、使用效果起决定性作用,是让后续具体的勘察设计能满足公路使用功能、质量安全、环保、节约的要求,贯彻先进的设计理念的前提,也是使主体工程、安全设施、服务设施、管理设施以及主体工程各专业之间相互协调配套,充分发挥各自功能和项目总体功能的保障。项目总体设计时应统一协调路线与各相关专业内、外部关系,明确相关设计界面和接口,最终实现公路项目安全、环保、可持续发展的总体目标。

总体设计的主要内容包括公路功能与环境分析、设计主题与理念、建设规模与技术标准、专业难点与协同、设计检验与安全性评价五部分。项目不同的建设条件和特点,决定了总体设计内容的差异性。公路总体设计应贯穿于公路项目勘察设计的全过程,并随着项目建设阶段的不同逐步深入和细化。

总体设计在各设计阶段重点关注内容:工程可行性研究阶段要研究路网结构和功能定位,确定路线走廊和控制工程造价;初步设计阶段是在核准工可推荐路线走廊的基础上,结合建设条件,对路线走廊带内重点路段进行多方案研究和比选,贯彻设计理念,协调路线与外部建设环境的关系,最终推荐合理方案;施工图设计阶段重点在线位的优化和公路内部各专业、工程间的协调,实现设计主题和细节艺术。

总体设计的基本步骤:公路功能是总体设计的核心内容,同时是确定公路技术等级和主要技术指标的主要依据,所以首先必须根据项目的地区特点、交通特性、路网结构,分析拟建项目在路网中的地位和作用,明确公路功能及类别;其次,以功能为主,结合交通量、地形条件确定设计主题和选用技术等级;再次,以技术等级为主,结合地形条件选用设计速度,并由设计速度控制路线平纵设计;最后,根据公路功能、等级、设计速度,结合交通量、地形条件、通行能力等因素综合考虑选用车道数、横断面各组成部分的尺寸、各类构造物的技术指标或参数、各类设施的配置水平等具体参数。

第二节 总体设计中的关键问题

一、精准功能定位、强化功能属性、协同专业创作

做好总体设计的关键在于对项目特点的分析,在众多的影响因子中要善于"抽丝剥茧",抓主要矛盾,抓矛盾的主要方面;同时具备"拨云见日"的本领,突出重点、解决突出问题。首先,基础资料的收集、整理、分析应紧紧围绕项目功能、交通特性、自然条件等方面展开;其次,应协同各专业设计,使得既相互独立又相互联系的各专业设计为实现、完善、丰富项目的建设目标服务。

湖南省公路建设原则上以建成绿色循环低碳交通运输体系为战略目标,同时因势利导、因地制宜,融入城镇开发、美好乡村建设及城乡环境综合整治之中。与城镇建设和开发结合起来(特色小镇)、与乡村振兴和旅游结合起来(美丽乡村)、与农民脱贫和增收结合起来(扶贫脱贫)、与城乡环境和路域环境综合整治结合起来。展现湖南省干线公路的功能与社会价值,保护自然环境,并通过设置支线等方式与沿线旅游资源相衔接,实现与大型旅游景区、旅游度假区、红色旅游区、扶贫重点村的公路连通。

以浏阳永社公路为例,该项目在2016年完成大修改造,道路面貌发生了根本性的变化,常规的路面加铺、路基拓宽、路线拉直等建设已完成。设计者在实地调研项目情况后,针对项目沿线旅游特色景点多的特点,提炼出"山川聚美千古秀,耕读传家万年长"的项目特色,设定项目建设目标为"打造新型郊野旅游产品"。

具体的设计细节主要围绕"安全提示、景观提升、服务提质、管理提优、文化提醒、社评提高"六方面综合展开,实现了公路+旅游+互联网+乡村经济的高度融合,详见表1-1。

但各项目均有其各自的独特性,不可一概而论,具体的设计应充分分析项目的情况,制定不同的建设目标。比如湖南东部某矿区二级公路承担了大量的矿料运输工作,因此,总体设计中应以满足重载交通(加大路面厚度、提升路基质量)、提升安全等级(采用混凝土护栏,增设路段安全检查站、休息区)等功能要求为主要设计内容,适当弱化旅游、美化等舒适性设计内容。

浏阳永社公路提质改造工程实施项目　　　　　　表1-1

类别	实施项目
安全提示	平交口、特殊路段等处治交安工程
	事故率较高的两处平交口土建改造
	沿线平交口被交道调坡
景观提升	主线道路绿化整治
	服务区、休息区绿化
	道路边沟整治与美化
	路基防护改善

续上表

类别	实施项目
服务提质	服务区 Wi-Fi 信息服务系统
	智慧公路互动信息平台
	服务区、休息区配置升级
	新增车辆临时停靠点
	浏阳工业园—北盛新增自行车道
	K0+000～K13+200 路面加铺、彩色路肩
管理提优	路网智能监测系统
文化提醒	雕塑、小品等展现沿线的公路、地域文化
社评提高	全民参与、全民受益

二、坚持安全至上原则,灵活运用设计指标

总体设计应本着"以人为本,安全为重,宽容设计"的理念,对于安全隐患大的路段,应进行综合比选,在不影响工程安全和质量的前提之下,应尽可能消除安全隐患或降低不安全因素的影响程度。在手段上应采取宽容的设计手法,有条件的路段应设置足够的路侧净区,路侧缘石、标志立柱等设置在净区以外,净区内排水设施应宽、浅、隐,减少安全隐患;无条件设置路侧净区路段时,应设置必要的交通安全设施。

此外,主要指标应做到强制执行,次要指标可灵活掌握,突破指标需经论证使用,局部路段指标宜适度变化。公路技术标准的选用应合理适应交通量的高峰时段效应,结合路网规划、项目功能、建设条件、技术经济等方面的因素,综合论证确定。

需要强调的是,好的设计应该是最"恰当"的设计。路线连续流畅,不在于单个曲线指标的高低,而在于整条路曲线的连续流畅以及与自然环境的和谐"恰当"。因此,改扩建项目设计中可因地制宜适当地采用不对称平曲线(S 形、卵形、C 形、凸形、回头曲线及复合型平曲线),来提高线形流畅性及自然地貌的协调性,使设计成为"恰当"的设计。

如图 1-1 所示案例路段,路线左侧为河流,右侧为陡峭的山体,如全线统一按提质改建的标准路基宽度 8.5m 修建,则势必造成左侧 40m 左右的薄层高填方路堤,或者右侧 50m 左右的不稳定斜坡深切方。因此,此路段灵活掌握路基宽度指标就显得尤为重要,在保证行车道宽度的情况下,将土路肩合理缩减,基本保证不填不挖,避免了改建工程对生态环境的破坏甚至引发新的地质灾害。

三、坚持统筹规划,提升路网运行效率

面对城镇化新形势、产业转型新目标、人们出行新要求,普通国省道、高速公路、城市道

路系统的有效衔接应遵循"功能衔接顺畅、结构衔接合理、能力衔接充分"的原则。

图 1-1 灵活掌握路基宽度,避免高填深切,减少次生灾害

首先,应统筹普通国省道与城市道路规划建设,在满足普通国省道通道功能的前提下,可结合市政道路功能及市政建设标准同步实施,避免重复建设。其次,做好普通国省道与城市道路的衔接,对部分近期需求不大的过境公路,可直接利用现有城市道路,或通过改造道路交叉口、设置辅道等替代使用。最后,以公路项目立项的城市组团之间的联络通道,城市出入口道路、城镇化社区道路应根据道路的使用功能和城镇规划,确定道路的横断面形式,明确公路工程与市政工程的界面划分与衔接。

对于拥堵严重或原路升级改造难度较大的普通国省道城区段,可选择新线建设绕城公路方案,解决过境交通与城市交通混行问题,提升普通国省道通行能力及服务水平,缓解城市交通压力。总体设计中应尽量采用既能满足公路规范要求,又能满足远期升级改造需要的标准,最大限度地降低远期改造费用。

对于通过城镇化路段的国省干线,原路升级改造工程宜结合城市发展,应综合考虑交通流量、构成及道路通行能力,适度超前,优先采用高架、立交等方式,尽量以实现主线通行无红绿灯为追求目标,使过境交通和市内交通尽量分离,实现城市道路交通通畅、国省干线过境交通快速。如有快速恢复或者景观要求,也可局部节点采用钢结构等技术方案。

第三节　路线总体设计原则

如本书导论所述,根据地形特点,湖南省大致可分为平原、丘陵和山岭三类地貌区域,具体设计时应抓住三大区域内的显著特征,根据其地形、地质、气候、工矿企业及城镇布局做好适应性设计,将公路与地方城镇建设、旅游开发、经济产业的发展联动起来。下面简要介绍平原地区路线总体设计原则、微丘地区路线总体设计原则、山岭地区路线总体设计原则、老路改扩建项目总体设计原则。

一、平原地区路线总体设计原则

平原地区区域路网发达,村镇规模大而密集,农田广阔、水系发达,路基填料缺乏,公路设计高程多受内涝及蓄洪水位影响,应重点考虑泄洪、减少借方和占地要求。

当路线通过蓄洪垸时,设计高程宜按外河设计水位或垸内历史最高蓄洪水位控制,并尽量采用桥梁方案满足泄洪要求,特大桥梁根据水利部门要求预留汛期冲锋舟通行孔,净空满足冲锋舟通行要求;当路线通过重点垸时,宜按内涝水位控制,并核查外河堤坝的防洪标准,根据公路等级综合考虑内涝、防洪要求执行。

经过湖区和平原农田的路段,在减少农田占用同时少拆迁房屋的条件下,平面线形应尽量顺直快捷,以最短路线通过;在满足灌溉、通行、地下水位及设计水位条件下,纵面应遵循"高低搭配,总体降低"的原则,尽量降低路基设计高程,减少借土,但应避免平坡设计。

公路经过沿线城镇时,路线方案应综合考虑城镇现状及规划、自然地形条件、经济发展水平,合理确定与城镇的连接方式。当城镇规模较小时,为方便居民出行,线位尽量靠村或进村,横断面布置宜考虑行人和非机动车出行需求,灵活设置人行道和非机动车道;当城镇规模较大时,线位宜在城镇规划红线外侧,为城镇发展留下空间,同时考虑与城镇主要道路的连通性和交通集散功能。

二、微丘地区路线总体设计原则

微丘地区区域路网发达,小河和水塘较多、农田成片,居民聚居区分布广泛,地面相对高差略大。因此路线方案控制因素多,选择性也很大,应重点考虑路基填挖高度、土石方平衡、农田占用、房屋拆迁数量。

当路线通过区域内小山包较多,山脚和平地居民集中点分布广泛时,应进行多方案比选,在控制工程造价合理的情况下减少房屋拆迁和农田占用。

丘岗地区线形指标应顺应地形起伏,不过分追求高指标。当无法避免填方过高时,应综合进行高路堤与桥梁方案比选。

三、山岭地区路线总体设计原则

山岭地区地形地质条件复杂,河道弯曲、沟谷纵横密布,城镇稀疏,路网等级低,技术指标低,行车安全性差;山岭地区国省道工程规模大,技术复杂,应重点考虑工程安全、运营安全和工程造价;山岭地区选线重点是从多角度进行方案比选,充分考虑地形、地质条件,减少对环境的破坏,提高行车安全性。

对沟谷狭窄、地形复杂路段,一般要多方案同深度比较。充分利用地形展线,减少高填深挖和对山体的破坏,采用与设计速度相协调的平纵线形来适应地形,加强运行速度协调性评价,提高行车安全性。

河谷较宽时,宜尽量傍山布线,采用与地势相协调的平纵指标,尽量少占农田和减少拆迁。

对地形起伏较大的山区,布线时应进行平纵横一体化设计,反复调整平纵面。一是要考虑平纵组合,满足视觉诱导和行车视距要求;二是利用横断面检验路基两侧填挖高度;三是考虑冲沟宽度小,路基布置后容易截断冲沟排水通道,平面线位应考虑冲沟排水需要;最后从路基稳定性出发,综合考虑地质、土壤、填石路基方案和土石方平衡,通过平纵横组合一体化设计,力求平纵协调,横断面位置最佳。

对复杂地质路段,则应贯彻地质选线的原则,根据路线走廊带内滑坡、岩溶、可能存在的采空区和控制路线走向及场址选择的区域性断裂带等不良地质分布的位置、规模、稳定性等情况,路线方案优先选择绕避不良地质,减少工程难点,方便施工。对无法规避的不良地质应有针对性、切实可行并较为经济的处治方案,并应进行方案比选,择优选择。

四、老路改扩建项目总体设计原则

老路改扩建项目设计应以提高老路服务水平、解决老路问题为导向。通过对老路的运营安全与技术状况调查与评价,收集老路运营期交通量和交通事故资料以及沿线病害凸显路段(如边坡反复破坏、路面反复开裂、路基塌空、路面积水等),并核查全线路面设计高程来确定提质改造的重点整改节点。对存在问题的路段采取相应改善措施,对不存在安全隐患的路段,则通过平纵面线形与既有道路拟合,充分提高老路利用率。

在城镇过境路段应加强行车安全的调查,搜集原路历年的管养资料和交通事故资料,在对原路进行符合性评价和安全性评价的基础上,采取必要的措施,消除原路的工程缺陷和交通安全隐患。对于安全性问题不突出、仅部分时段易堵车的路段,可以继续使用老路,但应分析堵车原因,采用设置一些紧急停车带规避占路停车,或者秉承路宅分离的设计理念对卡脖子路段的建筑予以拆迁。对于部分车流量较大、安全隐患突出的路段,无法通过局部优化来解决,则应采用新线绕避方案,彻底解决问题。

老路改扩建需进行老路拼宽时,老路平纵面线形难以满足新建道路规范规定的平纵面指标要求,设计的线形指标应灵活运用,在不影响行车安全和兼顾各分项工程的利用与改造方案基础上,充分利用老路资源。

老路改扩建时,对于不满足拓宽要求的路段,特别是因提高设计速度和拓宽路基可能诱发工程地质病害时,经论证后局部路段可降低新标准(但不低于原设计标准),或者采用新线位布设。

对老路既有桥梁段,当老桥能满足或加固后能满足改造后公路等级要求的承载力时,应尽量利用,局部路段可以通过限速来降低平面指标,维持老路平面线形不变;当老桥不能满足改造后公路等级要求的承载力,桥位段平面指标较低时,宜选择新线提高线形指标和新建桥梁,老桥宜根据检测状况综合判断是保留通行还是拆除。

公路设计贯穿于建设始终,动态设计是施工图设计在施工阶段的延续,其参与者不再局限于设计方和咨询方,而是建设、设计、咨询、施工监理、地方协调等部门共同参与,其核心是设计优化。动态设计优化的目的在于最大程度地解决原设计中存在的不足,适应复杂的地形和地质条件,优化施工工艺与施工组织,节约和利用资源,保护环境,优化美化道路景观,以最大程度提升项目的建设品质。

第四节 技术标准

一、技术等级

普通国省道的技术等级应按照项目可行性研究报告批复执行。

普通国省道宜采用二级公路及二级公路以上标准。承担次要集散公路功能、交通量小且以小型车为主的地形条件复杂、地质条件差的特殊困难路段,经论证可以采用三级公路。

普通国省道可根据实际情况分段采用不同的公路等级。不同等级公路间衔接应协调,过渡应顺适;衔接点宜选择在地形明显变化路段或者平面交叉等交通量明显变化处。

如图1-2所示案例,为适应城镇和城郊的功能需求,在保证主路通行能力不变的情况下,在城镇路段增设了辅道,兼顾市政道路的功能。

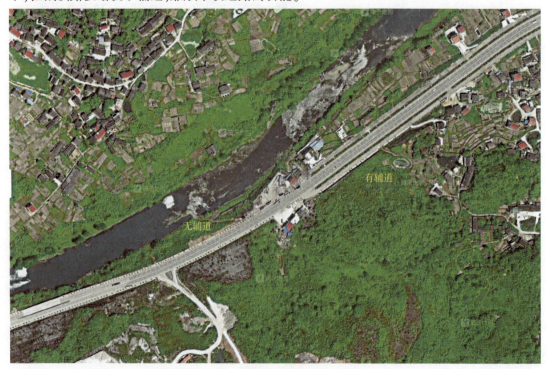

图1-2 同一道路根据功能采用不同的标准

当提高公路等级改建公路导致局部路段因设计速度的提高,可能诱发严重地质灾害或对环境保护、文物保护影响较大时,该路段可维持原有设计速度,但对于一、二级公路路段长度不宜大于10km,相邻设计路段的设计速度差不宜大于20km/h。

二、设计速度

普通国省道设计速度的选用应根据公路功能与技术等级,结合地形地质条件和工程造价,力求建设方案安全、经济、实用、合理。当受地形条件和环境严格约束时,可以采用同等级但不同的设计速度、路基宽度。

对于局部工程困难路段和环境保护路段,采用较低速度的普通国省道可以进一步采用限速处理来进一步降低一档设计速度,设计速度之差宜小于10km/h。如图1-3所示案例,项目公路等级为二级公路,标准设计速度是60km/h,但是在进入地形复杂路段后设计速度降为40km/h,局部回头弯路段设计速度降为20km/h。

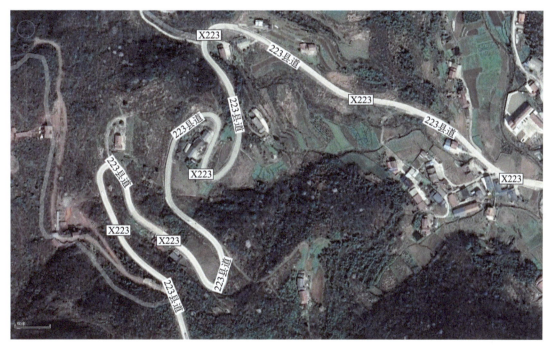

图1-3 采用不同设计速度的某道路图

采用同一公路等级不同的设计速度、路基宽度时,分段的最小长度宜不小于5km,且相邻路段的设计速度差不应大于20km/h。不同公路设计速度、路基宽度间的衔接应协调,过渡应顺适,衔接点宜选择在地形明显变化路段。

第五节 设计荷载

普通国省道的设计荷载应该满足现行《公路工程技术标准》(JTG B01)的要求。当改扩建普通国省道需要对原有道路充分利用时,公路设计荷载可以按照"老路老标准、新路新标准"的原则执行,但必须充分论证,并取得主管部门的批复。

普通国省道往往存在与城市道路衔接的路段,但《公路桥涵设计通用规范》(JTG D60—2015)、《城市桥梁设计规范》(CJJ 11—2011)中汽车荷载有所差异,宜以两种荷载中的高值作为设计荷载。

拼宽桥涵的新建部分与既有桥涵结构连接时,应进行整体验算和评价。既有桥涵极限承载能力应满足或采取加固措施后满足现行标准的要求;正常使用极限状态应满足原设计标准的要求,并应在设计中提出有针对性的运营管理和维护措施。

桥涵荷载等级的选用应符合下列规定:

(1)既有桥涵的检测评价应采用原设计荷载等级。

(2)对拼宽部分与既有部分结构连接进行整体验算,评价正常使用极限状态时应采用原设计荷载等级,评价承载能力极限状态时应采用现行荷载等级。

(3)分离增建桥涵、拼宽桥涵的新建部分设计,应采用现行荷载等级。

(4)分离增建时,既有桥涵可维持原设计荷载等级。

(5)改造后的老桥桥面高程和坡度应充分考虑与老桥相适应,并宜对老桥进行承载力检测及必要的加固,以确保桥梁的承载能力。

第六节 路基横断面

普通国省道应根据公路功能、交通量大小及组成、技术等级、设计速度、地形条件及沿线城镇化程度等实际情况,选择合适的路基宽度及横断面形式。普通国省道的公路横断面设计应倡导路侧安全和运用宽容设计理念,做好中间带、加减速车道、路肩及渠化、左右转弯车道、交通岛等各组成部分的细节设计,清除有碍行车的障碍物,提供足够宽度的无障碍的路侧安全区。

分段采用不同路基宽度的衔接点宜选择在城镇或交叉等交通量变化处,且应设置必要的过渡段;当条件受限,无合适的交叉过渡位置时,应选择在视距开阔的路段;在回旋线范围内过渡时,过渡段长度应与回旋线长度相等。

路基断面、桥梁断面和隧道断面在行车道上应完全对应。路基、桥梁的硬路肩与隧道的侧向宽度存在差异的,应采用适当的方式加以引导过渡,并设置明显的引导过渡标志,达到安全、顺适、美观、节约的目的。

普通国省道一般路段路基各组成宽度可参考表1-2。

普通国省道的一级公路路基标准横断面如图1-4、图1-5所示。

具有集散功能的或结合城镇市政道路的二级公路,经技术经济论证,其路基可加宽,增加的车道宽度应符合相应设计速度规定的车道宽度。靠路肩一侧可利用加固后的路肩作为慢车道,并应在行车道与慢车道之间采用划线分隔。当四个及以上车道的整体式路基未设置中央分隔带时,应设置双黄实线。设慢车道的二级公路典型横断面形式如图1-6所示。

二级公路的路基宽度一般选用12m、10m、8.5m 三种形式(图1-7)。承担次要集散公路功能、交通量小的特殊困难路段,经论证可采用老路宽度。

普通国省道一般路段路基各部分宽度　　　　表1-2

公路等级	设计速度(km/h)	使用情况	左土路肩(m)	左硬路肩(m)	左行车道(m)	中间带宽度(m)	右行车道(m)	右硬路肩(m)	右土路肩(m)	合计(m)
一级公路	80(干线)	一般值	0.75	3.00	2×3.75	1.50	2×3.75	3.00	0.75	24.00
		最小值	0.75	1.50	2×3.75	1.50	2×3.75	1.50	0.75	21.00
	80(集散)	一般值	0.75	1.50	2×3.75	1.50	2×3.75	1.50	0.75	21.00
		最小值	0.50	0.75	2×3.75	1.50	2×3.75	0.75	0.50	19.00
	60(集散)	一般值	0.75	0.75	2×3.50	1.50	2×3.50	0.75	0.75	18.50
		最小值	0.50	0.25	2×3.50	1.50	2×3.50	0.25	0.50	17.00
二级公路	80	一般值	0.75	1.50	3.75		3.75	1.50	0.75	12.00
		最小值	0.50	0.75	3.75		3.75	0.75	0.50	10.00
	60	一般值	0.75	0.75	3.50		3.50	0.75	0.75	10.00
		最小值	0.50	0.25	3.50		3.50	0.25	0.50	8.50
	40	一般值	0.75	0.00	3.50		3.50	0.00	0.75	8.50
三级公路	30	一般值	0.50	0.00	3.25		3.25	0.00	0.50	7.50

注:1.一般情况应采用"一般值",在地形、地物等条件受限制的路段,经论证可选用"最小值"。

2.作为干线公路的一级公路中间带宽度应根据公路项目中间带功能确定。

3.作为集散公路的一级公路中间带宽度应根据中间隔离设施的宽度确定。

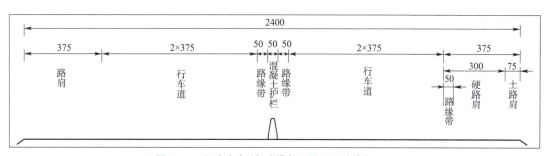

图1-4　一级公路路基标准横断面图1(尺寸单位:cm)

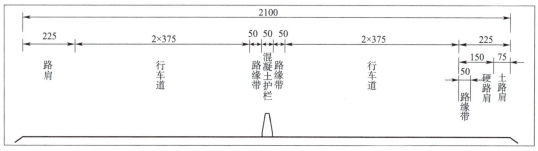

图1-5　一级公路路基标准横断面图2(尺寸单位:cm)

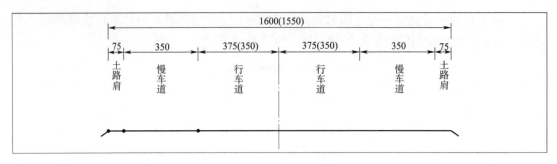

图1-6 设慢车道的二级公路典型横断面布置图(尺寸单位:cm)

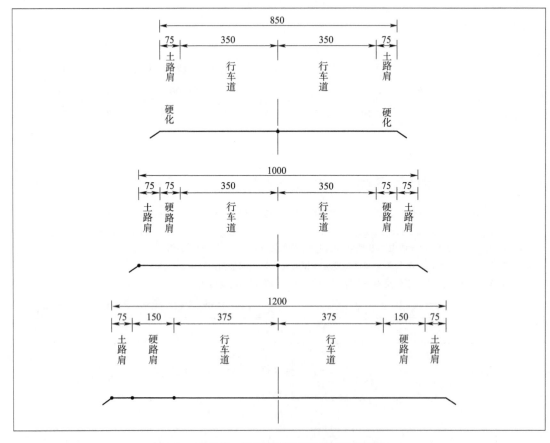

图1-7 二级公路一般路基横断面布置图(尺寸单位:cm)

桥面净宽应满足公路限界的要求,原则上与路基(扣除土路肩)同宽;有人行交通需求的桥梁上宜设置人行道,并根据路基标准横断面采用合适的桥梁断面布置形式。利用老桥改造的桥梁,可视具体情况合理确定桥梁宽度。

第七节　路基设计高度

路基设计高度主要受桥梁、特殊路基、通航及设计水位、地形等影响,设计应根据沿线地形、地貌、水文、地质等情况,结合构造物设置、路基土石方平衡、路基稳定等综合确定。沿河及受水浸淹的路段,路基设计应考虑防洪需要,存在内涝的路段还应充分考虑内涝水位的影响。沿河及受水浸淹的路基横断面上应示出设计水位。地下水富集路段,为保证路床处于干燥或中湿状态,路基最小填土高度一般不小于1.5m,视地基情况采取措施进行处理。

路基设计高度宜按设计洪水频率、最小填土高度、极限填土高度、中央分隔带横向排水需要确定,宜采用低路堤方案。改建路基应对原有路基设计高度进行复核,确保路基高度满足要求,以确定老路基的处治措施和处治的合理性。

路基设计宜避免高填土、宽占地,根据实际条件因地制宜确定整体式和分离式路基、路桥分界高度。

为了减少占地、减少远运土方和节约工程造价,平原微丘区宜采用低路堤方案,按照路基的最小填土高度控制。

山区公路的路基设计高度,主要是考虑土石方的平衡来确定路基的填筑高度。山区公路的路基填筑需要注意边坡的稳定性,尤其是陡坡上的路基填筑应验算边坡的稳定性。

第八节 老路改扩建方式

公路路基拓宽改建设计,应根据原有公路沿线地质、水文情况,采取合理工程措施,保证拓宽改建公路路基的强度和稳定性。设计前应收集、调查原有公路有关资料及目前稳定情况,并进行水文地质勘察,查明拓宽场地的水文地质、工程地质条件,分析评价拼接路基或增建路基对原有路基变形和稳定的影响。设计时应注意路基、路面综合设计。新旧路基、路面之间保持良好的衔接,并采取工程措施减小差异沉降,防止产生纵向裂缝。

老路改扩建平纵指标尽量拟合原有公路,不片面追求高指标。根据公路等级,在低等级公路局部段利用老路情况下,可降低标准,但应保证足够的安防设施设计。平原微丘区的老路加宽方式,应该考虑施工条件、加宽宽度等,确定采取单侧加宽或双侧加宽;原则上应该以单侧加宽为主。山区公路的老路加宽方式,原则上不要造成原有高陡边坡新的开挖。

应收集原路基的设计、施工、养护等资料,查明路基填料、含水率、强度及防护、排水设施的使用状况和稳定状态,并分析评价改扩建对原路基稳定性的影响。软土路基地区地基处理宜采用与原路基相同或更高级的处理形式,整体拼宽路基处理不宜采用排水固结、强夯等对原路基稳定影响较大的方法。

第九节 兼顾城市道路功能公路技术标准

公路根据其区位与城镇关系可分为城市规划区路段、城市规划区外路段、过渡段。城市规划区内公路技术标准应考虑城市规划,若投资、拆迁等条件受限,需分期实施时,宜充分考虑近远期技术标准之间的衔接,使近期工程成为远期工程的组成部分,预留远期需求发展条件。城市规划区外,公路技术标准宜结合城市规划及路网规划,分析其在路网中的功能定位,考虑延伸到城区段的城市道路技术等级,综合确定其技术标准。对于过渡段,则应考虑公路与城市道路体系及技术标准的差异,重点做好城乡接合部公路的协调设计,使其能满足平顺、安全的要求。为利于远期区域的城市规划及公路的城市化改造,在可能的情况下,过渡段技术指标参数尽量选择较高值。

原公路等级为一级公路、二级公路改造为城市道路的情况较为多见,大部分情况为一级公路改造为城市快速路或主干路、二级公路改造为城市主干路或次干路。表1-3 为城市道路与公路设计速度对比表。

城市道路与公路设计速度对比表(km/h) 表1-3

公路	一级公路			一级公路			二级公路		三级公路		四级公路	
	100	80	60	100	80	60	80	60	40	30	30	20
城市道路	快速路			主干路			次干路			支路		
	100	80	60	60	50	40	50	40	30	40	30	20

穿越城镇段的普通国省道,应结合城镇总体规划,为改造提升预留条件。市政化改造可参照现行相关要求,为设施带/绿化带、人行道等附属设施及管线提供预留空间。图1-8 为国省道市政化改造示意图。

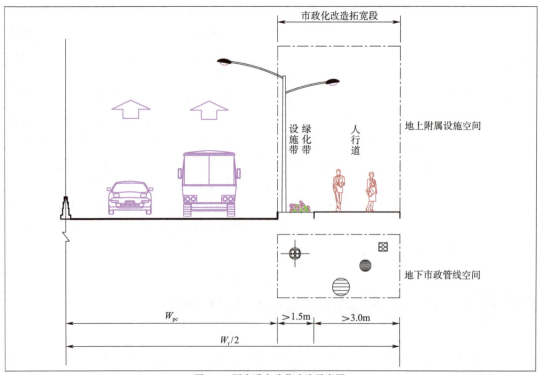

图1-8 国省道市政化改造示意图

W_{pc}-机动车道或机非混行车道的路面宽度;W_r-红线宽度

穿越城镇段的普通国省道,道路排水系统和道路照明系统等可考虑与国省道同步实施。道路排水系统应结合城镇总体规划和排水工程专项规划进行统筹考虑,应与城镇现有或规划的排水系统相协调。国省道经过水环境敏感路段时,应采取相应的路(桥)面等径流收集、处理措施,避免由于排水不当导致水体污染。

第二章 路　线

第一节　路线设计一般原则

一、路线方案比选原则

路线设计方案应在项目工程可行性研究选定的路线走向和主要控制点的基础上，充分结合沿线地形地物及地质条件，合理运用技术指标确定拟进行的多方案比选路线方案，确保不遗漏任何有价值的比选方案。从服从项目总体定位、工程规模、自然条件、环境保护、土地资源、城镇发展、工程安全、运营管理与养护等要素出发进行技术经济比选，选出最为恰当的方案。

如图 2-1 所示为湘西北部山岭区某二级公路路线方案比选案例。其设计速度是 60km/h，路基宽 8.5m，路线长约 42.7km。沿线耕地稀少，生态环境脆弱，地形、地质及水文条件复杂，存在岩溶、滑坡、崩塌等不良地质情况。

路线方案研究时充分考虑地形地质条件，尽可能减少对自然山体的破坏，尽量减少占用耕地，避让基本农田和经济作物区，充分考虑与沿线城镇的连通性及其规划发展的交通需求，在三个路段各选取两个方案进行同深度比选。

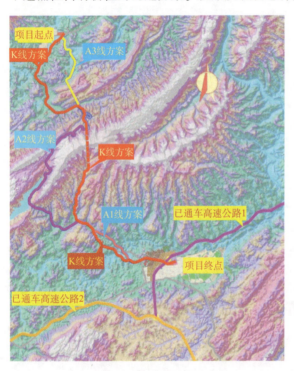

图 2-1　某路段三处路线方案比选示意图

1. 图 2-1 所示 A1 线与 K 线比较段

该段路线地形较为平缓，基本农田较多，无不良地质，重点因素是某城镇，包括服从其国土规划及经济发展需求，比选过程见表 2-1。

K 线、A1 线技术方案比较表　　　　　　　　　　　　　　　　　　表 2-1

示意图	比选情况	结论
	K 线为绕避城镇方案，与沿线城镇的连通性较好，同时拆迁量较小，造价较省。 A1 线为靠近城镇方案，线路顺直，但对城镇干扰较大，且拆迁量较大，占用良田较多	K 线优

2. 图 2-1 所示 A2 线与 K 线比较

该段路线地形起伏大，横向坡度较陡，不稳定山体较多，路线主要受地形、地质条件控制，故灵活运用指标，绕避高填深切是关键，详见表 2-2。

K 线、A2 线技术方案比较表　　　　　　　　　　　　　　　　　　表 2-2

示意图	比选情况	结论
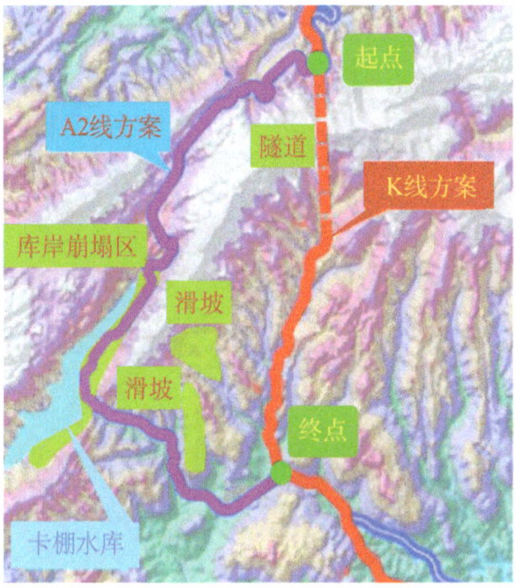	K 线为顺直方案，平纵面指标高，路线里程短（10.9km），对运营期减少碳排放有重要意义；虽然设置了 1 座 3760m 隧道，但是避开了沿线地质灾害路段，对环境破坏小，运营期安全系数高。 A2 线为绕行的明线方案，路线里程长，且路基挖方对山体破坏较大，平纵面指标低，但建设期工程造价相对低	K 线优

3. 图 2-1 所示 A3 线与 K 线比较

该段路线地形条件多变、起伏不一，路线方案主要受地形条件影响，绕避高填深切，规避次生灾害仍然是重点考虑因素，详见表 2-3。

路线方案针对沿线地质情况、工程建设难易程度、沿线城镇发展需求、生态环境影响，建设与运营全寿命周期成本等进行论证，其中 K 线方案能有效控制工程投资、降低工程建设风险、减少运营管理成本、带动沿线乡镇发展。

K线、A3线路线技术方案比较表 表2-3

示意图	比选情况	结论
	K线与地形结合较好,避开了高填深挖,桥隧比低,建设难度较小,工程造价较低,虽路线迂回、里程长,但与沿线城镇的连通性较好,有利于带动沿线经济发展。 A3线顺直,对沿线居民干扰小,但陡坡路段桥梁较多、隧道较长、高填深挖路段多,施工难度大,施工风险控制要求高,后期运营管理难度大	K线优

二、路线线形安全设计原则

路线方案应注重线形设计,综合考虑平面、纵面、横断面三者协同设计,做到平面顺适、纵面均衡、横断面合理,并能够在视觉上诱导视线,保持线形的连续性和舒适性,从而在线形设计上提高行车安全。图2-2为隧道入口交通诱导,图2-3为小半径弯道主动诱导,图2-4为弯道交通诱导与预警系统。

图2-2 隧道入口交通诱导　　　　　　图2-3 小半径弯道主动诱导

线形设计时应充分考虑平纵面对路面排水的影响,确保路面排水迅速、无积水,提高行车安全。

线形设计均应采用运行速度进行检验,必要时运用公路透视图进行分析和优化;二级及以上的普通国省道应在设计时进行交通安全性评价,其他公路在有条件时也可进行交通安全性评价。应根据交通安全性评价结论,对线形设计、几何指标取用等进行调整优化,对交通安全设施及管理措施进行检查完善,并应符合下列要求:

（1）对连续长陡纵坡路段的上坡方向，应重点依据交通量、车型组成和运行速度变化，分析评价其上坡路段的通行能力和服务水平，提出交通组织与管理措施方案。

（2）对连续长陡纵坡路段的下坡方向，应重点依据交通量、车型组成和主要货车车型的综合性能条件，分析评价车辆连续下坡的交通安全性，对应完善和加强路段交通工程和路侧安全设施，提出路段交通组织管理、速度控制措施方案。

（3）对路侧邻水、邻崖、高填方等路段，应结合项目功能、设计速度和交通量等因素，根据安全设施设置方案分析路侧安全风险，完善路侧安全防护设计，必要时应提出交通安全管理措施或提高路侧安全防护等级。

图2-4 弯道交通诱导与预警系统

三、路线线形指标灵活运用原则

在满足公路运行安全性要求和公路总体通行能力要求的基础上灵活运用技术指标。技术指标分主要指标和次要指标，主要指标主要指涉及安全性的指标以及计算参数应严格执行或从严掌握的指标，次要指标指在满足安全的前提下从美学和行车舒适角度提出的指标。主要指标应尽量采用较高指标，对安全和功能有重大影响的主要指标强制执行规范要求；次要指标可以灵活采用低值或极限指标。技术指标的运用可参考表2-4。

以湘中丘陵地区改扩建为案例，老路是路基宽度7.5m、设计速度30km/h的三级公路，现要升级改造为路基宽度8.5m、设计速度40km/h的二级公路。如图2-5所示路段，按规范常规做法，同向曲线需满足$6v=240m$；如果将同向曲线调整为复曲线，也会造成左侧目前已稳定的高边坡的大开挖，不仅破坏生态环境，还极易引发新的地质灾害。因此，考虑到该指标为次要指标，经运行速度检测，满足交通安全的前提下，此路段沿用老路路基，进行路基病害处理后增设交通安全设施措施，确保新路运营安全。

技术指标运用要点参考表　　　　　　　　　　　　　　　表 2-4

序号	指标类型	指标名称	主次分类	规范用词	灵活运用要点
1	平面指标	圆曲线极限最小半径	主要	应	执行规范，对于改扩建公路困难路段，经论证可降低一级设计速度执行；同时应强化减低路段限速，确保安全措施
2		不设超高圆曲线半径	主要	应	执行规范，当设计速度大于或等于60km/h时，宜提高一级设计速度标准执行
3		最小缓和曲线长度	主要	应	执行规范，同时应满足超高、加宽过渡段的设置要求
4		缓和曲线参数	次要	宜	对于半径较大或改扩建公路困难路段，可灵活运用
5		圆曲线超高	主要	应	执行规范，对于长下坡路段，宜提高一级设计速度标准执行
6		圆曲线加宽	次要	应	执行规范，对于平曲线半径较小路段，宜提高一类加宽标准执行
7		平曲线最小长度	次要	应	执行规范，对于设置信号灯控制的城镇平交口路段，可降低一级设计速度规范采用值
8		同向曲线间最小直线长度	次要	宜	当设计速度大于或等于60km/h时，严格按规范执行；当设计速度小于60km/h时，可经论证突破指标
9		反向曲线间最小直线长度	次要	宜	当设计速度大于或等于60km/h时，严格按规范执行；当设计速度小于60km/h时，可经论证突破指标
10		最大直线长度	次要	宜	可灵活运用，但应结合运行车速检验和安全性评价，增加必要的的提醒和警示标志
11		小于7°的小偏角	次要	应	执行规范，对于改扩建公路可灵活运用，但应采用加强视线诱导和车道边缘提醒的交通安全措施
12	纵面指标	最大纵坡	主要	应	执行规范，改扩建公路受地形条件和特殊情况限制时，经技术经济论证可增加1%
13		最小纵坡	次要	宜	在满足规范要求的合成纵坡条件下，加强路面排水措施后，填方路段可不受最小纵坡控制
14		坡长限制	主要	应	执行规范，条件限制时可考虑竖曲线路段坡长折减
15		平均纵坡	主要	宜	经安全性评价后可灵活运用
16		凸形竖曲线一般最小半径	主要	应	执行规范，建议尽量加大，以满足视觉要求的竖曲线半径值
17		凹形竖曲线一般最小半径	主要	应	执行规范，建议尽量加大，以满足视觉要求的竖曲线半径值
18		凸形竖曲线极限最小半径	主要	应	执行规范，接近极限半径时应强化安全措施
19		凹形竖曲线极限最小半径	主要	应	执行规范，接近极限半径时应强化安全措施

续上表

序号	指标类型	指标名称	主次分类	规范用词	灵活运用要点
20	线形组合指标	平纵组合	主要	应	当平曲线半径大于不设超高圆曲线半径时,可灵活运用
21		视距要求	主要	应	执行规范,平交口及其路段应尽量加大视距
22		隧道洞口线形一致	主要	应	执行规范,当路线平面半径大于规范规定的一般平曲线半径最小值的2倍,纵坡小于2%,行车视距大于停车视距的2倍以上,且调整后工程规模增加较大时,隧道洞口可采用缓和曲线,但应在洞口内外线形诱导和光过渡等方面采取措施,保证行车安全

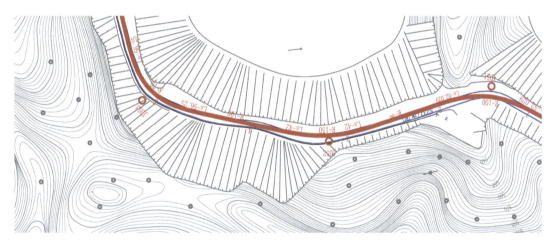

图 2-5　同向曲线夹直线长度受限时灵活设计示意图

四、老路改扩建路线设计原则

老路改扩建项目应根据收集及调查的老路资料,加强行车安全调查。路线设计时应针对交通事故易发原因,改善老路平纵线形,条件受限制时选择新线,消除事故多发点。不存在安全隐患的路段,尽量使平纵面线形与既有道路拟合,提高老路利用率,减少新占土地等资源。

老路通过城镇化路段时,应根据城镇规划、预测区域交通量增长情况、老路两侧房屋建筑退让距离,对老路利用或改线方案进行比选确定。当老路改扩建后能满足远期过境交通和区域服务交通的前提下,两侧房屋退让距离能满足城镇行人和非机动车的出行要求,选择利用老路拓宽改造方案;否则应选择新建绕镇方案。

五、城镇路段路线设计原则

城镇路段由于受城市化建设影响,交通更为复杂,路线设计应充分考虑城镇用地规划性质、人非交通出行对公路设计的影响,满足城镇化区域道路使用的需求,提高城镇化区域公路的服务水平和安全水平。

纵断面设计高程与控制高程应考虑与周边地块的衔接,同时应参照城市竖向规划控制高程。城镇化地区公路最小纵坡不应小于 0.3%;当遇特殊困难纵坡小于 0.3% 时,应设置锯齿形边沟或采取其他排水设施。

第二节 路线平面设计

(1)一般路段直线长度不宜过长,最大直线长度(以 m 计)一般控制在设计速度(以 km/h 计)的 20 倍以内为宜。对于湖区公路、改建公路,为适应地形和利用老路,对直线段长度要求可适当放宽,但宜避免长直线两端接超高大于 4% 的平曲线。

(2)设计速度大于或等于 60km/h 时,两同向曲线间应设有足够长度的直线,不得以短直线相连,当插入直线时,其长度(以 m 计)宜大于设计速度(以 km/h 计)的 6 倍;当同向曲线间受地形条件及其他特殊情况限制时,最小直线长度可适当缩短,在满足行车视距的前提下,采用借用曲线内侧的山丘地形或人工种植遮挡性树木等手段,避免两个曲线和中间直线同时全部进入司机视野而形成断背曲线效果,同时中间直线段上不宜设置凹形竖曲线,使反弯错觉感加剧,如图 2-6 所示。

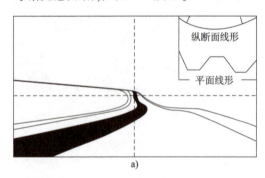
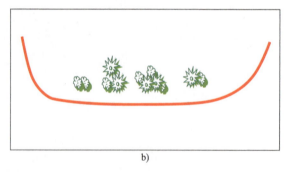

图 2-6 采取多种手段避免断背曲线视线错觉

(3)一般路段按路线规范要求选择缓和曲线参数,受地形限制路段和改建公路,可根据实际情况调整缓和曲线参数取值,但缓和曲线长度应满足超高过渡的要求。

(4)设计速度大于或等于 60km/h 时,不设超高的圆曲线最小半径尽量根据运行车速适当提高,参照高一档设计速度的规范值,即设计速度为 60km/h 时,采用设计速度为 80km/h 不设超高的圆曲线,最小半径为 4000m。

(5)一般路段应避免采用偏角小于 7°和圆曲线半径大于 10000m 的平曲线,改扩建公路受老路拟合限制时可考虑适当放松,但应采用加强视线诱导和车道边缘提醒的交通安全措施,避免司机产生急转弯的错觉而错误操作。

如图 2-7 所示案例,将洞庭湖平原区路基宽 12m 的二级公路改扩建为设计速度 80km/h、路基宽度 24.5m 的一级公路。为尽量拟合老路平面,减少房屋拆迁和新增用地,

图2-7所示路段所在圆曲线采用2.11°小偏角,采用17176m大平曲线半径,并采用加强视线诱导和车道边缘提醒的交通安全措施。

图2-7 条件受限时采用小偏角平曲线示意图

(6)当隧道位于曲线路段时,宜采用不设超高的平曲线半径;条件受限时,隧道平曲线超高一般值不宜大于3%,极限值不应超过4%。隧道洞口同路基的衔接应符合路线布设的有关规定;对洞内外路基宽度不一致时,应在隧道进口处设置过渡段,且过渡段长度不应小于50m。

(7)当路线通过湘中微丘区时,地形以小山包较多,区域居民集中点分布广泛,路线方案应在工程造价合理情况下着重考虑减少房屋拆迁和农田占用。

如图2-8所示,某湘中微丘区一级公路项目走廊带沿线低矮山包绵延不断,山脚及平地则多为居民聚居区,山塘水库与农田较多。设计选取了路线顺直的方案二和南边山脚绕行的方案三以及北边山脚绕行的方案一进行比较。比较发现,方案一和方案三虽然避免了穿越山脊挖方量较大的问题,但是绕行后路线长度增加,占用农田段长度明显增大,且低线位加剧了对居民区的干扰;方案二则是顺直地从山脊穿过,路线长度短,占用农田少,对居民影响小,虽然会有山脊开挖,但由于该区域山丘不高,土石方总量并不大,可做到填挖平衡,所以对于该项目,方案二是最优方案。

(8)路线位于沟谷狭窄、走廊较为唯一路段,重点考虑地形地质条件可能引发的安全问题,综合工程造价、耕地占用、房屋拆迁、环境保护等要素进行多方案比选,择优推荐。

如图2-9所示案例,某湘西公路走廊地形为两山夹一河谷,布线空间狭窄,设计选用南侧坡脚方案(方案一)、河谷布线(方案二)和北侧山腰高线方案(方案三)进行比选。

方案一布线于南侧山坡,路线根据山形变化随弯就直,与河流和居民有一定距离,对其干扰小,拆迁量较小;路线右侧沿线基本是切方,但山体岩层倾向为逆向,对边坡稳定性有利,地质风险小;局部需设置桥梁以控制路基产生高陡边坡。方案二沿河谷布线,土石方量小,对山体破坏最小,因此地质风险最小;但大量占用了沟谷山区非常珍贵的平坦土地,占用农田多,拆迁量大,拆迁后重建房屋宅基地布设困难,对河沟和当地居民干扰最大。方案三为高线位,布置在北侧山腰,对河流和居民影响最小,但由于左侧山体岩层倾向大都顺层,边坡稳定性差,地质风险最高;且对环境破坏大,土石方量大,弃土场设置困难,后期运营时管养费用高。综上所述,对本案例来说方案一最优。

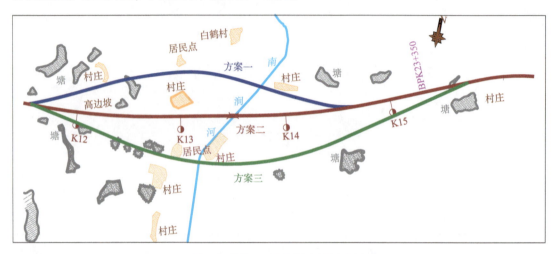

图 2-8　某微丘区公路平面选择方案图

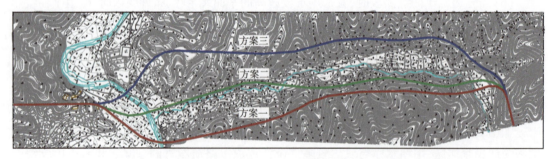

图 2-9　综合地形、经济、安全、环保的多方案比选示意图

(9)沟谷较宽时,路线宜尽量傍山布设,少占农田和减少拆迁,同时采用与地势相融合的平纵指标,减少高填深挖和对山体的破坏。

如图 2-10 所示,路线选择了傍山的平面指标略低的线位,减少对农田占用和房屋拆迁,同时推荐布线平纵横动态设计,避免傍山内侧产生高边坡破坏山体,外侧落空产生高填方现象。

(10)对地形起伏较大的山区,布线时应进行平纵横一体化设计,力求平纵协调,横断面位置最佳。不仅要考虑平纵组合,满足视觉诱导和行车视距要求;同时利用横断面检验路基两侧填挖高度,既要避免一侧挖方高边坡和另一侧路基落空,又要从路基稳定性出发,尽可能避免半填半挖路基。冲沟宽度较小时,路基布置后容易截断冲沟排水通道,平面线位应考虑冲沟排水需要。

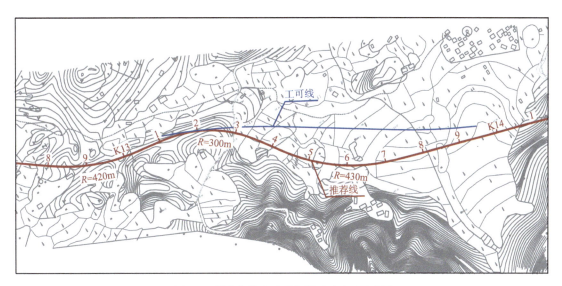

图 2-10 顺势布线、与地形协调、少占农田示意图

如图 2-11 所示,采用平纵横综合定线。利用山形布线,控制路基两侧填挖高度,减少对山体破坏,减少高填方路基。

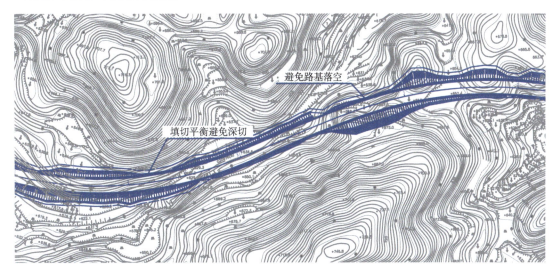

图 2-11 平纵横综合定线,避免高填深切示意图

(11)对不良地质条件路段,根据走廊带内滑坡、岩溶、采空区和区域性断裂带等不良地质分布的位置、规模及其稳定性等情况,路线方案优先选择绕避不良地质,减少工程难点,提高公路施工与运营安全。对无法绕避的不良地质应有针对性、切实可行的处治方案,并应进行方案比选后择优选择。

如图 2-12 所示,线位左侧山体为滑坡体,如采用常规傍山脚走线,则会造成在滑坡体阻滑段挖方路基通过,将大概率诱发滑坡体,安全问题突出;绕避方案将线位往滑坡区下缘继续移出 10m 左右,即在滑坡下缘采用填方路基通过,以路基作为反压体加强滑坡体稳定性,方案虽然增加了一些农田的占用,但提高了对公路建设和运营期的安全性,体现了安全至上的原则。

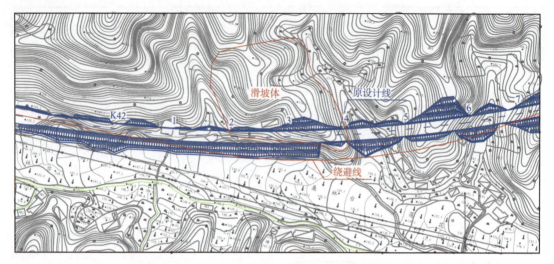

图 2-12　采用填方路基从滑坡体下缘通过,提高工程安全性

（12）城乡接合部路线设计应有利于城镇发展需求。平面布置和技术标准应符合城镇土地规划、产业布局规划和区域路网规划要求;同时考虑老路利用、征地拆迁、工程规模等因素,平面线形宜采用直线或大半径圆曲线,利于后期两厢土地开发,应采用速度控制、交叉预告等交通安全措施,确保行车安全。

如图 2-13 所示案例,湘中某公路已严重街道化,道路两侧房屋密集。路线方案推荐选择集镇外侧新建通过的方案,虽然降低了老路利用率,但减少了房屋拆迁,为集镇进一步发展留下空间,在集镇东西两侧与老路衔接,方便集镇交通集散。

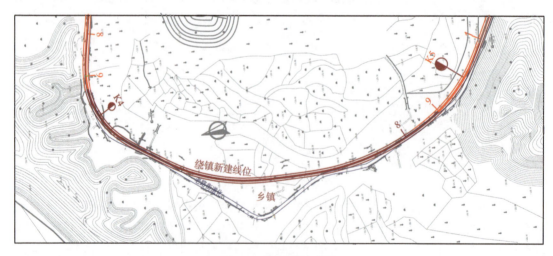

图 2-13　绕镇平面方案图

如图 2-14 所示案例,洞庭湖平原区某普通国省道沿线村镇较为密集,经过大集镇时线路方案灵活选择靠村不进村,减少对集镇的影响,同时也避免了集镇行人、非机动车对普通国省道的交通干扰,有利于城镇的交通集散。

（13）改扩建公路平面线形设计应结合项目的功能定位、老路的技术指标、交通安全性、工程经济、沿线的地形、环保以及各种控制因素的影响,进行综合论证、多方案分析比选,注意线形的连续与均衡性,同时与纵断面、横断面相互配合。一般公路可通过局部改线,因地制宜地改善陡坡、急弯等存在交通安全隐患、公路病害或标准过低的路段。

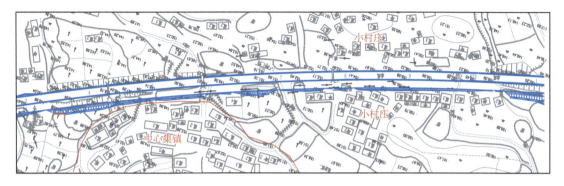

图2-14 平原地区进村与近村路线设计方案图

(14)老路改建项目最大限度利用老路资源,必要时可采用复曲线进行平面拟合。

如图2-15所示,湘中丘陵地区老路改扩建工程,老路为路基宽6.0m三级公路,改建为设计速度60km/h、路基宽10m的二级公路,通过多种曲线灵活运用,老路平面利用率达75%,仅对平面不满足改扩建公路等级的局部路段进行了平纵面线形调整。

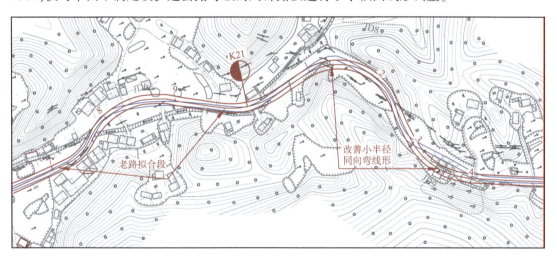

图2-15 多种平曲线灵活运用提高老路利用率

第三节　路线纵面设计

(1)一般路段最小纵坡不宜小于0.3%,条件不受限制时不宜小于0.5%,做好专门排水设计。

(2)凹形竖曲线不宜设置在隧道和桥梁范围内,当受条件限制无法避免时,凹形竖曲线最低点不应设在隧道段,也不宜设在桥梁、挖方路段,同时应加强排水设计。

(3)洞庭湖平原区当路线通过湖区重点垸时,根据公路等级综合考虑内涝、防洪要求确定纵断面方案。

如图2-16所示案例,某洞庭湖平原区一级路位于沅水大堤内侧重点垸,高路堤方案采用垸外河历史最高洪水位控制,平均填土高度约为9m,工程量较大;低路堤方案采用垸内最高内涝水位控制,平均填土高度约为1.5m。低路堤方案与高路堤方案相比:土石方数量少180万m^2、桥梁长度短720m、征地面积少21公顷①,拆迁建筑物少6000m^2。低路堤方案在降低工程造价的同时,将更加方便沿线土地的开发利用,更好地服务当地交通与带动地方经济发展,因此低路堤方案更优。

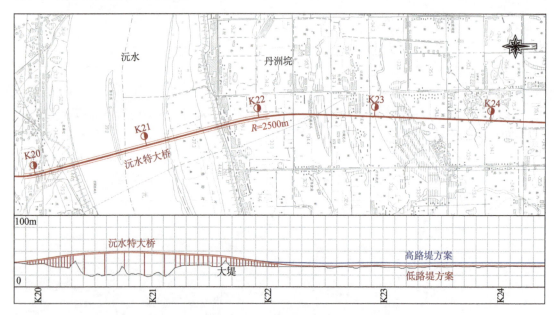

图2-16 洞庭湖区某公路高低路堤设计纵断面方案图

(4)平原微丘区纵面设计要均匀、平缓,避免短距离内频繁变坡。

(5)微丘区路线容易形成高路堤,高路堤占地大,土方数量大,而且行车失控时易造成恶性交通事故,噪声传播范围广,声污染严重,路基易产生不均匀沉降,应尽可能减少高路堤,设计时应进行高路堤与桥梁方案比选。

如图2-17所示案例,某公路跨越河流和大片农田,农田路段长达450m。如采用桥梁跨越农田,则少占用20.5亩②,减少土石方12.9万m^2;采用路基方案桥梁虽缩短390m,节约建设造价750万元,但综合考虑减少基本农田的占用、资源节约、环境保护和交通安全等因素,桥梁方案全寿命周期最优。

(6)湘北山岭区公路纵坡主要受地形起伏影响,纵面设计不仅要考虑工程规模,更要考虑行车安全和对生态环境的影响,避免深切方对山体的破坏和山区排水水系的改变,尽量避免形成长大下坡路段,不可避免时加强长大下坡路段的安全设计。

---

① 1公顷=10000m^2。
② 1亩=667m^2。

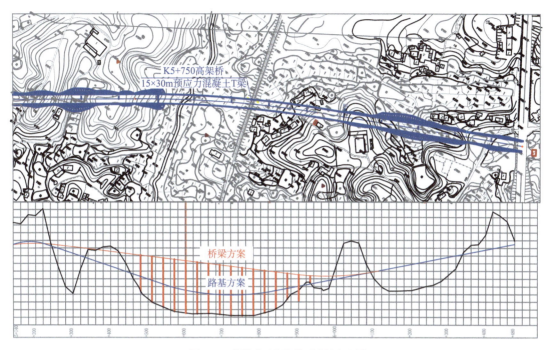

图 2-17 某微丘区公路纵面选择方案图

(7) 对连续长下坡路段应优先进行路线方案优化,避免连续长下坡设计,路线方案优化从以下方面考虑:

①研究局部绕行方案,或者研究调整走向方案,避开特殊地形地貌。

②采用长隧道方式越岭。

③采用长距离展线方案。

④研究上、下行分离方案,重点保证下坡方向采用缓坡方案。

⑤当因地形受限,连续长下坡不可避免时,在连续下坡一侧设置连续下坡警告标志、限速标志、禁止超车标线,宜利用地形在路侧取弃土场、废弃路基等工程量增加不大的位置设置紧急停车带、小型休息区。如图 2-18 所示为长下坡段安全措施示意图。

a)

b)

图 2-18 长下坡段安全措施示意图

⑥一级公路及二级公路在连续上坡路段,当交通安全和通行能力受到影响时,应设置爬坡车道。

(8)城乡接合部公路纵面设计应考虑区域用地竖向规划要求,在满足路基最小填土高度、涵洞等构造物设置要求的前提下,适当统筹考虑后期辅道建设、提质改造及周边地块接入需求,确定纵面高程。纵面设计指标尽量采用缓坡,并避免纵坡频繁变化,便于后期两厢土地开发中的高程衔接。如设置了非机动车路段,纵坡不宜大于2.5%,其技术指标可参考《城市道路路线设计规范》(CJJ 193—2012)执行。

(9)在过城镇路段,纵面设计应考虑公路路肩与两侧用地高程的衔接,路肩高程不宜高于两侧房屋地坪高程。

(10)城镇化地区非机动车道与人行道的纵坡宜小于3.5%。

(11)利用老路的纵面设计,宜尽量与老路纵面拟合,并预留略大于新建路面厚度的空间,除受净空以及构造物限制的路段外,一般路段应遵循"宁填勿挖"老路改造原则。

(12)老路改建项目,为尽量利用老路,可适当降低最小坡长要求,采用竖曲线长度控制,不宜追求过高的竖曲线指标,可适当采用最小值和极限值。

(13)改扩建项目完全利用老路时,设计速度为40km/h、30km/h、20km/h利用原有公路的路段,经技术经济论证,最大纵坡可增加1%。

第四节 路线线形设计

(1)线形设计应充分注重平纵指标均衡,不应追求单个曲线或独立路段的高指标,应考虑前后路段的顺畅连接;设计指标较低的公路更应加强平纵指标均衡性设计,不应轻易采用极限指标,特别是避免极限平纵指标的组合。

(2)设计速度大于或等于60km/h的公路应注重平纵线形组合设计,新建路段尽量做到平曲线与竖曲线相互对应,平面线长度宜大于竖曲线长度,平纵线形组合参照图2-19。

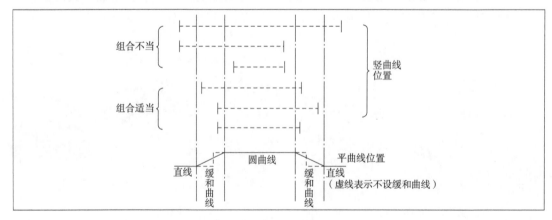

图2-19 平纵线形组合示意图

(3)当设计速度小于或等于40km/h,或者当平曲线半径大于6000m、竖曲线半径大于

25000m时,可通过限制运行速度、强化安全措施等手段适当放宽平纵线形组合设计。

(4)山岭地区越岭公路受条件限制而不能采用自然展线时,可采用回头曲线,回头曲线在曲线段上应采用缓坡,弯道内侧加宽值在满足规范要求值外宜尽量加宽,并在弯道内侧不应有遮挡视线的高大乔木和建筑物,确保行车视距。

(5)对于老路改建项目,为尽量拟合老路平纵面,在满足视距要求前提下,可以适当放宽平曲线包竖曲线要求,但应根据平纵指标选用情况,对组合中有小于一般值的路段,应强化公路沿线安全防护,采取限制车辆运行速度的措施。

第三章 路　　基

第一节　特殊填料路堤

路基填料应满足路基强度和回弹模量的要求,宜选用级配较好的砾类土、砂类土等粗粒土作为填料,填料最大粒径应小于150mm。泥炭、淤泥、强膨胀土、有机土和液限大于50%、塑性指数大于26的细粒土等不良填料不得直接用于路堤填筑。

路基填料应尽量利用路堑挖方及隧道弃渣,当缺乏合格的移挖作填的填料,且借土非常困难时,可将挖方特殊填料就近改良和远运合格填料两种方案进行技术经济比较采用。

当采用改良后的填料进行路基填筑时,应根据填料特性和公路等级技术要求,综合考虑沿线气候和水文、路线方案、路基填筑高度等特点,并通过试验路段,合理选择特殊填料的处理措施和主要技术指标。改良后的填料应能达到路基强度和回弹模量的要求,且不得用于路床土的填筑。

本节将对湖南省出现较多的红砂岩路基、高液限土路基和吹填砂路基的应用进行介绍,同时鉴于泡沫轻质土的轻质高强、直立施工、流动性强等较多的技术优势,对其在工程中的各方面应用进行一些案例介绍。

一、红砂岩路基修筑技术

红砂岩因矿物成分和胶结物质的差异而强度变化很大,而且在大气环境或干湿循环作用下,岩块可崩解成土,甚至泥化,工程性质很差。因为红砂岩作为路用填筑材料易造成路基沉陷,导致路面开裂等不良现象,其常作为弃方处理。但由于红砂岩分布范围很广,如能科学利用,则不仅可显著减少工程费用,还可避免新的资源占用和生态破坏。

红砂岩主要矿物成分包括蒙脱石、伊利石和高岭石等碎屑矿物,比表面积大,具有较强的亲水性,浸水时易由于水分向岩石空隙中运动而引起膨胀、软化和最终破碎,即红砂岩具有浸水崩解特性。

京珠高速公路湘潭至耒阳段有大量红砂岩分布,经研究,学者提出了以"预崩解—耙压—压实"为核心工艺的"红砂岩路基修筑技术"。即对红砂岩进行"预崩解"和"耙压",使其全部或大部分颗粒粉碎,消除水活性,达到填料的良好级配,转成低液限粉质黏土或粉土-红砂土,再采用大吨位进行路基压实填筑。

"预崩解"是指将红砂岩在填筑前进行崩解处理,消除其水活性。"耙压"是指用推土机将运至工点的红砂岩填料推平,并借以推土机的履带压碎,再以推土机后挂的松土齿耙松,耙出大颗粒,再推压大颗粒,如此反复,直至大颗粒被全部压碎。此处的"压"是指压碎而不是压密。"压实"指将路基分层密实,此处强调采用大吨位振动压路机碾压密实,以保证红砂岩路基的质量。

红砂岩路基填筑原理如图 3-1 所示。

图 3-1　红砂岩路堤填筑原理图

(一)红砂岩的分类

本书所指红砂岩是指湖南省广泛分布富含铁质氧化物而呈红色、深红色或褐色泥岩、砂质泥岩、泥质砂岩、砂岩和页岩等沉积类岩石,用作路堤填料时则称为红砂岩填料。直接废弃软化系数小于 25%、饱和单轴抗压强度小于 5MPa 的极软红砂岩。

红砂岩填料按其路用性质,可按表 3-1 分为三类。

红砂岩分类　　　　　　　　　　　　　表 3-1

项目		Ⅰ类岩	Ⅱ类岩	Ⅲ类岩
野外判别		将干的红砂岩置于水中,浸水 10min 有崩解、软化现象		将干的红砂岩置于水中,浸水 10min 无崩解、软化现象
实验室判别	崩解性	红砂岩块在 105℃温度下烘干,恒温时间不小于 8h,冷却至室温并浸入水中。在 24h 内崩解成泥状、渣状或粒状为Ⅰ类岩,24h 内崩解成块状为Ⅱ类岩		按Ⅰ、Ⅱ类岩试验流程后,24h 内不崩解
	强度指标	单轴极限抗压强度低于 15kPa	—	
	结论	按本手册所示红砂岩修筑技术处理		按常规填石路基规程处理

(二)红砂岩路堤设计

1. 红砂岩填料的选用及填前处理

(1)红砂岩料场开挖

对于强度高的红砂岩多采用爆破方式开挖,一次爆破量应大于路堤 15～20d 所需的填筑量,爆破后的红砂岩颗粒宜小,以增加红砂岩与空气和水的接触面积,加速崩解软化过程。强度低的红砂岩可以用挖掘机直接开挖。

(2)红砂岩填料预崩解

将爆破后的红砂岩裸露于大气、阳光和雨水中,在自然因素作用下,使其迅速崩解、破裂且颗粒强度急剧降低,水活性迅速消除。一般经过 8～20d,红砂岩崩解成级配较为稳定的颗粒即可。一般来说,Ⅱ类岩的崩解时间大于Ⅰ类岩,冬季的崩解时间大于夏季。图 3-2 为红砂岩的崩解。

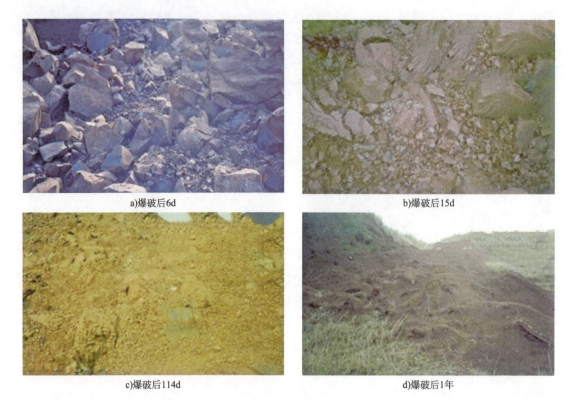

图 3-2　红砂岩的崩解

崩解期间,如遇连续晴天,则应每天在料场将红砂岩浇水(浇透)一次。红砂岩的崩解应在料场进行,且料场应挖排水沟,以防填料积水。

2. 红砂岩路基填筑

红砂岩经预崩解成红砂土后可采用适宜的方法,用于填筑路堤的上、下路堤部分,路床不得采用红砂岩填料填筑,低填路基应谨慎采用红砂岩填筑。红砂岩路堤填筑有碾压密实型、封闭型、成层碾压型及掺料型四种形式。

(1)碾压密实型红砂岩路堤

碾压密实型红砂岩路堤是指将经过预崩解处理的合格红砂岩填料,按合理的松铺厚度,分层填筑、分层压实,通过碾压使路基密实的路堤。当红砂岩以Ⅱ类岩石为主时可考虑采用。

碾压密实型路堤最大松铺厚度不宜超过30cm,最大粒径不大于松铺厚度的2/3,每层路拱横坡宜为4%,以利横向排水。

填料碾压时的含水率必须控制在最佳含水率±1%范围。当含水率不足时,应洒水,洒水后需翻松拌匀,静置一段时间后再碾压;含水率过多应翻晒。

碾压的一般顺序是,耙压整平后,先以40t轮式振动碾压一遍,然后以50t以上拖式振动碾振压3~4遍,再以40t振动碾振压2遍。也可通过现场试验确定碾压顺序和遍数。

(2)封闭型红砂岩路堤

封闭型红砂岩路堤是指路堤中部用经过预崩解的合格红砂岩填筑,边坡及路床用常规黏土封闭的路堤。红砂岩主要为Ⅰ类岩石或路堤边坡有绿植需要时,可采用封闭型红砂岩路堤。

路堤中部红砂岩填筑要求同碾压密实型路堤。包边土的厚度宜不小于1.3m(指垂直于边坡处的土层厚度)且应超填50cm;封顶土层即路床土层。包边土应与内部红砂岩同步碾压。封闭型红砂岩路基施工先填两侧包边土后填中心红砂岩土如图3-3所示。

a)

b)

图3-3　封闭型红砂岩路基施工先填两侧包边土后填中心红砂岩土

(3)成层碾压型路堤

成层碾压型路堤是指用红砂岩填料和常规黏土填料水平夹层填筑的路堤。常规黏土层的作用是防止水分进入红砂岩层,并对红砂岩层的水平变形起缓冲作用。禁止采用透水性土层(如砂土或碎石土等)和高液限土作为夹层。红砂岩主要为Ⅱ类或者为经过试验验证可用的Ⅰ类岩石时,可采用成层碾压型红砂岩路堤。

夹层中红砂岩地层的填筑要求同碾压密实型路堤。黏土层的填筑要求同普通路堤填筑。

(4)掺灰型路堤

在红砂岩填料中均匀拌入熟石灰以改善其浸水崩解的不良特性后进行路堤填筑的为掺灰型路堤。Ⅰ类岩路堤或易产生病害的敏感部位可采用掺灰型路堤。

石灰掺料应采用经消解的粉末状熟石灰,其掺量经现场试验确定,按体积比至少不小于全体积5%掺入,禁止掺入生石灰。掺灰型红砂岩路基分区域掺灰后拌和再碾压如图3-4所示。

(三)红砂岩路基压实质量控制和检测

红砂岩路基的施工质量控制是保证其作为路堤填料成功与否的关键。由于其独特的工程特性,除保证其压实质量外,还需控制其泥化程度。

泥化程度的判断可根据红砂岩填料碾压后的外观来确定,合格的红砂岩碾压层外表面必须是平整光滑且泥化了的红砂土密实体,只有外观合格的红砂岩碾压体才有必要进行其他质量检测。

红砂岩路基的压实质量是保证其强度和水稳性的关键,因此应作为控制性指标。其检测无特殊要求,可按常规规范标准执行。

其他质量控制和检测同普通路堤。值得注意的是,现场密实度检测不得使用环刀法,如采用灌水法,试坑高度不能超过一个密实碾压层厚度。

图 3-4　掺灰型红砂岩路基分区域掺灰后拌和再碾压

(四)红砂岩路基施工注意事项

(1)低洼易积水路段不宜采用红砂岩填筑,由于红砂岩的水活性,红砂岩路基更应加强排水、防水、渗水措施。

(2)红砂岩填料宜填筑于路堤位置,路床应采用符合条件的常规填料填筑。

(3)应保证不小于50cm的路堤超填宽度。

(4)施工期间遇雨或雨后红砂岩路堤施工表面未干时,不得开放交通;继续路基填筑时,下层填土须重新翻松碾压。

(5)如采用红砂岩填筑,路堤应进行试验路段,实际工程中红砂岩填料的崩解时间、碾压吨位和遍数应根据试验路段情况调整。

二、高液限土路基

液限(100g锥试验)大于50%的细粒土称为高液限土。高液限土一般具有天然含水率高、液限高、塑性指数高等特征,作为路堤填料时常表现出加州承载比(CBR)强度低、水稳定性不良、可压实性能差等问题。对高液限土的利用和处治问题处理不当,可能引起路基不均匀沉降、路面翻浆等现象。高液限土路用性质差,宜弃除处理,但当确实条件受限、借土非常困难时,可将改良利用和借用土方进行技术经济方案比选,结合试验路段结果论证使用。高液限土路基处治基本原则如下。

高液限土有直接利用、改良利用和弃方三种处治措施。当压缩系数大于$0.5MP^{-1}$,CBR值小于3%,细颗粒含量大于90%,液限大于70%或结块难分,自由膨胀率大于40%的高液限土,应作为弃方处理,其他情况可考虑改良利用。符合直接填筑的条件,经试验路段验证后可考虑直接填筑在路堤适宜的位置。

高液限土改良总原则是:细颗粒含量大,宜掺砂改良处理;CBR值低,宜掺石灰或水泥改良处理;细颗粒含量大且CBR值低,宜采用组合改良处理。

项目利用高液限土改良填筑路基应进行试验路段修筑,确定相应的施工工艺和质量控制指标能保证路基质量后才可在项目中大范围推广采用。

路床及浸水路堤不得采用高液限土填筑。

1. 高液限土直接填筑

根据试验路段,从强度(CBR值)、稳定性(c、ψ值)、压缩性(压缩系数)、压实性(碾压稠度)、固结性与防开裂性(粗粒料含量)等方面,综合系统地论证后,确定高液限土路基的强度、变形和稳定性能达到《公路路基设计规范》(JTG D30—2015)的相关要求后,经论证后可考虑在非浸水路段的下路堤直接填筑。

2. 高液限土改良填筑

常见的改良利用方案包括物理改良(掺砂改良)、化学改良(掺水泥或石灰改良)和物理化学组合改良(掺石灰或水泥+砂)。应根据高液限土的CBR值、液限和细颗粒含量等参数合理确定处治方案,表3-2和表3-3可提供参考。

CBR值≥3%时的处治方案　　　　表3-2

液限	细颗粒含量		
	50%~70%	70%~85%	>85%
50%~60%	论证后考虑直接填筑	论证后考虑直接填筑	掺砂改良
60%~70%	论证后考虑直接填筑	掺砂、石灰、水泥均可	掺砂改良
>70%	掺石灰、水泥改良	掺石灰、水泥改良	组合改良

CBR值<3%时的处治方案　　　　表3-3

液限	细颗粒含量		
	50%~70%	70%~85%	>85%
50%~60%	掺砂、水泥、石灰均可	掺砂、水泥、石灰均可	掺砂改良
60%~70%	掺砂、水泥、石灰均可	掺砂、水泥、石灰均可	组合改良
>70%	掺石灰、水泥改良	组合改良	弃除

(1)高液限土掺砂改良填筑

高液限土CBR值≥3%、细颗粒含量>85%、液限介于50%~60%之间或者CBR值<3%、细颗粒含量>85%、液限介于50%~60%之间时,可优先考虑掺砂改良处治,但需根据试验路段确定碾压工艺和质量控制方法,确保达到规范的强度、变形和稳定性要求。

高液限土掺砂改良时,压实含水率差宜控制在 -2%~4%,最大粒径不大于40mm。

路基掺砂比采用质量比表示,即掺砂比=掺砂质量/干填土质量。CBR 值≥3%时,掺砂比宜为10%~20%。CBR 值<3%时掺砂比可适当增高至25%。

考虑到路拌特点,建议实际掺砂量可比理论计算值提高1%左右。

(2)高液限土掺灰改良填筑

高液限土 CBR 值≥3%、细颗粒含量介于50%~85%之间,液限>70%或者 CBR 值<3%、细颗粒含量介于50%~70%之间,液限>70%可优先考虑掺灰(水泥或石灰)改良处治,但需根据试验路段,确定碾压工艺和质量控制方法,保证路基达到规范的强度、变形和稳定性要求。高液限土硫酸盐含量超过0.25%的,不宜采用掺水泥改良。雨水充沛地区慎用掺石灰改良。

高液限土掺灰改良时,压实含水率差宜控制在 -2%~6%,最大粒径不大于40mm。每层松铺厚度一般不超过30cm。

掺灰改良设计中,掺灰比宜用掺水泥或石灰占干填土质量的百分率表示,即掺灰比=掺灰质量/干填土质量。CBR 值≥3%时,掺水泥比宜为1.5%~2.5%,掺石灰比宜为3%~5%;CBR 值<3%时,掺水泥比宜为1.5%~3.0%,掺石灰比宜为4%~8%,最大掺灰比不宜超过8%,否则会给环境造成影响。

掺灰宜采用路拌法施工,施工工序与掺砂法大致相同。

三、吹填砂路基修筑技术

吹填砂路基包括吹砂路基和填砂路基。吹砂路基是指利用水力机械冲搅,将砂土通过事先铺设的管道泵送至四周筑有围堤的吹填区,脱水整平后填筑路堤的施工技术。填砂路基是指用车辆运输河砂、江砂作为填料的路基。对于水网密布、砂料丰富的洞庭湖平原等地区,常规土质填料非常紧缺,采用吹填砂技术填筑路堤具有比较明显的经济和环保优势,因此,吹填砂路基特别是吹砂路基在我国海相、湖相沉积区的公路建设运用非常广泛。吹填砂现场、吹填砂路基设置挡水埝分别如图3-5、图3-6所示。

图3-5 吹填砂现场图

图3-6 吹填砂路基设置挡水埝

（一）填料选择

《公路工程地质勘察规范》（JTG C20—2011）第3.3.3条第2款将公路用砂分成如表3-4所示的五类。一般来说，吹填砂路堤的材料宜采用渗水率较高的中、粗砂，含泥量宜小于10%，且不能结团。含有草皮、生活垃圾、树根、腐殖质的砂和含有沼泽土、淤泥的砂不能用于路基填筑。

砂土的分类　　　　　　　　　　　　表3-4

名称	颗粒级配
砾砂	粒径大于2mm的颗粒质量占总质量的25%~50%
粗砂	粒径大于0.5mm的颗粒质量超过总质量的50%
中砂	粒径大于0.25mm的颗粒质量超过总质量的50%
细砂	粒径大于0.075mm的颗粒质量超过总质量的85%
粉砂	粒径大于0.075mm的颗粒质量超过总质量的50%

吹填砂路堤填筑前应对砂料进行颗粒分析、天然含水率、有机质含量、含泥量、最大干密度和CBR等试验项目，并修筑试验路段，确定相关的施工工艺和参数，试验路段长度不宜小于200m。

（二）吹填砂路堤设计

吹填砂路堤的断面形式与普通路堤相同，一般填筑高度小于8m时采用1:1.5的坡度；路基高度大于8m时，边坡应采用台阶式，台阶上部路堤高度为8m，边坡坡度1:1.5，台阶下部路基边坡坡度1:1.75，台阶处可设置宽度不小于2m的平台。与普通路堤不同的是，吹填砂路堤应采用包边土和封顶层，必要时还需设置底封层的"包芯"形式。

当地下水丰富时，可设置吹填砂路堤的底封层。底封层在清理好场地后填筑，采用符合条件的土质填料，铺筑厚度为60cm左右。底封层以上应全断面水平向分层吹填砂，分层松铺厚度不宜超过40cm。为保证路堤的稳定性和压实度，吹填砂路堤应超宽填筑，每边超宽不宜少于50cm。吹填砂路堤的包边土宜采用反开挖"后包边"施工法，即砂质超宽断面填筑完成各方面合格后，将超宽的填砂部分挖除，两边对称施工包边土。包边土应采用符合条件的黏土，严禁采用粉土、砂土等低塑性土包边。

因为吹填砂路堤需饱水密实，因此施工前应做好排水设施，排水设施包括挡水埂（临时排水）和排水沟（永久排水）。挡水埂应离路堤边缘有一定的距离，并有一定的高度和强度，能将随水流下的砂水混合物导流至排水沟内。此外，包边土还应在纵横方向每隔一段距离设置排水盲沟和急流槽。排水盲沟尺寸一般为30~50cm，采用透水土工布包裹碎石做成。包边土每填1~2m设置横向盲沟，盲沟外侧接急流槽直接排至排水沟，严禁盲沟排水后直接在边坡漫流。

吹填砂顶面应用符合条件的黏性土作上封层，上封层厚度不宜小于一层铺筑厚度，上封层以上施工路床。包边土外可按常规路堤实施绿植或框架防护。包边土、排水盲沟分别如图3-7、图3-8所示。

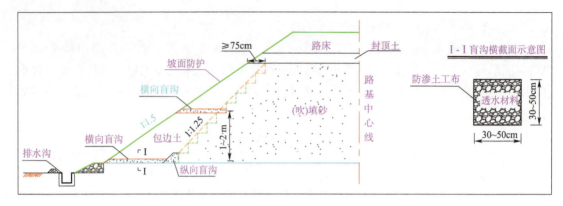

图 3-7 包边土示意图

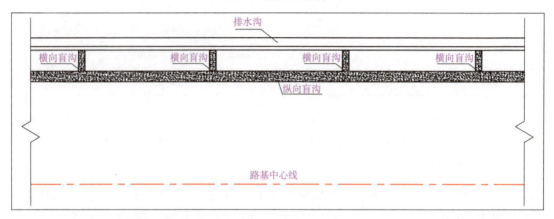

图 3-8 排水盲沟示意图

吹填砂路堤填筑采用分段、逐层的方式进行,即一段吹填完成后,再接长管线吹填下段,每吹填完一层经压实度检验合格后再吹填上一层,分段距离宜按 200～400m 控制,宜以构造物为分界。一层填筑压实合格后再填筑压实下一层,严禁在高度方向上砂、土混填,也最好不要做纵向的砂土搭接。由于砂料黏聚力小,因此吹填时路堤应采用"慢填、预压加观测"方法施工,随时注意路堤稳定性。

吹填砂碾压完成后应进行压实度检验,压实度应达到规范规定要求,若不符合要求应进行补压,直到合格后方可进行下一道工序作业。

(三) 粉细砂吹填砂路堤

本书所述粉细砂是指按表 3-4 分类后细砂和粉砂的混合物。粉细砂由于粒径小、级配差,难以压实,各项物理力学指标均是偏低的。但是包括湖南省洞庭湖平原区在内的多个沉积区存在大量的粉细砂,如能利用起来,将极大地缓解环境保护压力和建设资金的筹措困难问题。因此,近年来开展了一些粉细砂的工程特性研究和应用,研究和应用表明:

总体来说,天然粉细砂由于粒径小、级配差,难以压实,物理力学指标偏低,不宜用作路堤填料。且由于其具有振动液化现象,因此地震地区不应采用。

粉细砂的性质具有很强的地域性,如确需采用粉细砂作为路堤填料,必须取样试验。应按相关规程规定开展颗粒分析、界线含水率、天然含水率、有机质含量、含泥量、最大干密度和 CBR 值等试验。实体工程应修筑试验路段,以确定其使用方法和碾压工艺等。

粉细砂路堤应采用上下封层、左右包边的"包芯"形式路堤,且不能用于路床填筑。

可以通过掺入水泥或石灰对粉细砂的路用性能进行改善,但掺入比应根据各地料源经试验确定。

粉细砂用作填筑材料时应加强排水,路堤内部做好纵横向渗沟排水。

四、泡沫轻质土路基修筑技术

现浇泡沫轻质土是土建工程领域中开发的一种轻质填土材料。它是指用物理方法将发泡剂水溶液制备成泡沫,与水泥等基质材料、水、外加剂按照一定的比例混合搅拌,并经物理化学作用硬化形成的一种轻质材料。根据工程的需要,现浇泡沫轻质土中泡沫的含有率、重度及强度可分别在 40% ~70%、5 ~12kN/m³ 及 0.3 ~5.0MPa 范围内调整,且其具有良好的流动性,可通过管道泵送,最大输送距离可达到 500m,最大泵送高度可达 30m。

泡沫轻质土相对来说单价偏贵,目前在普通国省道公路中常规应用不太广泛,但是由于其无可替代的轻质性、高流动性、直立性、自立高强性、施工便捷等优势,当有减轻路堤自重、局部路段避免拆迁、老桥涵改造、减少旧路加宽新旧路段差异沉降、修复沉陷或失稳路堤等方面需求时,是一种很有价值的比选方案。

(一) 直立放坡,减少征地拆迁

泡沫轻质土具有固化后自立的特性,可垂直填筑,从而大大缩减了用地红线的范围,非常适用于用地受限路段。

图 3-9、图 3-10 是湖南省某二级公路改建成高速公路项目采用泡沫轻质土减少拆除厂房、水塘的实例。其中,厂房段案例路段右侧紧邻该县重要企业。路基方案一:按常规放坡,将拆除该企业的围墙、车棚、污水处理池、部分厂房。路基方案二:设置路堤挡土墙,受挡土墙悬臂高度限制,挡土墙仅能修筑在距离路基边缘 8m 处,仍需拆除工厂围墙。路基方案三:采用泡沫轻质土填筑路堤,从土路基外侧直接支模分台阶直立填筑,不但无须拆迁,还留有一定的安全距离。相对挡土墙方案,轻质混凝土路堤回填方案仅需直接工程费用 462 万元,降低约 40% 的工程处治费用,最重要的是避免了厂房的拆迁对造价和工期带来的不确定因素,把握了工程的主动性。

a)   b)

图 3-9 K1102 +730 ~ K1103 +030 段减少拆除厂房

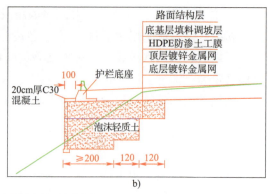

图 3-10 泡沫轻质土用于减少拆迁水塘(尺寸单位:cm)

(二)软基路段台背回填,减少桥台跳车

由于软基路段一般路基工后沉降较大而桥梁几乎没有工后沉降,易造成桥梁台背跳车现象较多,可考虑采用泡沫轻质土进行台后回填,实现桥台和路基的过渡,减少台背跳车。

图 3-11 是广东省某高速公路台背回填的工程实例。项目沿线路段分布软土广泛,主要为流塑-软塑状的淤泥质粉质黏土,深度 6.0~22.0m。为减轻填土荷载,消除旧路加宽新旧路段差异沉降,避免纵向开裂,设计对全线主线加宽路段特别是台背采用泡沫轻质土填筑,全线共使用泡沫轻质土 6.5 万 m^3,工程处理费用为 2775 万元;采用 CFG 桩软基处治方案进行对比,其工程费用约为 3507 万元。相较于 CFG 桩软基处治方案,泡沫轻质土路基填筑方案工程造价降低 732 万元,节约 20.8% 的工程造价。

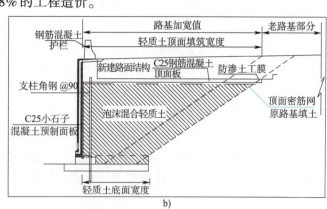

图 3-11 广东省某高速公路台背回填泡沫轻质土(尺寸单位:cm)

(三)荷载置换,提质改造桥梁

公路改扩建时,存在一些老桥原来设计标准等级低,按现行规范标准计算无法通过,或者因为荷载原因无法达到提质改造的设计高程,并且鉴于工程造价、文化传承等多种原因,这些桥梁还不能拆除,仅能加固改造的情况。在这种情况下,可考虑利用泡沫轻质土的轻质高强性,结合其他措施来减少恒载,缩小施工面,将对交通的干扰降到最小范围和最短时间。

1.与钢波纹管结合加固改造梁桥

图 3-12~图 3-15 是湖南省某省道提质改造工程中一座分离式立交桥实例。拟提质改造的分离式立体交叉为主线上跨农村公路。老桥为 1×13m 普通钢筋混凝土空心板桥,重力

式桥台,扩大基础,桥宽 15m,设计汽车荷载为汽超—20、挂—120。桥梁检测评定该桥为一类桥。扩建后的技术标准是设计速度 80km/h 的一级公路,路基宽度 24.5m,全线桥涵设计汽车荷载等级采用公路—Ⅰ级。

图 3-12　老桥原貌

图 3-13　轻质土结合钢波纹管改造后

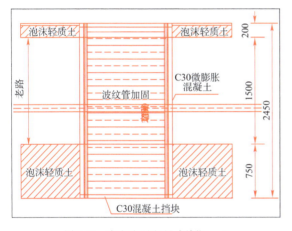

图 3-14　改造平面图(尺寸单位:cm)

图 3-15　现场施工图

鉴于原桥本身技术状况良好,具备利用条件;桥梁左侧加宽 7.5m,右侧加宽 2.0m,加宽不均匀且作业面窄;项目周边没有其他替代道路实现建设期间的保通等原因,经多方案比选,最终采用了钢波纹管结合泡沫轻质土回填的拓改加固原桥的建设方案,即老桥采用波纹板加固和加宽,波纹板与原桥之间采用 C30 微膨胀混凝土填充;桥梁台背、拱顶采用泡沫混合轻质土回填。泡沫轻质土要求路槽底以下 80cm 范围内重度不小于 6.5kN/m³,其余区域不小于 5.0kN/m³;路槽底以下 80cm 范围内 28d 抗压强度≥0.6MPa,其余区域≥0.6MPa。钢波纹板设计结构跨径为 8.9m,板厚 8mm,建成后桥下净空为 8.5m×4.5m。

波纹管现场定位完成后,随即按拓宽路基和老路管顶两序支模灌注泡沫轻质土和 C30 微膨胀混凝土。由于波纹管由厂家定制完成,泡沫轻质土采用泵送施工,因此整个施工在两天内基本完成,非常快捷。此建设方案不但避免了老桥的拆除,节省了建安费 86 万元,而且实现了保通目标,取得了很好的综合效果。

2. 拱腔填料置换,提质改造拱桥

图 3-16 是工程实例。老桥为跨水桥梁,跨径组合为(1×50)m 拱桥,桥面净宽 7.3m。

桥梁上部结构为钢筋混凝土空腹式双曲拱,拱上附加6个腹拱,下部结构桥台为圬工重力式桥台,桥面铺装为沥青铺装。提质改造后设计荷载为公路—Ⅱ级。

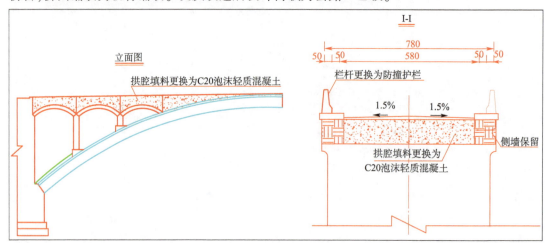

图3-16 泡沫轻质土置换拱腔填料加固双曲拱桥(尺寸单位:cm)

该桥的桥梁检测报告显示老桥于1975年建成通车,且原始资料遗失,原设计荷载不详,估计荷载标准不会高于汽车—15级,根据建设年代判断,是依据《公路桥梁设计规范》(试行)(1961年9月)进行设计和施工。大桥结构尺寸及含筋量等技术指标偏低,主要受力构件已基本达到或接近使用寿命,上部结构病害较多,横向联系弱,横向力分布不均匀。按《公路桥梁技术状况评定标准》(JTG/T H21—2011),该桥技术状况评定为4类,需进行大修或改造。根据提质改造时相关规范要求,该桥采用公路—Ⅱ级荷载标准按照两车道进行计算,双曲拱桥主拱圈承载能力极限状态及正常使用极限状态计算结果均不满足《公路桥涵设计通用规范》(JTG D60—2015)及《公路圬工桥涵设计规范》(JTG D 61—2005)要求。经过设计计算,全桥加固改造包括四个方面:拱脚防冲刷修复、主拱圈下贴碳纤维板及裂缝封浆、拱腔填料置换为C20泡沫轻质土及桥面铺装改为沥青铺装。

双曲拱桥在加固施工时,首先卸除桥面系(包括桥面铺装、栏杆与缘石、泄水管等)构造,分段、分条、分层对称均衡卸除填料,露出主拱圈拱板及腹拱圈表面(保留拱上侧墙),待拱肋及横系梁加固完成后,在主拱圈拱板表面铺设防水层,然后严格按施工顺序分层分条对称浇筑拱上轻质泡沫土,安装泄水管构造及浇筑桥面铺装等。

通过将拱腔填料置换为刚性泡沫轻质混凝土填料等措施,使得桥梁减少恒载、保证横隔板混凝土压实度、车辆荷载横向分布更均匀,并提高了拱桥横向整体刚度。经验算,实施加固处理措施后,采用公路—Ⅱ级荷载标准依据新版加固规范进行计算,结果表明,双曲拱桥主拱圈承载能力极限状态及正常使用极限状态计算结果均可以满足规范要求,且有一定安全储备,加固效果非常明显。

图3-17所示为某市政桥梁利用泡沫轻质土改造拱桥的实例。该桥为单跨24m的混凝土拱桥,桥梁全长45m。桥面宽度为40m。上部结构采用拱圈厚度为0.85m的等截面圆弧混凝土板拱,拱圈材料为C25混凝土。依据《城市桥梁养护技术标准》(CJJ 99—2017),该桥技术状况等级评定为D级,需进行维修加固。加固改造过程中将拱腔填料置换为轻质刚性

C20 泡沫轻质土,使桥梁卸载并提高了拱桥横向整体刚度,优化了桥面铺装,取得较好的加固效果。

a)加固前

b)加固后

图 3-17　泡沫轻质土加固市政拱桥

拱桥具有桥型美观、环保实用、就地取材等优点,是 20 世纪 60—80 年代的重要桥型,在县乡低等级公路上数量庞大。但该桥型上部结构基本为无筋及少筋圬工结构,下部结构几乎全部为明挖扩大基础,桥型存在整体性不足、承载力不足等缺点,在提质改造过程中几乎无法满足新的荷载标准。通过泡沫轻质土置换原有填料,不但减少了桥梁恒载,而且还能使车辆荷载横向分布更均匀,提高拱桥横向整体刚度,这将在县乡低等级公路提质改造中具有非常广泛的推广应用价值。

(四) 固化后无水平推力,减少对周边建筑的影响

泡沫轻质土属于水泥类刚性材料,固化后自身强度高且对周边不产生水平推力,对于紧邻既有建筑的工程非常适用。

某互通 A 匝道为路堤结构,如按常规放坡将侵入 2015 年通车的特大桥 22～27 号桥墩下,且由于匝道填土最大高度近 10m,路堤方案将引起邻近桥墩产生水平拉力,导致墩顶产生水平位移,以受影响最大的 23 号墩为例,此处匝道填土高度 10.6m,经计算,墩顶最大横桥向位移为 10.12mm。采用如图 3-18 所示泡沫轻质土填筑路基方案。通过建立模型进行计算分析,如 A 匝道采用重度 10kN/m³ 的轻质混凝土路堤填筑,引起的最大桥墩墩顶位移为横桥向 1.41mm,竖向沉降 1.57mm,符合该桥梁墩顶顺桥向位移小于 10mm 和由桥墩横向水平位移差引起的梁端水平折角小于 1‰ 的规定。

图 3-18　泡沫轻质土填筑横断面图(尺寸单位:m)

此外,对于桩柱式等受台背土压力影响大的桥台,也可采用泡沫轻质土作为台背换填材料,以减轻桥台水平推力,如图 3-19 所示。

(五)市政管道回填

目前,市政管道一般采用砂砾类材料回填,由于管道漏水的冲蚀,砂砾材料的自密实作用等,回填后一般会产生管顶的沉陷;而在溶蚀岩发育地区,砂砾类散体材料的冲蚀可能成为路面大规模沉陷的诱因;此外,对于软弱路基上的管线敷设来说,地基土结构松散、承载力低,如不进行地基处治,管线不均匀沉降不可避免,采用常规软基处治又会导致较高的工程造价和对周边建筑影响的不确定性。泡沫轻质土作为混凝土类材料,固化后能自立,刚度相对较大,不会产生工后沉陷和不均匀沉降,且自重轻,也不会对管道造成压力,还具有一定的防漏功能,是特殊路段管道回填材料很好的选择。图 3-20 是某市市政道路雨、污水管道回填泡沫轻质土试验路段工程实例。管道沿线经过软弱地段较长,主要为填筑土和软土、淤泥层等。其结构松散、承载力低、物理力学性质差。管线敷设是本项目施工的一个难点。拟敷设的污水管径为 DN1000+500 和 DN600+500,雨水管径为 DN1000、DN1200、DN1400 等。采用泡沫轻质土回填管道,使填筑质量大大提高,减少了原始填料填筑的弊病,后期对路面的破坏也会大大减少。

图 3-19　泡沫轻质土填筑台背

图 3-20　泡沫轻质土回填市政管道

第二节　路基防护设计

路基防护采取以防为主、治理为辅的原则,在保证边坡稳定的前提下,根据当地气候、水文、地形、地质条件及筑路材料,因地制宜、因材制宜、因害设防,综合考虑坡面防护与截排水,采取生态防护优先、工程防护和生态防护结合的方案,兼顾施工简便性和环境保护原则。

一、路堤边坡防护

由于路堤填筑时要达到规定的压实度和强度要求,因此路堤边坡的防护更多是以坡面防排水为主。对于横断面地面线较陡的路基,则需根据稳定性计算结果进行支挡结构设计。

路堤坡面防护采用"植物防护优先,工程防护与植物防护相结合"的理念。对于边坡高度$H \leq 6.0\mathrm{m}$的稳定填方路段宜采用植物防护;对于边坡高度$H > 6.0\mathrm{m}$的填方路段,宜采用骨架植草防护。

植物防护主要包括喷(撒)播草灌籽、铺草皮、三维网植草灌等。常用植物防护形式优缺点对比见表3-5。

常用植物防护形式优缺点　　　　　　　　　　　　　表3-5

防护形式	喷(撒)播草灌籽	铺草皮	三维网植草灌
优点	施工方便、快捷,灌木的使用在一定程度上增加了边坡的抗冲刷能力和防护的空间层次感;单价较低	施工方便、快捷,绿化见效快	初期可以起到固土护坡作用,防止水土流失,使用范围广
缺点	草籽或灌木籽散播不均匀,早期易被冲刷,见绿相对较慢	造价相对高,鉴于湖南省气候条件适宜,非必要可不采用	需要锚钉固定,单价相对高

当路堤高度$H > 6.0\mathrm{m}$(按路肩边缘高度计),坡面面积较大,为防止冲刷,一般采用骨架内植物防护。骨架防护主要有方格骨架、人字形骨架、拱形骨架、六边形空心混凝土块等形式。骨架防护是植物防护与圬工防护的有机结合,既起到防冲刷的作用,又能起到一定的绿化效果。

以上骨架都可以进行集中预制后现场安装,且可以根据现场情况,预制成五件套或者七件套。集中预制可以更好地控制预制块质量,减少现场湿作业,表观质量大大提高。但受预制块对基础平整度要求高、预制块本身自重大的限制,一般仅有路堤边坡和排水工程采用预制构件,路堑边坡不宜采用预制构件。

沿河、水塘、水库浸水段路基采用浆砌片石或者六方块、连锁块护坡,基础埋置深度应满足冲刷要求。

各类常用骨架内植物防护优缺点见表3-6。

常用骨架内植物防护优缺点　　　　　　　　　　　　表3-6

防护形式	方格骨架	人字形骨架	拱形骨架
优点	坡面立体感较强,绿化面积相对较大(约$80\mathrm{m}^2/100\mathrm{m}^2$)	排水效果较最好,施工相对方便	外形美观,排水效果较好,对边坡的稳固作用相对最强
缺点	排水效果一般,施工较为复杂	绿化面积相对最小(约$70\mathrm{m}^2/100\mathrm{m}^2$)	施工相对最复杂,绿化面积较大(约$77\mathrm{m}^2/100\mathrm{m}^2$)

预制块防排水骨架设计示意图如图3-21～图3-24所示。

老路加宽施工为不产生"薄层追坡"或避免多征地,当仅为收拢坡脚时,可设置护肩或护脚。护肩、护脚设计如图3-25所示。

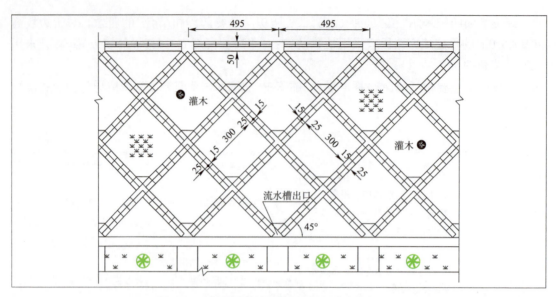

图 3-21　方格骨架预制块设计示意图(尺寸单位:cm)

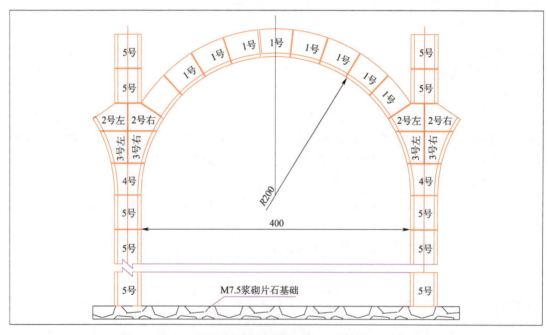

图 3-22　拱形骨架预制块设计示意图(尺寸单位:cm)

对于横断面较陡及其他存在稳定性风险的路段,应进行工点设计,按需设置挡土墙、桩板墙或者抗滑桩等支挡结构。

二、路堑边坡防护

路堑边坡根据边坡岩土性质、工程地质、水文地质条件及边坡高度,可分别采取植物、骨架、框架锚杆(索)等防护;对石质挖方边坡可采用厚层基材喷播植草灌、喷混凝土、护面墙及锚杆(索)等防护形式。路堑边坡坡面防护工程类型及适用条件见表 3-7。

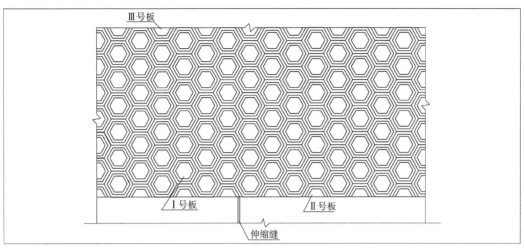

图 3-23　空心六角块骨架设计示意图

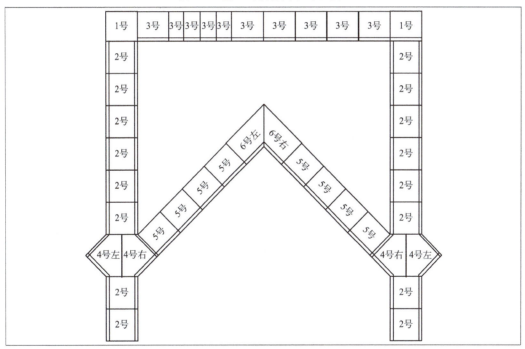

图 3-24　人字形骨架预制块设计示意图

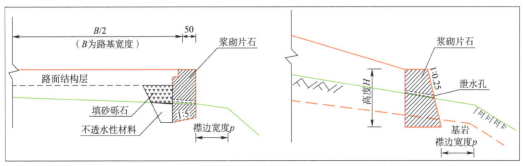

图 3-25　护肩、护脚设计示意图（尺寸单位：cm）

路堑边坡坡面防护工程类型及适用条件   表3-7

防护类型		适用条件
植草灌或铺草皮		适用于边坡坡度不陡于1:1的稳定一般土质边坡防护(不包括粉土、砂砾土等易形成冲沟,或草根难以固定的土质边坡)
三维植被网植草灌		适用于坡度不陡于1:1的土质或耐冲刷性差的岩石边坡
骨架植草防护		适用于边坡坡度等于或缓于1:1.0的土质地段边坡防护
骨架锚杆防护		适用于边坡坡度1:0.5~1:1.75的页岩、泥质砂岩、泥岩等岩质边坡,主要是防止边坡坍塌和页岩泥化剥落
挂网喷护		适用于边坡坡度不陡于1:0.5的易风化、破碎的岩石边坡,高等级和环境景观要求高的公路不宜采用
落石边坡防护	清除危岩	适用于小型崩塌和落石地段,可能崩塌的数量不大或落石的数量不多,且基岩破坏程度不严重
	拦石墙	适用于边坡坡面母岩风化较严重,崩塌、落石物质来源丰富,崩塌规模不大,但可能频繁发生
	主动防护网	边坡面积较小,危岩集中,坡度很陡,一般在80°~90°,危岩落石轨迹无规律可循的边坡
	被动防护网	边坡面积较大,危岩体分散,坡度较缓,落石能按一定轨迹滚落,并有良好的危岩碎落台路段

(一)一般土质边坡

一般稳定的土质挖方路段高度 $H\leqslant6.0m$ 时,坡面直接采用植草灌或铺草皮防护;对于冲刷较大的土质边坡或岩质边坡,边坡高度 $3.0<H\leqslant6.0m$ 时,采用三维植被网植草灌护坡,边坡高度 $H>6.0m$ 时,一般采用骨架内植草灌护坡。骨架内植草灌护坡主要有方格形、人字形和拱形骨架内草灌护坡等形式,骨架材料可采用浆砌片石或水泥混凝土。值得提醒的是,为方便后期检修维护,每百米骨架护坡至少应设置一道检修踏步。

膨胀土、红黏土等路堑边坡的防护均应重点关注"水"的问题,从坡面上来说,应加大坡面封闭面积,可考虑骨架内铺六角块等减小暴露面积或者对于景观要求不高、面积不大的路段采用喷混凝土防护。从坡体内部来说,应设置渗沟等设施,加强排水。膨胀土、红黏土等特殊岩土边坡的防护详见本章第四节相关内容。

拱形、方格、人字形骨架内植草灌防护如图3-26~图3-28所示。

对于方格骨架内植草灌防护,为防止因雨水沿骨架边渗入后集中在节点上部,导致节点处土体软化、膨胀等病害,应将节点处做成略向外倾斜的三角区,使汇集到节点处的水从三角区流出。

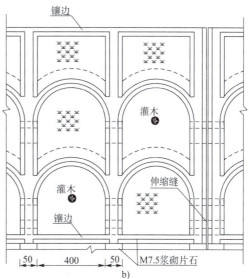

a)   b)

图 3-26　拱形骨架内植草灌防护（尺寸单位：cm）

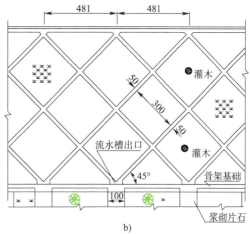

a)   b)

图 3-27　方格骨架内植草灌防护（尺寸单位：cm）

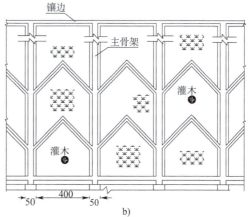

a)   b)

图 3-28　人字形骨架内植草灌防护（尺寸单位：cm）

人字形骨架内植草护坡适用于降雨量大,冲刷严重地区。截水骨架的主骨架做成槽形,支骨架做成 L 形,用以分流排除地表水,截水槽出水口处铺宽 1m 的现浇混凝土,防止水流冲刷坡脚。

(二) 水平层状岩质边坡

水平层状岩质边坡是指坡体内的优势结构面主要呈水平或近水平分布的层状岩质边坡。此类边坡整体较为稳定,其稳定性随坡高和坡角增大而减小,对于岩体结构面不发育的稳定水平层状岩质边坡,仅依据岩石节理进行修整,做到师法自然,力求与自然景观浑然一致。如湖南省西部一些公路沿线路堑石质边坡主要由弱风化白云岩组成,岩层倾角多为 5°~10°,岩层走向与路线走向大角度相交,岩层产状对边坡稳定性影响不大,边坡整体稳定。对此类边坡,设计仅对坡面进行修整,而不进行任何防护,最大限度地减少了人工痕迹,使边坡与周边自然环境融为一体,有效地提高了经济效益和生态效益,如图 3-29 所示。

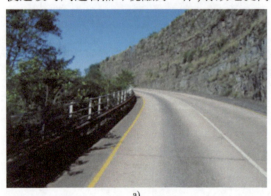

a)　　　　　　　　　　　　　　　　b)

图 3-29　湘西某公路水平层状岩质边坡

对于稳定岩边坡直接裸露坡体,也不失为大气自然之美,如有景观要求,也可利用坡面坑洼等适当种植攀缘性植物。如坡面太过完整,也可挂机编镀锌钢丝网,辅助坡面攀缘性植物生长,如图 3-30 所示。

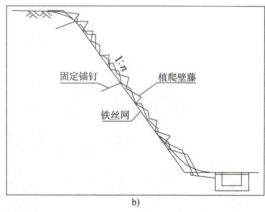

a)　　　　　　　　　　　　　　　　b)

图 3-30　攀缘性植物护坡

(三) 顺层向岩质边坡

顺层向层状岩质边坡是指坡体内的优势结构面与边坡具有相同倾向的层状岩质边坡,主要受自重引起的顺层滑移力作用,其稳定性受顺坡向软弱结构面的发育程度和强度控制。

对于不稳定或潜在不稳定边坡可采用锚杆防护、支挡防护、落石边坡防护、城乡接合部边坡防护、既有支挡、防排水工程的利用等。

1. 锚杆防护

锚杆加固形式可采用点式锚杆(锚墩)、地梁锚杆、格子梁锚杆及人字形骨架锚杆等。

不稳定或欠稳定的硬质岩顺向边坡,可采用点式锚杆进行防护,锚杆布置可采用菱形或行列式排列,锚杆间距宜为 3~4m,且不大于 1/2 锚杆长度。

软质岩不稳定、欠稳定路堑边坡宜采用骨架锚杆进行防护。

应该指出的是,由于岩土体与锚杆注浆体黏结强度的不同,注浆体对坡体的黏结力由弱到强依次是黏性土、砂土、碎石土、软岩、硬岩,这也是很多人认为锚杆(索)对土质边坡加固效果不明显的原因。此外,随着锚固荷载的增大,锚杆黏结力峰值会向锚杆根部移动,在锚固段前部较长的范围内,黏结力下降,甚至为 0,也就是说,能有效发挥锚固作用的锚固长度是有限的,并不是锚固长度越长,就能提供越大的锚固力。因此,最有效的锚固长度一般在 3~15m。层状岩石路堑边坡常用锚杆防护如图 3-31 所示。

2. 支挡防护

支挡结构包括挡土墙、抗滑桩等需承受土压力、下滑力的支承结构,适用于维护边坡稳定、减少土石方工程量和占地面积等。支挡结构应根据路基横断面、地形、地质条件和地基承载力进行工点设计,以合理确定位置及尺寸等。

挡土墙根据受力特点分为重力式挡土墙、薄壁式挡土墙、锚杆挡土墙和加筋土挡土墙等(表 3-8)。路堑挡土墙可参考国家标准图集。

常见挡土墙适用条件　　　　表 3-8

挡土墙形式	适用高度	适用条件
重力式挡土墙	不宜大于 8m	可用片石混凝土或混凝土修筑,形式简单,施工方便,可就地取材,当圬工数量较大,对地基承载能力要求高
薄壁式挡土墙	悬臂式不宜超过 5m;扶壁式不宜超过 15m	采用钢筋混凝土修筑,墙身断面小,自身质量轻,适用于缺乏石料及地基承载力低的地基
锚杆挡土墙	每级墙高不宜大于 8m	采用钢筋混凝土修筑,适用于石料缺乏,挖基困难且具备锚固条件的地区
加筋土挡土墙	不宜大于 12m	排水效果好,施工简便,对地基变形适应性强,地基承载要求低

加筋格宾挡土墙具有基础承载要求低、排水效果好、施工简便、生态性好等优点,是一种典型的柔性挡土墙,能够较好地适应地基或边坡变形,适用于红黏土或膨胀土边坡挡土墙。加筋格宾挡土墙设计中应注意综合考虑坡顶土工布防水层、截水沟、墙背渗水层、墙底排水垫层、墙趾外排水渗沟和坡面植被防护层设计,完备防排水系统。

当边坡岩土层存在不利结构面或者滑坡时,应根据边坡稳定状况综合设计,必要时设置抗滑支挡结构。根据滑坡推力大小、滑面埋深和施工条件,抗滑支挡结构形式可参考如下标准初步确定:

(1)当滑坡推力小于 300kN/m、滑动面埋深小于 2~3m 时,宜采用抗滑挡土墙。当滑体含水率较高时,可与墙后支承盲沟一起使用。

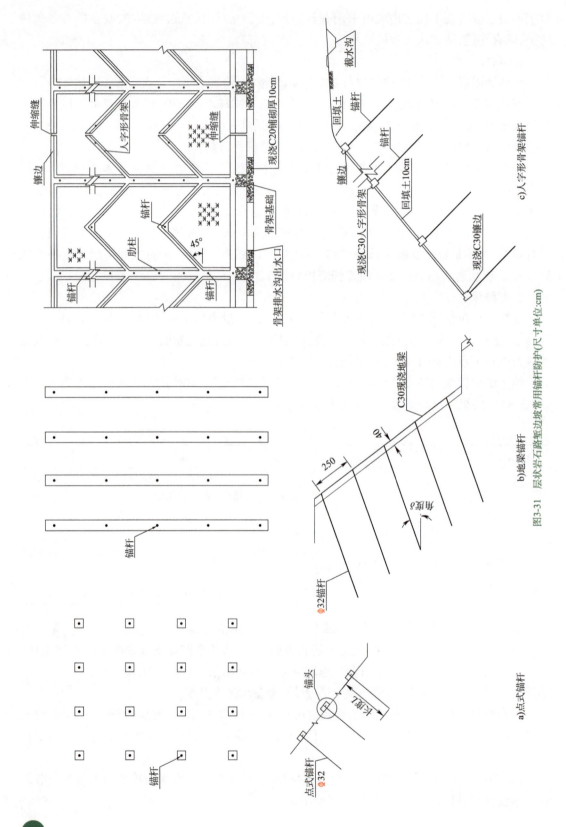

图3-31 层状岩石路堑边坡常用锚杆防护(尺寸单位:cm)

(2)当滑坡推力为 300~1000kN/m,宜采用普通抗滑桩或锚索抗滑桩。

(3)滑坡推力为 1000~2000kN/m,宜采用锚索抗滑桩,以减小桩身截面和埋深。更大的滑坡推力,则需视推力大小设两排桩或桩与锚索框架共同抗滑,或分级支挡。

3. 落石边坡防护

在小型崩塌和落石地段,如可能崩塌的数量不大或落石的数量不多,且基岩破坏程度不严重时,可采用全部清除的办法,条件允许时可通过植树造林防治危岩崩塌。岩体破坏较严重地段,可采用落石网、落石平台、拦石墙等措施。

拦石墙(图 3-32)多用浆砌片石砌筑,且配合缓冲层及落石槽使用。缓冲层材料需考虑崩塌落石的力学参数、原料来源,可采用土质或废轮胎缓冲层。

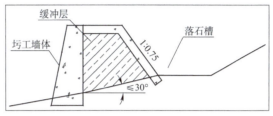

图 3-32 拦石墙示意图

易产生崩塌、落石及存在危岩的高陡边坡路段,可采用如图 3-33 所示的柔性防护网进行防护。其中边坡面积较小,危岩集中,坡度很陡,一般在 80°~90°,危岩落石轨迹无规律可循的边坡,可采用 SNS 主动防护网进行防护;边坡面积较大,危岩体分散,坡度较缓,落石能按一定轨迹滚落,并有良好的危岩碎落台路段,可采用被动防护网进行防护。

a)主动防护网

b)被动防护网

图 3-33 传统柔性防护网

对于坡面面积很大、单块落石能量较大的坡面,可考虑采用如图 3-34 所示的"帘式防护网"。帘式防护网以控制、引导、衰耗为防护理念,使落石运动速度和轨迹受到控制,"引导"落石进入预先设定的收集区。该技术施工简便、施工速度快、对环境影响小,能有效治理落石灾害。帘式防护网分为张口式帘式防护网和覆盖式帘式防护网,张口式帘式防护网适用于坡度较陡、落石较多、防护面积较大的边坡地形;覆盖式帘式防护网适用于坡表破碎的中陡边坡。

4. 城乡接合部边坡防护

城乡接合部边坡的最大特点是近期的景观要求和中远期建设开发利用的统一问题。由于这两项因素的控制,城乡接合部的边坡防护除了安全性外,主要应考虑经济性和美观性两个方面。

普通公路边坡防护使用期限较长,均按永久使用考虑,其防护形式偏于"刚"性,较多使用支挡结构等,但城乡接合部附近受城镇化进程的影响,两侧土地整平开发、道路改扩建等,导致公路两侧用地性质变化速度快,原有防护被拆除废弃的可能性很大,因此,这些路段的防护手段应适当结合放缓边坡,降低边坡高度,以容易拆除、造价较低的三维网植草灌、大窗骨架植被或者预制块防护为主,以降低工程造价,减少后期废弃工程量,并且符合城镇路段对于景观较高的要求。

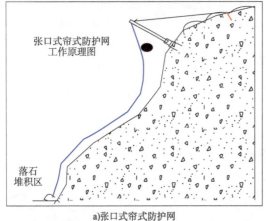

a)张口式帘式防护网　　　　　　　　　b)覆盖式帘式防护网

图 3-34　帘式防护网

5. 既有支挡、防排水工程的利用

既有支挡、防排水工程的利用分成按原有用途利用和按废弃工程利用两类。

如按原有用途利用,则应按新路的设计标准进行相关的检测和验算,满足条件时可以直接利用,不满足条件时应修缮或加固至满足条件后使用,如无法满足,则应按废弃工程利用。

如按废弃工程利用,则大多是将强度、水稳性等符合条件的原有圬工或混凝土结构破碎成符合合适粒径后,用作软基处治回填、基底承载力改善层、基底排水垫层或盲沟、防排水构件砌筑石料等。

原有旧水泥混凝土路面材料的利用可阅读本书第四章相关内容。

第三节　路基排水设计

一、排水总体设计

路基排水的任务是把路基工作区内的土基含水率降低到一定的范围内,因此,公路应根据沿线降水与地质水文情况,设置必要的地面排水、地下排水、路基边坡排水等设施,并与沿线桥涵配合形成整体的防排水体系。设计应对路面水加以拦截,排于路基之外,并防止漫流、停积或下渗,对于影响路基稳定的地下水,应予以截断、疏干、降低,必要时还需考虑施工的实际情况,设置一些临时性的防排水措施。

公路排水应形成一个独立体系,排水系统布置是指根据地形、地质条件合理确定公路排水体系与自然排水体系的接入接出口位置及高程,根据接入接出口位置划分排水段落,分段确定排水方案和排水设施尺寸。

公路排水包括地表排水和地下排水两类。地表排水包括路面排水、边坡排水及相邻地带排水;地下排水包括挖方段地下排水、填方段地下排水、半填半挖路段地下排水及中央分隔带地下排水。此外,在排水系统设计时,宜结合施工情况,尽量做到永临结合,减少对自然环境的破坏。

老路改扩建项目排水工程重点包括:整体完善、疏通排水系统,做到"进出得当""独立完整";复核原排水设施的断面尺寸是否满足设计流量要求;对原没有盖板的边沟进行加铺盖板或改成浅碟形、三角形等有容错能力的形式。图3-35 展示了公路排水设施布置。

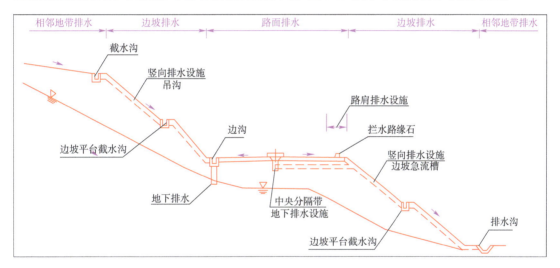

图 3-35　公路排水设施布置示意图

二、湖南各地区公路沟渠断面参考尺寸

(一)湖南地区降雨强度分区

根据湖南省降雨量时空分布特点和1980—2013年的年均降水量空间分布,湖南省的降雨量总体呈现由东部、南部向西部和北部半环状递减的规律。结合中国5年一遇10min降雨强度($q_{5,10}$)等值线图,湖南省各地区降雨强度如表3-9所示。

湖南省5年一遇10min降雨强度分区　　　　　　　　表3-9

分区	$q_{5,10}$	所属地区
Ⅰ	2.5	长沙市、益阳市、湘潭市、娄底市、衡阳市、株洲市、郴州市、永州市南部
Ⅱ	2.3	岳阳市、常德市、张家界市、怀化市北部、湘西自治州
Ⅲ	2.1	怀化市南部、邵阳、永州北部

(二) 公路沟渠断面参考尺寸

根据《公路排水设计规范》(JTG/T D33—2012)水文与水利计算方法,按照上述计算条件计算汇水面积、汇流时间、确定设计重现期,结合表3-9确定湖南省各地区降雨强度($q_{5,10}$),进而计算设计径流量,最后依据设计径流量确定边沟尺寸,并检验水流速度是否满足规范要求。

计算条件如下:

(1)假定路面单侧排水宽度为12m,最大排水沟长度为300m,边坡平均高度为10m,坡度为1:1.5,路面横坡为2%。

(2)公路路面为沥青路面,径流系数为0.95,粗糙系数为0.013;边坡地表类型土坡面,径流系数为0.65,粗糙系数为0.1。

(3)设计降雨重现期分析高速公路和一级公路、二级及以下公路两种情况,路基地表排水设施设计降雨的重现期:高速公路和一级公路采用15年,二级及以下公路采用10年。

(4)边沟形式考虑矩形和梯形两种,其中梯形边沟采用对称型,沟壁坡度为1:1。

(5)边沟材料考虑浆砌片石和水泥混凝土两种,其中浆砌片石边沟沟壁粗糙系数为0.025,水泥混凝土边沟沟壁粗糙系数为0.015。

(6)边沟设计沟顶应高出设计水面0.2m以上。

经计算得出湖南省各地区公路边沟断面参考尺寸,详见表3-10。

三、排水设施选型

公路排水设施按功能分,自上而下主要包括:截水沟、急流槽、平台沟、路堑边沟、路堤边沟、排水沟,如有中央排水时,还有纵渗沟、中沟及横向排水沟(管),路面较宽时还可设置路肩沟(拦水带),如图3-36所示。

排水设施按断面形式分,有矩形、浅碟形、三角形等。

排水设施按材料分,现在常用的主要包括浆砌片石排水设施、现浇混凝土排水设施、预制块排水设施、植被型和土质排水设施。

排水设施的选型应根据项目总体设计、地形地貌、汇水面积、用地、各排水设施的泄流能力以及对行车安全和环境景观影响程度等方面综合考虑确定。

一般来说,汇水面积不大、用地较为宽松路段可优先采用浅碟形边沟,其中景观要求高的路段还可采用浅碟形暗埋式边沟,与之配合的是土质或绿植沟身防护。汇水面积大,用地紧张路段宜优先采用矩形边沟,当较长路段(一般指大于200m)还没有水流出口时,应顺下游方向逐渐加大沟渠断面尺寸。从安全和视觉效果角度出发,矩形加盖板边沟对于汇水面积较大的挖方路基边沟(与狭长的路基及高陡边坡配合)、与之相连的填方路基边沟、沿街路段、设置有支挡结构的挖方路基内侧等路段适应性较好,具有路基视觉增宽、防止车轮卡陷和边坡碎落堵塞等功能。与矩形边沟配合的一般是浆砌片石或混凝土沟身防护。表3-11为路基排水选型。

湖南省各地区公路边沟断面参考尺寸（底宽×高，尺寸单位为 m）（下限值）

表 3-10

降雨分区		公路等级	沟身类别	沟身形状	沟底纵坡 i (%)						
地区	$q_{5,10}$				0.3	0.5	1	2	3	4	5
长沙市、益阳市、湘潭市、娄底市、衡阳市、株洲市、郴州市、永州市南部	2.5	高速公路和一级公路	浆砌片石	矩形	0.60×0.75	0.60×0.68	0.55×0.62	0.50×0.56	0.50×0.52	0.48×0.50	0.45×0.50
			水泥混凝土	梯形	0.50×0.58	0.45×0.55	0.45×0.50	0.45×0.50	0.35×0.45	0.35×0.44	0.35×0.43
				矩形	0.60×0.60	0.50×0.60	0.50×0.52	0.45×0.50	0.45×0.45	0.40×0.45	0.40×0.43
		二级及二级以下公路	浆砌片石	梯形	0.50×0.50	0.45×0.48	0.40×0.45	0.40×0.40	0.35×0.40	0.35×0.40	0.35×0.40
			水泥	矩形	0.60×0.70	0.60×0.65	0.55×0.58	0.50×0.53	0.48×0.50	0.45×0.50	0.45×0.48
			混凝土	梯形	0.50×0.55	0.45×0.53	0.40×0.50	0.40×0.45	0.35×0.45	0.35×0.43	0.35×0.42
				矩形	0.55×0.60	0.50×0.58	0.45×0.55	0.40×0.50	0.40×0.46	0.40×0.44	0.40×0.42
				梯形	0.45×0.50	0.40×0.48	0.40×0.43	0.40×0.40	0.35×0.39	0.35×0.38	0.35×0.37
岳阳市、常德市、张家界市、怀化市北部、湘西自治州	2.3	高速公路和一级公路	浆砌片石	矩形	0.60×0.70	0.60×0.65	0.55×0.60	0.50×0.55	0.50×0.50	0.45×0.50	0.45×0.48
			水泥	梯形	0.50×0.55	0.45×0.53	0.45×0.48	0.40×0.45	0.35×0.45	0.35×0.43	0.35×0.42
			混凝土	矩形	0.45×0.50	0.45×0.46	0.40×0.44	0.40×0.40	0.40×0.46	0.40×0.43	0.40×0.42
				梯形	0.60×0.68	0.60×0.60	0.55×0.55	0.50×0.51	0.45×0.50	0.35×0.39	0.35×0.37
		二级及二级以下公路	浆砌片石	矩形	0.45×0.55	0.45×0.52	0.45×0.47	0.40×0.44	0.35×0.43	0.35×0.42	0.35×0.41
			水泥	梯形	0.55×0.58	0.45×0.50	0.45×0.45	0.40×0.48	0.40×0.44	0.35×0.42	0.35×0.40
			混凝土	矩形	0.45×0.48	0.45×0.45	0.40×0.42	0.35×0.40	0.35×0.38	0.35×0.37	0.35×0.36
怀化市南部、邵阳、永州北部	2.1	高速公路和一级公路	浆砌片石	矩形	0.60×0.68	0.60×0.62	0.55×0.55	0.50×0.52	0.45×0.50	0.45×0.48	0.45×0.45
			水泥	梯形	0.50×0.53	0.45×0.52	0.45×0.47	0.40×0.44	0.35×0.43	0.35×0.42	0.35×0.41
			混凝土	矩形	0.55×0.58	0.50×0.55	0.48×0.50	0.45×0.45	0.40×0.45	0.40×0.42	0.40×0.40
				梯形	0.45×0.48	0.45×0.45	0.40×0.42	0.35×0.40	0.35×0.38	0.35×0.37	0.35×0.36
		二级及二级以下公路	浆砌片石	矩形	0.60×0.65	0.58×0.60	0.52×0.55	0.50×0.50	0.45×0.48	0.45×0.46	0.44×0.45
			水泥	梯形	0.45×0.53	0.45×0.50	0.45×0.46	0.40×0.43	0.35×0.42	0.35×0.41	0.35×0.40
			混凝土	矩形	0.55×0.55	0.50×0.52	0.45×0.52	0.40×0.46	0.40×0.43	0.40×0.41	0.40×0.40
				梯形	0.45×0.47	0.40×0.45	0.40×0.41	0.35×0.39	0.35×0.37	0.35×0.36	0.35×0.35

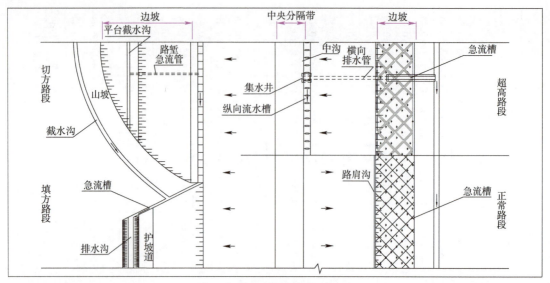

图 3-36 路基路面排水平面布置图

路基排水选型 表 3-11

排水措施	结构类型	适用条件
路堑边沟	浅碟形边沟	景观要求较高、设计流量较小、用地限制较小的公路
	矩形盖板沟	设计流量大，连续挖方边沟长的情况
路堤边沟	矩形边沟	用地受限、景观要求高
	梯形边沟	易坍塌堵塞沟渠或沟壁稳定性较差的土质边沟，可视情况确定是否铺砌

图 3-37 ~ 图 3-39 是湖南省常用的各类型边沟设计图。

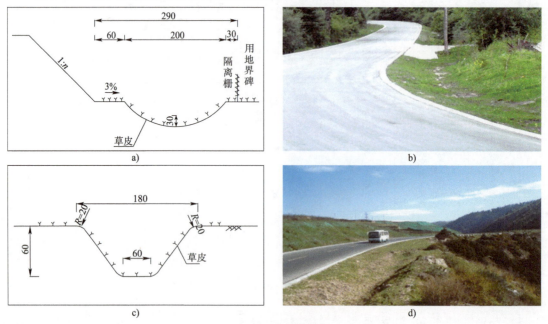

图 3-37 土质边沟设计图(尺寸单位:cm)

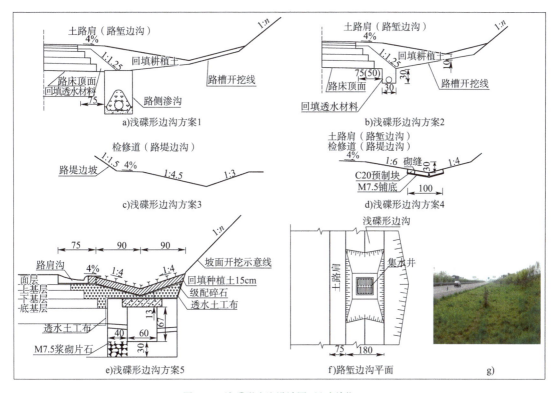

图3-38 浅碟形边沟设计图(尺寸单位：cm)

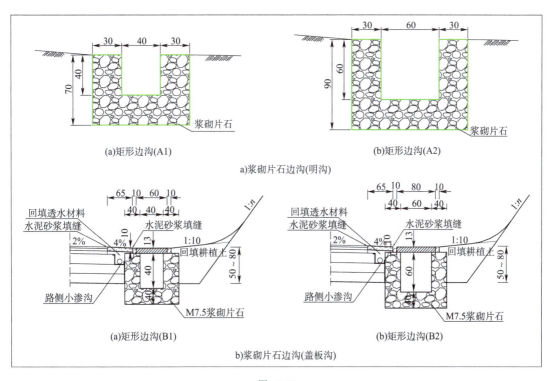

图 3-39

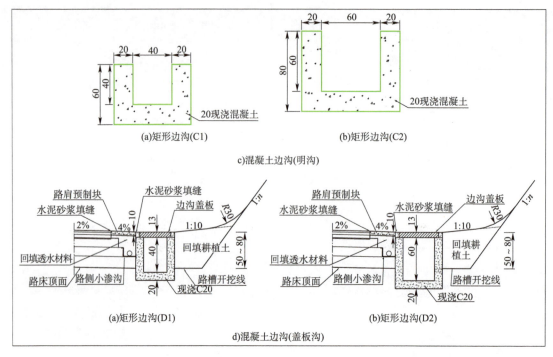

图 3-39 矩形边沟典型尺寸(0.4m×0.4m、0.6m×0.6m)设计图(尺寸单位:cm)

第四节 特殊路基设计

一、洞庭湖区域软土路基处治设计

(一)洞庭湖软土的区域分布特征

洞庭湖位于湖南省的北部,该区域分布有第四系河湖相堆积的松散土类,包括一般黏性土、软弱黏性土以及粉细砂和砂砾卵石等砂性土,呈多层结构。因此,本区的主要不良地质问题是软土,其结构强度和固结性能均能较大影响公路项目的修筑。同时,本地段地震活动较强,地壳较不稳定也是个较突出的问题。此外,由于位于平原区,伴随着软土路基的还有填料缺乏的工程问题。

相关研究表明,由于受复杂地表水动力控制和沉积条件影响,洞庭湖区域软土大致可分成三大类,即淤泥质土、淤泥质土薄层粉砂互层及淤泥质土夹微薄层粉砂。其中淤泥质土是常规软土,淤泥质土薄层粉砂互层是指淤泥质土与粉细砂呈"千层糕"状互层,且粉砂层厚度较大,淤泥质土夹微薄层粉砂是指淤泥质土与粉细砂层交互出现,但粉细砂层厚度微薄,仅有1~2mm。三种典型软土的土样照片如图3-40所示。

洞庭湖区三类典型软土的分布区域、代表工程、工程性质及建议主要处治方法如表3-12所示。

a)淤泥质土

b)淤泥质土薄层粉砂互层

c)淤泥质土夹微薄层粉砂

图3-40　洞庭湖区域三类典型软土

洞庭湖软土区域分布特征　　　　　　　　　　　　　　　　表3-12

编号	名称	分布区域	代表工程	表观特征	强度性能	排水固结性能	修筑技术
1	淤泥质土	澧县、安乡、汉寿及常德市区等	安乡至慈利高速公路、杭瑞高速公路常德段、二广高速东常段等	黏粒含量高,土质较纯,微层理不明显	低	排水性能差,渗透系数的各向异性比不明显	复合地基为主
2	淤泥质土薄层粉砂互层	湖北松滋、石首,湖南华容、岳阳市区等	杭瑞高速公路岳阳段和S222华容段等	淤泥质土与粉砂互层,粉砂层厚1~2cm	较高	水平向排水性能好,渗透系数各向异性比可达100	排水固结为主
3	淤泥质土夹微薄层粉砂	南县、茅草街、沅江、益阳等	南县至益阳高速公路等	淤泥质土含微薄层粉砂,粉砂层厚度小于1mm,有明显的微层理	较高	水平向排水性能较好,渗透系数各向异性比可达10	埋藏较深时结合上部路堤填筑技术经计算可考虑不深层处理

(二)软土路基处治方案选取

软土地基处理的方案设计应按因地制宜、就地取材、经济实用的原则进行。对软土性质差、地基条件复杂或有特殊要求的地基处理工程,可采用两种或两种以上措施进行综合处理。适用湖南省的软基常用处治方法见表3-13。

1.浅层软基处治

对于埋藏深度(软土层底的深度)较浅的软土,一般采用清淤换填的方案处理。清淤后的换填材料可视情况采用碎石、中粗砂、黏土等水稳性好的材料。当条件受限时,也可以采用开挖纵、横向砂(碎石)沟进行局部换填的方案进行处治,如图3-41所示。对于埋藏深度较大的软土,需采用深层软基处治方案。根据处治原理不同,深层处治方案可大致分为排水固结和复合地基两大类。

湖南省公路软基常用处治方法一览表　　　　　表3-13

分类	处理方法	特点	适用范围及注意事项
浅层处理	清淤回填 砂沟回填	(1)原理简单,施工难度小; (2)处理深度一般控制在3m以内,仅适用于厚度较小的局部软弱土处治	(1)山区由于地形影响排水不畅造成的局部软基路段; (2)湖区软基发育深度浅于3m的路段
排水固结法	袋装砂井预压 塑料排水板预压	(1)工艺简单,施工方便; (2)填筑过程需严格控制填筑速率,以保证路堤稳定性; (3)需要较长的预压期,施工周期较长; (4)需根据沉降计算预抛高土方; (5)预压结束后土方存在二次调运	(1)软土含砂量较大或者有水平砂层,排水条件较好; (2)软基层底埋深不宜大于15m; (3)路堤填土高度一般不超过6m; (4)施工工期较为宽裕,有12个月及以上的预压工期; (5)当预压土方缺乏时,可考虑水载或水袋替代预压土方荷载
复合地基加固法	碎石桩	(1)属于散体材料桩,如软基强度太低则加固效果欠佳; (2)施工工艺较为复杂,采用振动方法施工噪声和振动较大,造价较高; (3)需较多砂石材料	(1)项目本身产生较多石方的应优先考虑此方案; (2)有抗震要求的地区宜优先考虑此方案; (3)桩间土强度较低时无法形成有效围压,成桩效果不好时不宜采用此方案; (4)处治深度宜控制在25m以内
复合地基加固法	水泥搅拌桩	水泥粉喷桩、搅拌桩施工工艺成熟,造价较高。粉喷桩施工过程中应避免污染环境。处理深度一般不超过15m	(1)软基深度不超过15m,有机质含量不大于10%时可考虑采用此方案; (2)当软基含水率较大时考虑喷水泥粉(干法)施工,其他情况宜采用喷水泥浆(湿法)施工; (3)当施工空间受限时可考虑高压旋喷工艺; (4)当每延米水泥掺入量大于70kg时仍无法达到设计强度,应考虑设计强度的适宜性或方案的适宜性
刚性桩加固	预应力混凝土管桩	(1)一般采用静压方法,振动和噪声较小,施工周期较短; (2)处理深度深,可达30m或更长,工后沉降小; (3)造价相对较高	(1)适用填土高度较高、软基较深的路段; (2)适用于深厚软基路段的老路加宽工程; (3)桩长不应悬浮在软基当中,应进入持力层1m以上; (4)收锤标准的确定是控制本方案造价的关键

2. 排水固结深层软基处治

排水固结法是指通过在软土层内设置竖向排水体,通过竖向排水体与水平向排水垫层相接,形成纵横向贯通的排水通道,结合上部预压,将软土层中的水排出路域范围之外而减小软土孔隙率,使得在某一级荷载作用下达到荷载与变形平衡,从而提高土体有效应力并减少工后沉降的方法。排水固结法须结合堆载预压进行,竖向排水体施打完成后,一般要进行

8～12个月的堆载预压,如软基深厚,则预压期可能更长。对于具有二元结构的洞庭湖软土区来说,由于薄层粉细砂层的存在,使其具有较好的水平排水性能。因此,如果工期较为宽裕,排水固结法是该区域较为适宜的造价较低的软基处治方案。

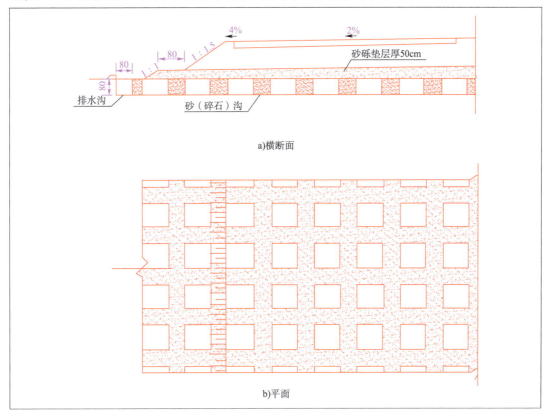

图3-41　砂(碎石)沟清淤换填(尺寸单位:cm)

竖向排水体主要有袋装砂井和塑料排水板两类,见图3-42和图3-43。两者在计算原理上是一致的,近年来,由于砂、石等建材供应紧张,袋装砂井造价偏高,工程中较多采用塑料排水板作为竖向排水体。

图3-42　袋装砂井排水固结法

图3-43　塑料排水板排水固结法

排水固结法适宜的处治深度一般小于25m，经计算，也可适用更深的软基路段，但需结合更大的预压荷载和更长的工期。竖向排水体一般按等边三角形布置，其间距视软土上部荷载和软土深度及软土的排水性能确定，一般在0.9~1.3m之间选取，上部荷载大、软土深、软土排水性能差时取小值。原则上，竖向排水体向下应穿透软土层，向上应埋入水平排水层（砂垫层）。

根据预压荷载（堆载）的大小与路基恒载的关系，堆载预压有欠载预压、等载预压及超载预压三种。欠载预压是指预压荷载小于恒载，一般工程实际是指预压不包括路面荷载，预压高程到路床顶面。欠载预压由于预压荷载小于恒载，如软基处治效果不强，在路面荷载及车辆荷载作用下，易产生较大工后沉降，所以排水固结法中不采用欠载预压。但是该方法又不增加额外预压土方，预压结束后也不需要卸载土方，所以常结合复合地基法使用。等载预压是指预压荷载等于恒载，一般是指预压荷载包含路面荷载，预压高程是路床高程加上路面荷载换算成的等量土柱高程之和。超载预压是指预压荷载大于设计恒载，一般预压荷载包括路面荷载和车辆荷载，预压高程是路床高程加上路面和车辆荷载换算等量土柱高程之和，一般适用软基特别深厚的软基处治。应该指出的是，采用排水固结法进行软基处治时，预压期会产生比较大的沉降，因此上路床不能按照常规的30cm铺设，而是应该根据沉降预测，保证至少30cm的预抛高，预抛高范围应达到上路床填筑要求。

图3-44 水袋预压

鉴于平原区一般路基填料供应困难，近年来出现的水袋预压(图3-44)可以较好地解决预压土方的来源和反复堆卸的问题。水袋采用橡胶布制成，厚度1.5~2.5mm，目前最大充水高度一般为3m，能提供30kPa左右的荷载，能在-20~100℃范围内正常工作。水袋长度一般同路基横断面宽度，可沿路基纵向一次排布。目前该水袋一般采用租赁的形式，对于缺土的平原区来说，造价相对低。

3. 复合地基深层软基处治

复合地基法是指通过在软土中设置各种桩体，与土体形成共同体后使得天然地基的承载力和压缩模量均得到提高的软基加固方法。复合地基法适用于对地基承载力要求高、工后沉降要求严及工期比较紧的情况。根据所设置桩体不同，一般复合地基可分为散体材料桩复合地基（如砂桩、碎石桩复合地基等）、柔性桩复合地基（如水泥搅拌桩复合地基等）和刚性桩复合地基（如预制混凝土桩、预应力混凝土管桩复合地基等）。

根据区域地质条件、材料供应和各软基处治方案的实际应用情况，水泥搅拌桩复合地基较为适用湘北洞庭湖区域普通国省道的软基处治。

水泥搅拌桩是加固土桩的一种。水泥搅拌桩是加固饱和软黏土地基的一种好方法，它是利用水泥作为固化剂的主剂，通过特制的搅拌机械就地将软土和固化剂强制搅拌，利用固化剂和软土之间所产生的一系列物理-化学反应，使软土硬结成具有整体性、水稳性和一定强度的优质地基，达到提高承载力和压缩模量的目的。由于水泥搅拌桩需要充分利用天然土的性能，如果天然地基十字板剪切强度小于10kPa，有机质含量大于10%的地域，其成桩效果不理想，因此这些路段不宜采用该方法。此外，由于施工机械的功率和施工的难度问题，较多工程实践表明当水泥搅拌桩桩长超过15m时，其施工质量难以控制，加固效果难以保证。

水泥搅拌桩的强度跟水泥掺入量关系密切，这也是该方案工程造价控制的关键因素。因此原状试件(直径50mm、高度100mm的圆柱体)90d无侧限抗压强度q_u(工程实际中为节约工期常采用28d龄期试件代替90d龄期试件进行测试)是本方案中最重要的设计控制指标。该指标可根据单桩竖向承载力和桩体抗剪强度反算。对于某一项工程来说，水泥掺入量应根据不同的设计荷载(路基填土高度)，分成几个档级取值，这更有利于控制工程质量和造价，而不宜全线采取同一指标控制。从湖南省多个项目数据统计，原状试件28d无侧限抗压强度q_u设计值一般在0.6～1.2MPa之间取值，其对应的水泥掺入量为40～70kg/m。当水泥掺入量达到70kg/m，通过复搅仍无法达到设计要求的28d无侧限抗压强度，则应考虑更换其他软基处治方案。

水泥搅拌桩一般采用正三角形布置，桩间距根据稳定性和沉降计算结果，较常采用1.2～1.5m。设计桩径一般为50cm。桩长宜穿透软土层进入非软土层1.0m左右。水泥搅拌桩复合地基应在桩顶上设置厚度不小于50cm的砂(碎石)垫层，以利桩土共同受力。当地基很软，无法正常工作时，可先行铺设砂垫层兼工作垫层使用。

水泥搅拌桩根据施工工法分为"干法"和"湿法"两种，"干法"即直接喷水泥粉，"湿法"即喷射预先搅拌好的水泥浆。从多个项目实践来看，"湿法"施工质量更易控制，成桩效果较好。

按照施工规范要求，结合施工成功经验，水泥搅拌桩一般应采用"四搅两喷"的施工步骤。如采用该施工工艺无法得到设计强度要求时，可采用"四搅三喷"或"四搅四喷"的工艺，原则是"控制水泥总量、反复少量多次喷浆"。水泥搅拌桩成桩效果如图3-45所示。

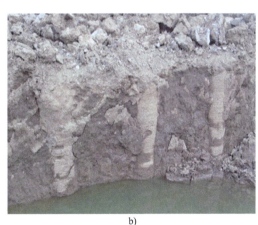

a)　　　　　　　　　　　　　　　b)

图3-45　水泥搅拌桩成桩图片

水泥搅拌桩复合地基大规模施工前应进行工艺性试验，得到水灰比、水泥掺入量、喷浆压力、提升速度等参数。复合地基施工完成后，应按相关规范要求进行质量检测，检测内容包括桩距、桩径、桩长、桩垂直度、芯样无侧限抗压强度、单桩承载力和复合地基承载力。

为更好地提升水泥搅拌桩复合地基的工效,目前还出现了钉型水泥搅拌桩和双向水泥搅拌桩等新的施工工艺,当普通水泥搅拌桩效果不理想,又无其他方案可替代时,可考虑采用。

水泥搅拌桩复合地基的稳定和沉降计算参见相关规范。

当需处治的软基深度超过25m时,可考虑采用预应力混凝土管桩进行处治。

4. 软土路基的沉降与稳定监测设计

软基路段由于地基土抗剪强度低,为保证施工期间的路基稳定性,必须严格控制路堤填筑速率,因此软土路基上的路堤施工应进行沉降和稳定性监测。其中软土地基填方较高路堤、桥头路段和其他稳定性有风险的路段应委托专业第三方单位进行沉降和稳定性监测,其他路段可由施工单位进行常规沉降监测。沉降与稳定监测的设计内容应包括监测断面桩号确定、断面监测内容、监测仪器选型与布设、监测方法和频率等。

软土地基上路堤宜结合工程实际,选取代表性路段提前修筑试验路段,获得各处治方案的技术参数。

二、湘中、西南部红黏土路基处治设计

(一) 湖南省红黏土工程特性

红黏土是指碳酸盐类岩石(如石灰岩、泥灰岩、白云岩等),经长期强烈的风化等作用,形成一种覆盖于基岩上的棕红色或黄褐色的高塑性黏土。湖南省碳酸盐类岩石分布广泛,约5.8万km^2,占全省总面积的27.4%,境内红黏土随处可见。其中尤以湘中、湘西南发育较为广泛。常见外观如图3-46所示。

图3-46 红黏土

湖南省交通规划勘察设计院有限公司针对20世纪80年代末至今三十余年以来,湖南境内1200余公里563组红黏土公路路段试样的物理力学性质指标进行研究,认为湖南省红黏土是一种具有黏粒含量高、高分散性、液限高、饱和度大、孔隙比大、相对密度大、渗透系数小的特殊土类。其具有抗剪强度高,尤其黏聚力大、压缩性较低的工程特性;其膨胀性较弱,但具有一定收缩性。

表3-14是上述红黏土试样的主要物理力学性质指标。表3-15是上述红黏土试验的涨缩及复浸水特性指标。

(二) 红黏土主要工程问题及处治措施

红黏土地区公路工程建设主要存在基底稳定性、边坡稳定性、填料适宜性三个方面的问题。

表 3-14

湖南省红黏土主要物理力学性质指标

道路/地区	物理性质								力学性质			
	统计样本	天然含水率 w (%)	孔隙比 e	饱和度 S_r (%)	干密度 ρ_d (g·cm⁻³)	液限 w_L (%)	塑限 w_P (%)	塑性指数 I_P	统计样本	自由膨胀率 (%)	压缩系数 a_{1-2} (MPa⁻¹)	凝聚力 c (kPa)
75	18.4~62.5 / 30.6	0.97~1.66 / 1.02	77.0~84.0 / 86.1	1.28~1.38 / 1.30	41.8~79.4 / 63.7	20.2~40.8 / 33.5	31.6~63.0 / 38.4					
106	26.3~74.5 / 37.9	0.73~2.08 / 1.09	69.5~100 / 87.9	1.01~1.77 / 1.33	38.7~82.2 / 54.4	19.7~47.3 / 31.8	19.0~62.5 / 32.8	106	5.0~50.0 / 30.4	0.12~1.66 / 0.42	0~100 / 41.5	2.7~41.3 / 10.9
85	16.7~63.3 / 30.5	0.60~1.47 / 1.01	76.2~100 / 88.5	1.10~1.73 / 1.39	44.9~80.0 / 62.1	18.4~60.3 / 30.7	21.9~43.0 / 32.0	85	10.0~60.0 / 42.1	0.10~0.50 / 0.20	4.7~189.3 / 56.4	3.4~37.8 / 13.3
34	22.6~52.0 / 34.8	0.80~1.50 / 1.00	70.0~99.9 / 90.9	1.08~1.53 / 1.34	45.7~68.9 / 58.6	19.8~33.7 / 27.9	25.8~39.8 / 30.7	34	10.0~57.5 / 39.1	0.09~1.11 / 0.29	20.7~103.9 / 57.9	1.6~23.6 / 13.1
137	19.0~60.4 / 34.6	0.63~1.61 / 1.04	69.0~99.9 / 89.7	1.05~1.66 / 1.35	37.2~99.4 / 69.1	20.8~66.8 / 37.0	13.2~49.0 / 32.4	137	20.0~85.0 / 47.1	0.07~0.92 / 0.30	1.7~191.3 / 61.9	2.0~39.7 / 11.9
54	19.4~57.5 / 35.3	0.69~2.10 / 1.04	41.9~99.1 / 89.7	0.88~1.60 / 1.35	45.0~74.6 / 61.9	13.1~40.9 / 31.6	25.2~41.1 / 30.3	54	10.0~85.0 / 45.7	0.23~1.40 / 0.45	1.4~104.7 / 46.0	2.4~46.6 / 11.1
72	18.9~55.2 / 39.0	0.50~1.80 / 1.10	60.5~100 / 94.0	0.99~1.80 / 1.31	45.6~76.7 / 65.6	14.9~52.0 / 35.3	10.0~65.0 / 30.3	72	10.0~65.0 / 51.3	0.20~1.20 / 0.30	4.4~101.6 / 58.0	3.5~31.8 / 10.2
563	16.7~74.5 / 34.7	0.50~2.10 / 1.01	41.9~100 / 89.3	0.88~1.80 / 1.30	37.2~99.4 / 62.8	13.1~60.3 / 33.3	10.0~65.0 / 32.6	488	5.0~85.0 / 42.5	0.07~1.66 / 0.32	0~191.3 / 53.9	1.6~46.6 / 11.7

表 3-15

湖南省红黏土胀缩及复浸水特性

道路/地区	胀缩特性指标							复浸水特性				
	统计样本	无荷膨胀率（%）	50kPa膨胀率	线缩率	体缩率	收缩系数	缩限（%）	统计样本	液塑比 I_r	界限液塑比 I_{rL}	$I_r \geq I_{rL}$ 组数	$I_r < I_{rL}$ 组数
邵怀新/邵阳怀化	15	$\dfrac{0\sim15.3}{2.91}$	$\dfrac{-5.01\sim0.38}{-1.88}$	$\dfrac{1.7\sim83.3}{6.2}$	$\dfrac{6.5\sim24.9}{13.7}$	$\dfrac{0.15\sim0.61}{0.41}$	$\dfrac{3.0\sim24.5}{17.4}$	106	$\dfrac{1.38\sim2.25}{1.74}$	$\dfrac{1.60\sim1.93}{1.87}$	59	47
邵永/邵阳永州	26	$\dfrac{0.20\sim4.9}{1.70}$	$\dfrac{-1.60\sim-0.40}{-0.90}$	$\dfrac{2.0\sim20.6}{6.4}$	$\dfrac{5.8\sim24.1}{17.1}$	$\dfrac{0.00\sim0.50}{0.30}$	$\dfrac{15.0\sim27.8}{19.6}$	85	$\dfrac{1.13\sim2.67}{2.14}$	$\dfrac{1.73\sim1.95}{1.83}$	51	34
永蓝/永州宁远	8	$\dfrac{0.28\sim10.6}{1.90}$	$\dfrac{-3.89\sim-0.55}{-0.86}$	$\dfrac{1.5\sim7.2}{4.3}$	$\dfrac{8.7\sim21.1}{14.2}$	$\dfrac{0.20\sim0.50}{0.37}$	$\dfrac{14.5\sim26.2}{19.3}$	137	$\dfrac{1.37\sim2.66}{1.89}$	$\dfrac{1.65\sim2.06}{1.86}$	74	63
安邵/娄底	31	$\dfrac{0.30\sim1.20}{0.64}$	$\dfrac{-8.01\sim-0.75}{-2.11}$	$\dfrac{0.5\sim114.9}{6.3}$	$\dfrac{11.2\sim27.5}{17.6}$	$\dfrac{0.02\sim1.15}{0.37}$	$\dfrac{10.0\sim28.0}{19.7}$	72	$\dfrac{1.34\sim2.86}{1.80}$	$\dfrac{1.61\sim1.89}{1.82}$	39	33
合计	80	$\dfrac{0\sim15.28}{1.54}$	$\dfrac{-8.01\sim0.75}{-1.55}$	$\dfrac{0.5\sim114.9}{6.1}$	$\dfrac{5.8\sim27.5}{16.4}$	$\dfrac{0.00\sim1.15}{0.36}$	$\dfrac{3.0\sim28.0}{19.2}$	400	$\dfrac{1.13\sim2.86}{1.89}$	$\dfrac{1.61\sim2.06}{1.85}$	223	177

1. 基底稳定问题及处治措施

红黏土地基具有"上硬下软"之特性，红黏土或次生红黏土长时间被水浸泡后，易软化，强度将明显降低。

对于不均匀性大的岩土地基，应进行基础换土或加固处理，以避免不均匀沉降。外露的石牙应凿削，换填以碎石垫层。同时，基础埋深在大于大气急剧影响层深度的前提下，基础宜浅埋，尽可能地利用上部硬壳土层，并进行软弱下卧层的承载力的验算；当不能满足承载力和变形要求时，应进行地基加固或采用桩基础。路基设计面附近为弱～中等膨胀性红黏土的挖方地段，应予以适当超挖换填。

2. 边坡稳定问题及处治措施

红黏土天然含水率较高，土体基本接近饱和状态，当人工开挖形成边坡，红黏土失去原有覆盖保护后，临空面附近土体表面含水率将不断减少、降低，土颗粒外围水膜变薄，土体失水，产生土体收缩，土颗粒间拉应力增大，出现初始裂缝。初始裂缝的形成将为更深范围的水分向外转移提供通道条件。这种反复发生的过程将使得临空面土体裂缝进一步发育、增多、增宽、增深，抗剪强度降低，导致土体向临空面方向塌落。

要防止这种松弛—饱水—下滑的变形破坏发生，最及时的措施是保湿，防止失水收缩，采取快速施工、快速封闭，保持红黏土不发生失水。红黏土发育区，路基及边坡施工，应尽量避免在雨季进行，否则必须及时进行有效的防护、排水。

接近基岩面下部的红黏土层或灰岩残积土往往含水率较上部高，呈软塑至软可塑状态，揭露后易发生塑性挤出变形，因此，路线方案设计时应控制路基设计高程，尽量避免揭露下部软弱土层。此外，要总体上控制边坡高度。红黏土路堑边坡设计应遵循"缓坡度、宽平台、固坡脚"的原则。从湖南省多年来高速公路处治的经验来看，采用坡脚设置矮挡墙结合坡面设置支承渗沟或者人字形骨架取得了较好的处治效果。

3. 路堤填料问题及处治措施

红黏土地区公路的另一病害是不能直接作为路基填料，其中压缩系数大于 0.5MPa^{-1} 的红黏土不得用于填筑路堤。因此针对其工程特性，采用红黏土填筑路基时需解决两个问题，一是改善填料土的性质与压实控制，二是隔离水对其影响，以保证路基稳定。

改善填料土的性质较多采用物理处理法（掺碎石或砂砾）以及化学加固法（掺石灰或水泥法），通过上述处理，将混合料的含水率控制在最佳含水率附近，将取得最佳碾压效果。

隔离水对路堤的影响主要是通过地表与地下排水系统的结合设计。路堤基底可设置厚 $0.3\sim0.5\text{m}$ 厚的排水隔离层，采用渗水性良好的砂砾或碎石填筑，其顶面应设置反滤层。此外，还应因地制宜设置盲沟、暗沟等尽快疏导排放地下水。采用包边法、设置粒料吸收层等隔离原有地表水或地下水的补给条件，保证边坡的稳定性。

红黏土是典型的高液限土，红黏土作为路堤填料的其他方面可参考《高液限土路基修筑技术》一书的相关内容。

表 3-16 是采用掺灰改良时红黏土路堤常见病害及其防治措施。图 3-47、图 3-48 是红黏土边坡处治后的实景，图 3-49 是支承渗沟设计示意图。

掺灰改良时红黏土路堤常见病害及防治措施　　　　　表 3-16

常见病害	病害原因	防治措施
弹簧土	局部含水率太高	混合料充分粉碎,含水率控制在最佳含水率附近重新填筑碾压
松散	拌和不均匀或局部颗粒离析	局部挖除后拌和均匀
起皮	表面过于干燥或薄层填筑	喷水保持湿润;严禁薄层找补填筑,摊铺时宁高勿低,整平时宁刮勿补
拥包	碾压不当	碾压时先轻后重,先边后中,先慢后快
成型后土层隆起	未消解的过火石灰在土层形成后消解,体积膨胀	将石灰提前 7~10d 充分消解,过 10mm 筛,剔除未完全消解的过火石灰
大量裂缝	保湿养生不及时,产生干缩裂缝;降温过程石灰改良土体积收缩,形成温缩裂缝	在最佳含水率时成型,成型后立即保湿养生,冬季要覆盖养生

图 3-47　支承渗沟+路堑矮墙处治红黏土边坡

图 3-48　分级排水+放缓处治红黏土边坡

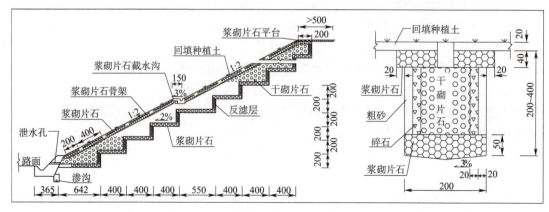

图 3-49　支承渗沟设计示意图(尺寸单位:cm)

三、膨胀土路基处治设计

膨胀土在我国广西、云南等27个省份分布,在湖南省西南部也很常见。膨胀土是一种高塑性黏土,富含强亲水的蒙脱石等矿物,具有涨缩性、超固结性和多裂隙性这"三性"工程特性。在干湿循环作用下,膨胀土反复涨缩,易引发轻型结构物失稳、边坡变形滑塌及路面隆涨破坏。因此,膨胀土地区路基应避免高路堤和深长路堑,宜采用低路堤或浅路堑。路基边坡高度大于10m时,应与桥隧方案进行综合比选确定。

与膨胀土相关的工程问题很多,其中膨胀土作为填料的适宜性和路堑边坡稳定性是较为典型的两个方面。

(一)膨胀土路堤处治

膨胀土路堤常年难以稳定,易产生不均匀沉降、路堤边坡坍滑等病害,路面易出现开裂、冒浆、水泥混凝土板断裂等破坏。因此,膨胀土不宜直接用于填筑路堤。膨胀土路堤处理方案有弃土换填、化学改性、物理处治等。

弃土换填即将膨胀土全部废除后采用符合条件的填料的处理方式。弃土换填造成大量废方,存在生态环境破坏和土地资源浪费的问题,同时也使工程费用大幅增加,一般情况下仅限于强膨胀土的处治。膨胀土路堤处治方案见表3-17。

膨胀土路堤处治方案　　　　　　　　表3-17

填料膨胀土等级	处治方案
弱膨胀土	(正常土或土工格栅土体)包边
中等膨胀土	(正常土或土工格栅土体)包边 或非膨胀土夹层填筑 + 包边
强膨胀土	弃土或试验后化学改良

化学改性是指在膨胀土中掺入一定比例的石灰,通过离子交换等一系列反应,膨胀土强度增强,胀缩性得到改善,最终达到处治后涨缩总率不超过0.7%的工程要求。掺石灰改良是目前工程中中等和弱膨胀土路基改良用得最多的方案。掺石灰的比率是该项技术的控制性指标,从多个项目的情况来看,石灰掺入范围以5%~7%为宜,低于5%难以取得很好的胀缩总率控制效果,高于7%则CBR值等技术指标增加不明显而工程费用较高。

物理处治技术,即遵循保湿防渗的原则,采取包边、封闭、加筋、夹层等措施,将填于路堤"芯"部的膨胀土包裹起来,控制路堤中膨胀土的湿度平衡,从而减少芯部膨胀土的干湿胀缩,使路堤保持足够的强度和稳定性的工程技术。

该技术的关键是利用包边土达到抵御大气作用,避免内部膨胀土干湿循环及地下毛细水上升,因此包边土厚度的确定是其关键技术。一般来说,包边土应优先选用有一定强度且隔水性好的非膨胀性黏土。非膨胀性黏土包边厚度应比该地区膨胀土的大气影响急剧层深度大0.8~1.0m,碎、砾石包边厚度应比大气影响急剧层深度大1.3~1.5m。大气影响急剧层深度是指大气影响特别显著的深度,如没有试验资料时可按大气影响深度的 0.45 倍估算。

大气影响深度的获得可通过现场试验或者相关路基设计手册中关于膨胀土地区风化作用影响深度建议值论证采用。如人民交通出版设计出版的《公路路基设计手册》(第二版)(表 2-10-3)中,对于宜昌地区的大气风化作用深度值是 2.1m。图 3-50 为包边示意图;图 3-51 为常张路膨胀土加筋处治。

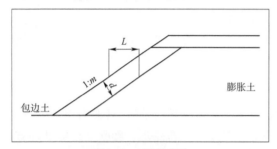

图 3-50 包边示意图
d-包边土厚度;L-包边土水平宽度;m-坡度

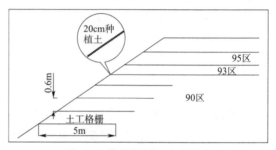

图 3-51 常张路膨胀土加筋处治

膨胀土的物理处治把膨胀土包在路堤"芯"部,可以达到膨胀土就地利用的目的,但受包边土厚度的影响对于路基宽度窄的路基来说其经济效益并不明显。这时可考虑采用土工格栅加筋膨胀土复合包边体代替非膨胀土进行包边。加筋膨胀土复合包边体通过土工格栅来吸收包边部分膨胀土体的膨胀力,解决了"包边体"自身的安全的问题。该技术的核心是依据膨胀力的计算,确定包边土工格栅的长度、分层厚度和土工格栅的技术指标。湖南省常张高速公路 K86+020~K86+080 段是加筋处理试验路段。弱膨胀土填筑在路基 90 区,在压实合格的路基上,沿横断面方向自路基边缘往中心线铺设 5m 长土工格栅。土工格栅采用 TGDG-35,抗拉强度 35kN/m,最大延伸率 8%。土工格栅每两层填土铺设一层。铺设土工格栅时,向路中线方向张紧产生 2% 左右的伸长,用 U 形钉固定在路基上。为保护格栅防止水土流失,路堤边坡敷设了 20cm 种植土。图 3-50、图 3-51 是常张路加筋膨胀土包边土、路堤横断示意图。表 3-18 列出了几个工程实例中采用的各项技术指标。

土工格栅包边工程实例　　　　　表 3-18

项目名称	膨胀土性质	路堤最大高度及填筑位置	格栅长度	分层厚度
云南楚大路某路段	中等膨胀土	6.4m/90 区	2.5m	—
湖南常张路某路段	弱膨胀土	6m/90 区	5m	每两层填土铺一层格栅
广西水南路某路段	中等膨胀土	6m/90 区	最上和最下两层 6m,其他 3m	每两层填土铺一层格栅
广西南友路某路段	中等膨胀土	6m/90 区	3m,并坡面反包	每两层(压实厚度约 1m)

(二)膨胀土边坡防护设计

膨胀土边坡的破坏包括剥落、冲蚀、泥流、溜塌、坍塌和滑坡等,其中滑坡属于整体变形,其他属于表层变形。表层变形如处治及时一般不会涉及边坡的整体稳定性,因此应及时加强相应的坡面防护,如骨架或喷混等。

膨胀土的破坏主要是由于含水率的变化导致土体干湿循环而反复涨缩造成的,因此其边坡滑动具有浅层性、平缓性和渐进性的特点。膨胀土边坡的防护工程应能适应边坡膨胀土体产生的涨缩变形和膨胀力,因此防护应以柔性支挡和排水为主,对其膨胀能进行"疏",而不能盲目地采用刚性支挡对其膨胀能进行"堵"。

如图3-52所示柔性支挡结构即基于上述原理提出的方案,即通过超挖一定厚度的膨胀土,并采用土工格栅反包这些膨胀土形成厚度大于大气影响深度的加筋柔性挡墙回填。由于土工格栅等筋材具有延展性,能适应膨胀土的涨缩变形,使其膨胀能得到释放。而挡墙后部土体由于位于大气影响深度之外,其含水率平衡得到控制,能有效控制坡体整体变形。柔性加筋挡墙能实现膨胀土的就地利用,能有效解决土体外运、圬工过多不环保生态的问题,较适用于运营期发生破坏的膨胀土边坡。

除了柔性支挡外,支承渗沟对于整体稳定性差,含裂隙、层间软弱结构面的边坡,特别是地下水位较高或含层间潜水的边坡处治效果较好。支承渗沟由主渗沟和支渗沟组成。主支渗沟形成网格,其将整个边坡进行面积渠化,因为有很好的疏排水通道,使得每个小面积土体的涨缩变形控制在较小的范围,整个边坡处在稳定的状态。图3-52为膨胀土边坡柔性支挡示意图。

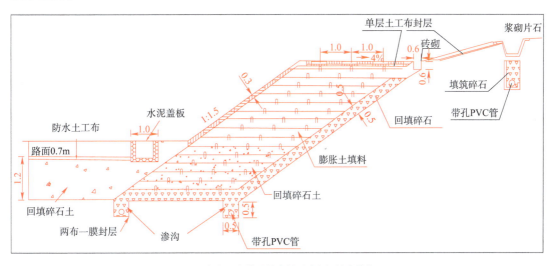

图3-52 膨胀土边坡柔性支挡示意图(尺寸单位:m)

四、岩溶地区路基处治设计

湖南省碳酸盐分布总面积约5.7万km²,约占全省面积的27%,厚度大,集中成片,大片裸露型岩溶山区主要分布于湘西、湘中和湘南,岩溶地区地形地质复杂,可能导致路基承载力不足、地表塌陷、路基不均匀沉降及路基滑动等工程问题。因此,在公路勘察设计中,公路选线应尽量绕避岩溶强烈发育地段,绕避困难时,路基宜选在岩溶发育范围小、易处理的地段通过。对路基范围的溶洞、落水洞,应根据溶洞大小、深度、充水情况、所处位置及施工条件,综合考虑治水措施、地基与基础措施、结构措施及避让措施等方案进行处理。

(一) 岩溶水处治

岩溶水的处理应遵循因地制宜、疏导为主、因势利导的原则,可采取截流、排泄、疏导、跨越、堵水等多种措施处理岩溶水。见表3-19。

岩溶水处治方案　　　　　　　　　　　　表3-19

序号	处治措施	适用条件	示例
1	截流(包括截水盲沟、截水墙、截水洞)	适用于流量不是很大的岩溶水处理	截水井(尺寸单位:cm)
2	排泄(包括泄水洞、管道、桥涵及明沟排水)	适用于流量大而集中的岩溶水处理	泄水洞排水
3	防、堵水(包括堵塞、压浆及设置防水层封闭等)	适用于处理地表水形成的土洞或地表塌陷	浆砌片石堵塞

(二)地基与基础处治措施

地表下土工埋深较浅时,可通过清除基底凸岩、石芽以及溶槽、洼地间湿软松土,采取回填夯实、冲击碾压或强夯等措施进行处理。对于土洞埋藏较深时,宜采取注浆、复合地基等措施处治。

(三)溶洞加固

(1)对深而小的溶洞,可采用石盖板或钢筋混凝土盖板跨越。

(2)对洞径小、顶板薄或岩层破碎的溶洞,可采用爆破顶板片石回填加固、钻孔注浆加固,如溶洞较深或须保持排水者,采用拱涵或板涵跨越。

(3)对洞径大、洞内施工条件好的溶洞,可采用浆砌片石支墙、支柱及码砌片石垛等加固。

(4)当位于路堑边坡上的溶洞被部分开挖后,易造成边坡失稳时,可采用干砌片石、浆砌片石或混凝土支柱、支顶、嵌补等措施进行处理。

(5)对于岩溶形态复杂、规模较大、难采取简单处理方法处治,或者需考虑岩溶水随季节变化,发生间歇性或周期性的消水和涌水,不宜封闭、不易疏导的及溶洞溶槽向地下发育很深的,常考虑采取适当的跨越方法。跨越的方法根据结构形式的不同有多种,可分为桥跨、梁跨、混凝土板跨和混凝土拱跨等,可以根据现场的实际情况来确定采用何种方式进行跨越。

(6)可通过挡土墙等结构物避开与可能产生路基病害的岩溶形态直接接触,从而避免路基产生可能的潜在危害,达到安全使用的目的。

第五节 土石方设计

土石方属于基础性工程,在工程费用中占有很大的份额,从土石方设计的好坏可以看出设计的精细化程度。取土弃土是路线经过平原及山岭区时面临的两大难题,平原区取土困难,而山岭区则弃土困难。科学的土石方设计,合理选择取、弃土场,做好其排水、防护、绿化和复垦工作对公路建设过程中的水土保持和环境保护有着重要的意义。应根据土石方平衡的原则尽量做到"少借勿弃"。

一、隧道出口尽量主动设置一段路基

山区公路常出现桥梁隧道直接相连的情况,从多个工程实际情况反馈来看,由于弃渣条件恶劣,且需要一定的工作平台,隧道施工单位往往会将一部分弃渣直接弃至隧道洞口,可能造成施工完成的桥梁墩台在弃渣的不平衡土压力作用下发生偏移变形,损害桥梁安全,甚至被动实施桥梁改路基的变更,而且由于弃渣堆不是按照路基填筑要求进行分层填筑和压实,使变更后的路基存在工后沉降较大甚至稳定性不足等较大安全隐患(图3-53),所以对于隧道出口应尽量主动设置一段路基。

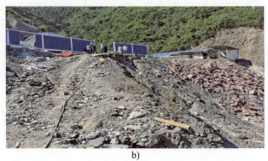

a)   b)

图 3-53   隧道出口弃渣成"路基"

二、利用隧道弃渣，应进行工序和土方转运设计

土石方平衡时会利用隧道弃渣，但是由于隧道进洞一般进度较路基工程慢，且隧道标段与路基标段一般隶属于不同的单位，如不进行相关的工序设计，很多情况下隧道弃渣无法利用。如拟将隧道弃渣用作软基换填或者冲沟下路堤填筑，则这些路段的工作面就要预留出来；此外，这些路段如果是工期控制性工程，则不应考虑利用隧道弃渣。

土石方调配时还应考虑转运设计，即设计单位应在隧道附近设计一个临时弃渣场，并为隧道单位计列由隧道至临时弃渣场的相关工程数量。如路基单位需利用弃渣，则应再计列从该临时弃渣场的挖取、运输、卸载土方等工程数量和费用。

三、弃土场选址不考虑水文，易引发地质灾害

如图 3-54 所示，某山区公路将弃土场设置在道路左侧的峡谷区冲沟内，但是该冲沟也正是地表水汇流的流经之地。由于水流被阻，该弃渣场陆续发生下部滑塌、挡墙变形等破坏，最终在通车两年后弃土场发生滑坡并牵引至路基产生宽度约 1cm 的圈椅状拉裂缝。经现场勘察，发现除弃渣场坡脚挡墙已发生严重变形，弃渣场排水管涵未设置在最低高程处，过水面积不足且已严重堵塞。弃渣垮塌后顺冲沟而下堆积于冲沟内，厚度在 3.0~5.0m。该滑坡是典型的由于弃渣场设置不当，阻碍了排水导致的地质灾害。最终的处治方案是沿路基左侧土路肩设置一排抗滑桩分离路基与弃土场，并全面修整恢复排水系统，工程造价约 450 万元。

图 3-54   弃土场设置不当牵引路基造成次生灾害

第六节 老路加宽设计

一、老路路基加宽方式的选择

老路加宽有单侧加宽和双侧加宽两种，加宽方式的选择应根据原有公路沿线地质、水

文、工程、征拆等情况选取合理的方式。

(一)山区公路老路加宽方式

两侧均为切方的路基,以拓宽边坡稳定、坡高较小的一侧为主,同时,应结合弯道加宽和土石方情况考虑。

两侧均为填方的路基,以加宽拆迁量小、土地价值小、地形地质条件好的一侧为主,当涉及占据地方灌溉设施时(灌溉渠等)应考虑灌溉渠的改动造成的协调和占地等因素综合确定。

半填半挖路段,原则上以不扰动已稳定的边坡,加宽路堤侧为宜。

半填半挖路段,如老路边坡较为稳定,而路堤地面横坡较陡,无法按常规方案填筑路堤,需要设置路堤支挡结构甚至半幅桥梁时,则应优先考虑拓宽内侧切方边坡。为保证行车安全,对于有落石风险的路段,可将切方断面宽度适当加宽,在坡脚设置拦石墙。此外,如路堑边坡在之前的营运过程中一直处于不稳定状态,存在安全隐患,且能通过卸载等方式处治到位的,应结合切方边坡平台加宽予以彻底解决。

半填半挖路段,如切方边坡不甚稳定或开挖会造成大的土石方量,对生态环境有较大影响的,则应优先考虑加宽外侧路堤。如地面横坡较陡,无法按常规路堤填筑、压实时,应采用路堤支挡或半幅桥梁设计,其建议方案见表3-20。

路堤加宽填筑方案 表3-20

地面横坡坡度	路堤边坡高度 H			
	≤8m	8m < H ≤12m	12m < H ≤20m	H > 20m
<1:5	清表地基处理后,按要求分层填筑压实;边坡填筑高度大于12m时采用阶梯形断面			
1:5~1:2.5	清表地基处理后,按要求在地表挖台阶,设置土工材料,分层填筑压实;边坡填筑高度大于12m时采用阶梯形断面			
>1:2.5	重力式挡墙或加筋土挡墙	加筋土挡墙或桩板墙	桩板墙或桥梁	桥梁

(二)平原区公路加宽方式

与山区相比,平原区公路加宽方式的决定因素在土地,加宽时应选择占基本农田少、拆迁(包括房屋或者农田水利设施)量少的那一侧。此外,洞庭湖平原区还存在软基问题,因此,老路加宽方式的选择还应从降低新老路基差异沉降的角度出发,选择地形地质条件相对较好的一侧。

二、新旧路基接合部设计

目前比较常用的新旧路基结合措施还是挖台阶。通过挖台阶,加大新旧路基的接触面积,以保证新旧路基、路面之间保持良好的衔接,并配合铺设土工格栅等措施来减小差异沉降,防止产生纵向裂缝。

台阶开挖方式:清除旧路堤边坡表层土,然后将原有路堤边坡从路堤坡脚向上开挖成高度30~50cm、宽度50~100cm的台阶,台阶做成向内倾斜,坡度4%左右。新老路基接合部采用不少于三层的土工格栅搭接,第一层在地表层,最后一层在路床顶面,中间视路堤高度适当设置1或多层土工格栅,每层间距1~2m。对于老路为填砂路基的,为防止在台阶开挖完毕后受雨水冲刷或者遭受日晒使砂土发生失水松散、崩塌,在台阶开挖完毕后,可喷射M7.5砂浆(厚5cm)作为临时保护层。但对于填砂路段或者边坡开挖后可能失稳的路段,施工期间仍需要注意坡脚的稳定,加强观测,必要时可采用钢板桩等进行临时加固支护。

如老路路基填料不符合要求,属于膨胀土、高液限土、红黏土等不适宜填料造成的路基病害,则应挖除达不到要求的部分,结合本章第一节的相关内容处治后回填,如无法处治,则应采用合格填料重新填筑。

开挖台阶示意图如图3-55所示。

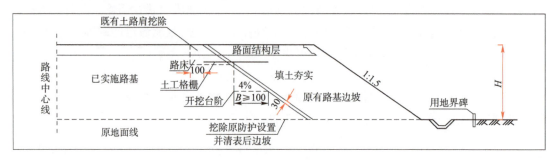

图3-55 新老路基结合开挖台阶示意图(尺寸单位:cm)
B-台阶宽度;H-路堤高度

对于软基地区来说,为减少差异沉降,可将新建路堤侧压实度提高一个百分点执行。必要时,可采用冲击碾压、液压夯实等措施对新建路幅、桥涵台背等路段进行补强作业。

三、老路路基病害处治

1. 老路边坡病害处治

对于老路边坡存在安全隐患的路段,从全寿命周期角度和减少运营期安全风险角度出发,原则上应在改扩建过程中予以彻底解决。

老路有滑坡或崩塌等病害路段,如能通用挖方卸载处治,则可结合路基拓宽侧选择或曲线内侧加宽等方案,将滑坡卸载,并同步做好坡体及坡面排水设施。如边坡有小型坍塌或者小型落石掉块,可结合路基拓宽,将建筑限界适当外移,留出2~5m的落石区,通过砌筑拦石墙配合定时清理解决。如滑坡或崩塌规模较大,需要采用抗滑桩等大型支挡措施时,甚至采用了上述措施仍然存在安全风险时,则应考虑棚洞处治或者裁弯取直新建路段绕避。

2. 老路路基漫水病害处治

如图3-56所示,由于路基高程较低或者原排水系统不完善等原因,一些老路出现"水漫路基"的现象。在老路改扩建过程中,对于这种病害的处治措施应根据设计径流量采用相应跨径的桥涵取代原路基路段。如确因条件受限,对于农村公路则可考虑按路基设计规范要求,采用水稳性好的硬质石料,按透水路堤标准设计填筑。

a)

b)

图 3-56　老路路基漫水病害

3. 老路路基局部路段渗水病害处治

如图 3-57 所示，一些老路局部路段出现路基渗水病害。出现这种病害的原因一般都是由于地下水丰富，且原有排水设施没有截流到地下水源或者原有排水设施老旧失效或尺寸不够等造成水流疏导不善，淤积在路堤内部。

对于出现这些病害的路段，应首先将病害路段挖除，核查排水设施设计高程和尺寸后重新修筑。为彻底解决病害，关键还应在排水设施以下用水稳性好的片石回填透水垫层或盲（渗）沟，以利快速疏水。

4. 老路路基脱空病害处治

由于水毁或者地形陡峭路基压实难以保障时可能出现如图 3-58 所示的路基脱空病害。如路基拓宽在脱空侧，路基有较大的填筑范围，则应超挖至老路稳定路基范围 1m 以上，结合加宽路基重新分层压实填筑。如脱空在非拓宽侧，或者地面横坡较陡，常规方法无法保证填筑质量时，应结合挡土墙或桩板墙填筑。此外，也可考虑采用泡沫轻质土回填。

图 3-57　老路路基渗水病害

图 3-58　老路路基脱空病害

5. 老路路基局部翻浆与沉陷病害处治

造成老路路基产生局部翻浆与沉陷的原因一般都是所在路段地下水丰富或者位于软基路段或者老路路堤填筑时质量有缺陷。对于这种病害的处治，一般可考虑采用注浆结合疏通排水措施的方案。如非软基路段，注浆深度可控制在路堤深度范围，如位于软基路段，则注浆宜贯穿整个软土深度范围。注浆孔宜采用梅花形布置，间距 $1\sim 2m$。浆液宜采用纯水泥浆，水灰比为 0.45 左右，注浆压力 $0.2\sim 0.5MPa$。上述注浆参数应根据试验路段确定。

第四章 路　　面

第一节 路面设计原则

（1）路面工程应坚持可持续发展方针、贯彻全寿命周期成本理念，强化路面结构设计，确保路面结构在设计年限内不进行结构性补强，使初期设计的路面结构在后期的路面维修改造中得到充分利用。

（2）路面设计应按照沥青路面和水泥路面最新设计规范进行交通量调查和路面结构计算，并参照执行省厅相关文件，确定交通荷载等级，选择合理的路面结构形式。

（3）考虑到湖南省的具体省情和湖南省公路"山区公路、高温多雨"的区域特性，湖南省地方公路建设采取"普通国省道以沥青混凝土路面为主，水泥混凝土路面为辅"的发展模式。

（4）旅游公路、城镇道路、绕城公路宜采用沥青路面，重载干线、能源通道、矿区公路和山区公路、洞庭湖区垸内低水位路段宜采用水泥路面。

（5）应遵循就地取材的原则，改扩建项目尽量利用既有路面结构或材料。重视既有路面材料的循环利用，铣刨、挖除的材料应进行再生利用，无法利用的材料应妥善收集处理，不得污染环境。路面结构层所选材料应满足强度、稳定性和耐久性的要求。

（6）要积极推广"环保、经济"的新技术、新工艺、新材料。设计文件应提出有效提高施工质量均匀性、稳定性的工艺要求，以及维持通车条件下确保工程质量的技术措施。

第二节 新建路面设计

一、新建路面结构

新建路面结构应根据公路等级和所承受的交通荷载等级，参考湖南省交通运输厅《关于印发＜湖南省普通干线公路路面设计指导意见＞的通知》（湘交基建〔2011〕486号）等相关文件确定。

普通国省道常见新建沥青路面典型结构形式可参考表4-1，常见新建水泥路面典型结构形式可参考表4-2。结构组合和具体厚度应根据公路等级和设计交通量进一步确定。

以下以湘西山岭区新建一级公路的路面结构设计为例。

沥青路面典型结构形式 表 4-1

交通荷载等级	极重	特重	重	中等	轻
结构形式	18~28cm 沥青面层 40~60cm 水稳基层 18~20cm 水稳底基层	15~25cm 沥青面层 35~55cm 水稳基层 18~20cm 水稳底基层	10~20cm 沥青面层 32~50cm 水稳基层 18~20cm 水稳底基层	8~15cm 沥青面层 18~45cm 水稳基层 15~20cm 水稳底基层	4~12cm 沥青面层 15~40cm 水稳基层 15~20cm 水稳底基层
路基强度（MPa）	70	60	50	40	40

水泥路面典型结构形式 表 4-2

交通荷载等级	极重	特重	重	中等	轻
结构形式	30~32cm 水泥面层 38~40cm 水稳基层	28~30cm 水泥面层 35~40cm 水稳基层	26~28cm 水泥面层 30~38cm 水稳基层	23~26cm 水泥面层 18~20cm 水稳基层	22~24cm 水泥面层 18~20cm 水稳基层
路基强度（MPa）	80	80	60	60	40

该项目采用半刚性基层沥青路面，以沥青混合料层疲劳开裂损坏、无机结合料稳定层疲劳开裂损坏、沥青混合料永久变形量、路基顶面竖向压应变作为设计指标，计算路面结构层厚度。在设计使用年限内，路面应不发生由于疲劳导致的结构破坏。路面设计采用100kN的单轴-双轮组荷载作为标准轴载，沥青混凝土面层的设计年限为15年。

收费广场采用水泥混凝土路面结构，以面层板在设计基准期内，在行车荷载和温度梯度综合作用下，不产生疲劳断裂作为设计标准；并以最重轴载和最大温度梯度综合作用下，不产生极限断裂作为验算标准，计算路面结构厚度。路面设计采用以100kN的单轴-双轮组荷载作为标准轴载，设计基准期30年。水泥混凝土的设计强度以龄期28d的弯拉强度标准值（$f_r \geq 5.0MPa$）为标准。

从交通量及组成预测结果，按照规范中的交通量计算方法和荷载等级分级原则进行计算和分级，该项目的设计交通量等级为重交通荷载等级。

根据交通荷载等级，经计算确定该项目新建沥青路面的结构方案为：

上面层：4cm 细粒式 SBS 改性沥青混凝土（AC-13C）；

中面层：6cm 厚中粒式 SBS 改性沥青混凝土（AC-20C）；

下面层:8cm 厚粗粒式沥青混凝土(AC-25C);
封　层:1cm 改性沥青同步碎石封层+透层;
基　层:36cm 厚4%~5%水泥稳定碎石;
底基层:18cm 厚3%~4%水泥稳定碎石。
如采用水泥混凝土路面,则方案为:
面　层:26cm C40 水泥混凝土;
封　层:1cm 石油沥青同步碎石封层+透层;
基　层:18cm 厚4%~5%水泥稳定碎石;
底基层:18cm 厚3%~4%水泥稳定碎石。

二、结构组合与层间结合

为降低半刚性底基层与路基之间的刚度比,并改善路面结构的排水性能,沥青路面与水泥路面结构的细粒土路基上均须设置不小于15cm 的粒料类路基功能层。

半刚性底基层、基层摊铺施工时,应在层间撒布水泥净浆,水泥用量宜为 $1.2~1.5kg/m^2$。

半刚性基层顶面应喷洒透层油,透层油宜为高渗透乳化沥青,宜在上基层表面干燥状态下喷洒,确保透层油渗透深度不小于5mm。

沥青路面和水泥路面均应设置下封层,下封层宜优先采用单粒径同步碎石封层,二级公路基层上需要临时通车时可采用稀浆封层。一级公路同步碎石封层沥青宜采用SBS改性沥青或橡胶沥青,SBS改性沥青洒布量宜为 $1.8~2.0kg/m^2$,碎石粒径宜为13.2~19mm,覆盖面积为55%~60%,二级公路同步碎石封层沥青可采用石油沥青,洒布量宜为 $1.2~1.5kg/m^2$,碎石粒径宜为4.75~9.5mm,覆盖面积为60%~70%。

沥青面层之间应喷洒黏层油,黏层油宜为改性乳化沥青,其有效沥青用量宜为 $0.2~0.3kg/m^2$。

三、主要技术要求

对于不能满足综合回弹模量要求的路床,应采取更换填料、增设粒料层或低剂量无机结合料稳定碎石层等措施。

底基层、基层宜采用水泥稳定碎石,其中基层应采用骨架密实型级配。底基层最大颗粒粒径不应超过37.5mm、基层不应超过31.5mm,合成级配中4.75mm的通过率不得大于40%,小于0.075mm 的颗粒含量底基层宜控制在7%、基层控制在5%内。底基层水泥剂量一般控制在3%~4%,基层水泥剂量一般控制在4%~5%,当达不到强度要求时,宜通过提高原材料质量和调整合成级配等措施提高强度。

采用沥青混凝土路面结构时,上面层宜采用改性沥青AC-13C,一级公路可采用SMA-13。极重、特重、重交通荷载等级公路中面层应采用改性沥青AC-20C,中等、轻交通荷载等级公路中面层可采用70号石油沥青AC-20C;下面层宜采用石油沥青AC-25C或ATB-25。

上面层粗集料尽量就地取材,一级公路上面层宜采用玄武岩、辉绿岩等满足规范要求的岩石，二级及以下公路上面层可采用石灰岩、砂岩等技术指标满足规范要求的岩石，集料的选择应以满足规范要求的技术指标为原则。

沥青面层使用的改性沥青一般宜为 SBS 改性沥青，在有条件的地区可使用橡胶改性沥青。使用 SBS 改性沥青时，对于极重、特重交通荷载等级公路，应提高其针入度至 30～55（0.1mm）、软化点至 70℃以上。

极重、特重交通荷载等级公路改性沥青混合料的动稳定度应不小于 5000 次/mm，重交通荷载等级公路改性沥青混合料的动稳定度应不小于 3000 次/mm；极重、特重交通荷载等级公路普通沥青混合料的动稳定度应不小于 1500 次/mm，重交通及以下等级公路普通沥青混合料的动稳定度应不小于 1000 次/mm。

第三节　老路改扩建路面设计

一、既有路面调查与评价

(1) 建养基础资料收集。主要包括既有公路的竣工资料、历年大中小修养护资料、历年调查检测报告等资料的收集。

(2) 交通量及轴载谱调查。交通量调查应注意调查时段、区段选择，应能反映沿线各路段交通量特征。可利用沿线交通量监测数据，对部分交通量监测数据不能够覆盖的区域路段，应进行补充调查。对项目沿线工业、厂矿等特殊路段进行交通量专项调查，还应根据车辆轴型特征，对各种代表车型进行轴重测量。

(3) 改扩建前专项检测。应现场调查路面的结构形式、使用状况、破损形式、排水状况等。根据需要进行路面混合料强度、模量等力学试验。

沥青路面重点检测和评定路面破损状况、弯沉、车辙、结构层厚度和完整状况、基层无侧限抗压强度等，如图 4-1 和图 4-2 所示。

a)

b)

图 4-1　车辙裂缝检测

a)　　　　　　　　　　　　　　　　b)

图4-2　弯沉检测

水泥路面重点检测和评定平均错台量、断板率(不含硬路肩)、接缝传荷能力、脱空状况、结构层厚度和完整状况、旧混凝土面层的弯拉强度、基层顶面当量回弹模量等,如图4-3和图4-4所示。

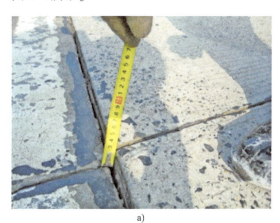
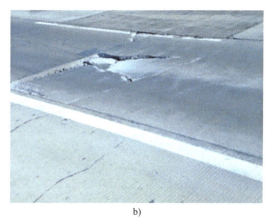

a)　　　　　　　　　　　　　　　　b)

图4-3　水泥路面错台及路面板破碎检测

a)　　　　　　　　　　　　　　　　b)

图4-4　板角断裂接缝传荷系数和板底脱空检测

(4)公路病害原因分析与技术状况评定。根据现行标准、既有路面检测结果综合分析病害原因,判断路面病害的层位、破坏程度、发展趋势,分段评估既有路面的结构性和功能性技术状况,确定既有路面可利用范围和层位,为路面改扩建结构设计提供有效依据。

(5)沿线气象、水文、地质资料;周边路网情况;特殊路段及具体桩号等细节的调查。

二、沥青路面改建方案

改扩建路面应采用动态设计原则,在原有路面状况调查、评估基础上,分析路面损坏原因,分路段分别拟定路面改扩建方案。

沥青路面改扩建方案的确定主要结合原有路面的结构强度、路面破损状况指数、车辙深度指数和钻芯情况,并根据公路等级和交通量,通过计算确定加铺层厚度。沥青路面改扩建典型结构形式可参考表4-3方案。

沥青路面改扩建典型结构形式　　　　　　　　　　表4-3

适用范围	旧沥青路面处治方式	交通量	加铺结构
PSSI≥70、PCI≥70、RDI≥70、钻芯显示基层情况较好	局部病害处治后,直接加铺沥青面层	极重、特重、重交通	9~20cm 沥青面层
		中等、轻交通	4~10cm 沥青面层
PSSI≥70、PCI<70、RDI<70、钻芯显示基层情况较好	铣刨部分沥青面层或就地热再生后,加铺沥青面层	极重、特重、重交通	9~20cm 沥青面层
		中等、轻交通	4~10cm 沥青面层
PSSI<70、PCI≥70、RDI≥70、钻芯显示基层情况较好	注浆补强后,直接加铺沥青面层	极重、特重、重交通	9~20cm 沥青面层
		中等、轻交通	4~10cm 沥青面层
PSSI<70、PCI<70、RDI<70、钻芯显示基层情况较差	铣刨全部沥青面层,加铺柔性基层与沥青面层	极重、特重、重交通	9~20cm 沥青面层 + 12~25cm 柔性基层
		中等、轻交通	4~10cm 沥青面层 + 8~15cm 柔性基层
	铣刨全部沥青面层,加铺半刚性基层与沥青面层	极重、特重、重交通	9~20cm 沥青面层 + 18~36cm 半刚性基层
		中等、轻交通	4~10cm 沥青面层 + 15~20cm 半刚性基层
	全深式就地冷再生后,加铺沥青面层	极重、特重、重交通	9~20cm 沥青面层 + 18~20cm 半刚性基层
		中等、轻交通	4~10cm 沥青面层 + 15~18cm 半刚性基层

(1)当路面结构强度 PSSI≥70、路面破损状况指数 PCI≥70、车辙深度指数 RDI≥70、钻芯显示基层情况较好时,采用直接加铺沥青面层的改建方案,加铺层厚度根据公路及交通量

等级,通过计算确定。

(2)当路面结构强度 PSSI≥70、路面破损状况指数 PCI<70、车辙深度指数 RDI<70、钻芯显示基层情况较好时,采用铣刨部分沥青层后,加铺沥青面层的改建方案,加铺层厚度根据公路及交通量等级,通过计算确定;也可以采用沥青层就地再生后,加铺沥青面层的改建方案。

(3)当路面结构强度 PSSI<70、路面破损状况指数 PCI≥70、车辙深度指数 RDI≥70、钻芯显示基层情况较好时,采用注浆补强后直接加铺沥青面层的方案,加铺层厚度根据公路及交通量等级,通过计算确定。

(4)当路面结构强度 PSSI<70、路面破损状况指数 PCI<70、车辙深度指数 RDI<70、钻芯显示基层情况较差时,采用铣刨全部厚度沥青面层,处治基层病害,或全深式就地冷再生后,加铺沥青面层、柔性基层或半刚性基层与沥青面层的改建方案,加铺层厚度根据公路及交通量等级,通过计算确定。

(5)直接利用的路面结构和经铣刨后利用剩余的路面结构均应进行综合处治,应对直接利用的经综合处治后的既有路面进行结构验算,在既有路面进行改善施工前宜再次进行旧路检测,以全面、及时地掌握既有路面状况。

(6)加铺层与既有路面之间均应设置下封层,下封层宜优先采用单粒径同步碎石封层,沥青采用 SBS 改性沥青或橡胶沥青,洒布量宜为 $1.8\sim2.0kg/m^2$,碎石粒径宜为 $13.2\sim19mm$,覆盖面积宜为 55%~60%。重交通以下等级公路可采用改性乳化沥青黏层替代同步碎石下封层使用。

(7)原沥青路面改建项目,沥青面层材料的选用,原则上与新建公路一致,应尽量利用既有路面材料,中、下面层根据公路和交通量等级可采用冷、热再生混合料(宜为厂拌),柔性基层宜优先选择冷再生沥青混合料,也可采用 ATB-25。

(8)冷再生混合料柔性基层或下面层上加铺沥青面层应设置下封层,热再生混合料面层上加铺沥青面层应设置改性乳化沥青黏层。

三、水泥路面改建方案

水泥路面改扩建主要结合原有路面的路面破损状况等级、断板率和传荷系数等,根据公路等级和交通量通过计算确定加铺层厚度。水泥路面改扩建的典型结构形式可参考表4-4。

(1)路面破损状况等级评定为"优、良"、断板率 DBL(不含硬路肩)≤5%、传荷系数≥80%时,原水泥路面经局部处治后可以直接利用,即采用直接加铺沥青面层方案,加铺层类型和厚度根据公路及交通量等级通过计算确定。

(2)路面破损状况等级评定为"中",断板率 DBL 为 5%~10%,传荷系数 60%~80%时,旧水泥路面可以作为基层利用,为减少反射裂缝,需要对原路面进行适当补强。旧水泥路面局部处治后,加铺连续配筋混凝土与沥青面层、水泥混凝土面层的改建方案,加铺层类型和厚度根据公路和交通量等级经计算确定。

(3)路面破损状况等级评定为"次、差",断板率 DBL≥10%,传荷系数≤60%时,原水泥路面碎石化后作为新路面结构的基层或底基层使用,即采用碎石化后加铺沥青面层、柔性基层或半刚性基层与沥青面层、半刚性基层与水泥混凝土面层的改建方案,加铺层类型和厚度根据公路和交通量等级经计算确定。

（4）经综合处治后的既有水泥路面应满足接缝和裂缝处的板边弯沉不大于0.20mm，弯沉差不大于0.06mm，平均错台量不大于5mm。在既有路面进行改善施工前宜再次进行旧路检测，以全面、及时地掌握既有路面状况。

水泥路面改扩建典型结构形式　　　　　　　　　　　表4-4

适用范围	旧水泥路面处治方式	交通量	加铺结构
路面破损状况等级评定为"优、良"，断板率DBL（不含硬路肩）≤5%，传荷系数≥80%	局部处治后，直接加铺沥青面层	极重、特重、重交通	9～20cm沥青面层
		中等、轻交通	4～10cm沥青面层
路面破损状况等级评定为"中"，断板率DBL为5%～10%，传荷系数60%～80%	局部处治后，加铺连续配筋混凝土与沥青或水泥混凝土面层	极重、特重、重交通	9～10cm沥青面层 +18cm连续配筋混凝土 +4cm隔离层
		中等、轻交通	22～26cm水泥面层 +4cm隔离层
	局部处治后，加铺柔性基层与沥青面层	极重、特重、重交通	9～10cm沥青面层 +10～15cm柔性基层
		中等、轻交通	4～5cm沥青面层 +8～12cm柔性基层
路面破损状况等级评定为"次、差"，断板率DBL≥10%，传荷系数≤60%	碎石化处治后，加铺沥青面层	极重、特重、重交通	12～20cm沥青面层
		中等、轻交通	9～16cm沥青面层
	碎石化处治后，加铺柔性基层与沥青面层	极重、特重、重交通	9～20cm沥青面层 +12～25cm柔性基层
		中等、轻交通	4～10cm沥青面层 +8～15cm柔性基层
	碎石化处治后，加铺半刚性基层与沥青面层	极重、特重、重交通	9～20cm沥青面层 +18～36cm半刚性基层
		中等、轻交通	4～10cm沥青面层 +15～20cm半刚性基层
	碎石化处治后，加铺半刚性基层与水泥混凝土面层	极重、特重、重交通	26～30cm沥青面层 +18～20cm半刚性基层
		中等、轻交通	22～26cm沥青面层 +15～18cm半刚性基层

注：断板率不包括硬路肩；平整度不满足要求、新旧混凝土板块尺寸不一致、接缝形式不一致时，加铺混凝土的方案应采用分离式，设置沥青混凝土调平、隔离层。

(5)在新旧混凝土板上加铺沥青面层时,水泥面板均应进行精铣刨、抛丸或裸化处理。应对接缝进行清、灌缝处理后,再做防裂措施。

(6)加铺层与既有路面之间均应设置下封层,下封层宜优先采用单粒径同步碎石封层。沥青采用 SBS 改性沥青或橡胶沥青,洒布量为 $1.8\sim2.0$kg/m^2,碎石粒径宜为 $13.2\sim19$mm,覆盖面积为 $55\%\sim60\%$。加铺层与混凝土板之间的黏结层沥青可采用石油沥青,洒布量为 $1.2\sim1.5$kg/m^2,碎石粒径宜为 $4.75\sim9.5$mm,覆盖面积 $60\%\sim70\%$。

(7)原水路面改扩建项目沥青加铺层的材料选用原则与新建沥青路面一致,其中柔性基层可采用 ATB-25。

以下为湘中丘陵区某二级公路改建为一级公路的水泥路面的实例。

既有水泥路面结构为:24cm 水泥混凝土面层+20cm5%水泥稳定碎石。如图 4-5、图 4-6 所示,由于交通量的增长,重车比例不断增大,超载现象严重,全线路面断板、脱空率严重,板接缝或裂缝处弯沉较大;根据现场调查统计,老路路面断板、脱空率超过 35%,且路面板接缝或裂缝处平均弯沉大于 0.7mm,行车环境极差。根据公路车辆轴载检测报告,车辆组成比例为:小客车:大客车:小货车:中货车:大货车:特大货车:拖挂车 = 54.60:4.11:5.65:6.31:14.85:12.48:2.00。路面设计交通荷载等级属特重交通荷载等级。

图 4-5 改建前水泥路面

图 4-6 改建后沥青路面

根据交通荷载等级和既有水泥路面的破损状况,该项目采用碎石化处治原水泥路面后,再加铺沥青面层,具体方案为:

上面层:4cm 细粒式改性沥青混凝土(AC-13);
中面层:5cm 中粒式沥青混凝土(AC-20C);
下面层:7cm 粗粒式沥青混凝土(AC-25C);
封　层:改性沥青同步碎石封层;
上基层:25cm 水泥稳定碎石;
旧　路:24cm 原水泥混凝土旧路面(碎石化);
旧基层:20cm 原水泥稳定碎石。

四、城镇(或高程受限)路段改建方案

(1)既有公路为沥青混凝土路面时,当路面结构强度 PSSI≥70、路面破损状况指数

PCI≥70、车辙深度指数 RDI≥70、钻芯显示基层情况较好时,采用铣刨重铺部分厚度沥青面层、就地热再生的改建方案。当路面结构强度 PSSI＜70、路面破损状况指数 PCI＜70、车辙深度指数 RDI＜70、钻芯显示基层情况较好时,采用铣刨重铺全部沥青面层、全深式就地冷再生后加铺沥青面层的改建方案。当路面结构强度 PSSI＜70、路面破损状况指数 PCI＜70、车辙深度指数 RDI＜70、钻芯显示基层情况较差时,铣刨全部沥青面层和部分厚度水稳基层后,加柔性基层或半刚性基层与沥青面层,或者加铺水泥混凝土与沥青面层的复合式路面改建方案。

(2)既有公路为水泥混凝土路面时,路面破损状况等级评定为"优、良、中",断板率 DBL(不含硬路肩)≤10%、传荷系数大于60%时,采用原水泥路面经局部处治后直接利用,或铣刨2~3cm原水泥混凝土板,再加铺5~10cm沥青混凝土的改建方案。路面破损状况等级评定为"次、差"、断板率 DBL≥10%、传荷系数≤60%时,采用原水泥混凝土路面集中挖除,处治基层病害后,重铺水泥混凝土板或连续配筋混凝土与沥青面层的复合式路面改建方案;或者原路面整体式挖除,重建沥青路面。

(3)对城镇路段路面高程较高,需降低路面高程的路段,宜挖除路基顶面以上的结构层,全部集中再生利用,然后铺筑新的路面结构层。原路面下砂石材料宜重复利用于新铺筑路面。

五、受净空及构造物限制路段改建方案

受净空及构造物限制的路段、既有桥头存在纵坡差值的路段,应设置不大于0.3%的渐变段进行高程渐变,如图4-7所示。

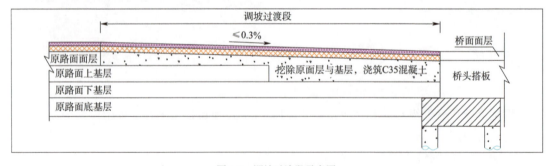

图4-7 调坡过渡段示意图

为了确保路面结构承载能力,减少桥头沉陷、跳车等病害,可采用铣刨沥青层和基层(既有公路为沥青混凝土路面)或凿除原有水泥路面层(既有公路为水泥混凝土路面)后加铺 C35 普通混凝土或连续配筋混凝土和沥青混凝土层的方案进行调坡顺接。

六、新旧路面拼宽技术

(一)拼宽路面类型选择

拼宽新建路面设计应分析既有路面结构使用状况、损坏形式及原因,合理选择结构形式,提高路面耐久性。

既有公路为沥青混凝土路面时,拼宽新建路面应为沥青混凝土路面,路面结构形式宜保持一致。

既有公路为水泥混凝土路面时,拼宽新建路面类型宜采用水泥混凝土路面,也可采用沥青混凝土路面。

(二)新旧路面拼接部设计

路面结构拼接设计应考虑不同结构层的层间协调以及施工因素,针对拼接部位的连接、反射开裂和渗水,提出针对性措施。

路面拼接设计时,基层拼接缝宜避开轮迹带。

沥青混凝土路面拼接应采用台阶搭接方式,基层、底基层台阶搭接宽度不应小于0.25m,面层台阶搭接宽度不宜小于0.15m。

水泥混凝土路面拼接应采用台阶搭接方式,基层、底基层台阶搭接宽度不应小于0.25m,面层台阶搭接宽度不宜小于0.30m。

当新路面与既有路面结构厚度不一致时,可依据各结构厚度不小于最小厚度的原则进行台阶搭接,保证结构层搭接后稳定。

在基层顶面接缝部位应设置土工合成材料、应力吸收层等,抑制拼接部位反射裂缝的产生。

路面拼接缝部位应采取防水黏结措施。

(三)新旧路面横向调平

路面横向调平层的计算宜按新建车道的横坡及设计高程为准向旧路找平,保证新建车道路面的平整。

(1)当旧路调平层平均厚度小于或等于2cm时,拓宽部分不考虑调平层厚度,按照设计高程进行拼宽。

(2)当旧路调平层平均厚度大于2cm时,为保证临时通车和临时排水,以及中面层摊铺质量的均匀性,拓宽部分同样考虑调平层,按照拼接位置处的旧路高程进行拼接,然后与旧路统一调平和加铺。调平层材料宜采用改性沥青AC-20C,与中面层统一摊铺。

(3)当调平层平均厚度超过4cm时应分层摊铺。

(四)考虑施工期间保通的拼接补强

考虑到改扩建施工期间旧路依然保持通车,大量施工重载车辆的施工通行,将对旧路频繁碾压,造成病害的继续发展,应在封闭幅正式施工前对具体的病害再核查一遍,根据路面的病害发展的实际情况进行动态的调整。

路面搭接部补强处治设计对于改扩建项目意义重大,不但关系到路面施工质量,还关系到项目交通组织和保通工程的顺利进行。

路面搭接部设计应考虑不同结构层的层间协调以及施工因素,针对搭接部位的连接、反射开裂和渗水,提出针对性处治措施。例如对底基层挖除后的路基进行液压夯实补强、适当设置横向排水盲沟以加强排水、结合交通组织和避开轮迹带要求扩大其铣刨范围确保有效拼接等。

第四节　路面设计新技术

近年来,随着我国公路建设进程的不断加快,在公路建设施工中不断涌现出许多新材料、新技术、新设备和新工艺。"四新"技术的应用提高了公路的使用性能和质量。对这些新技术,应该加强研究其发展和应用情况以及施工过程的各个关键环节,以利提高工程建设者的技术水平,确保施工质量满足规范要求。

一、橡胶沥青路面

橡胶沥青是将废旧轮胎粉按一定比例添加至基质沥青中,并在高温条件下充分溶胀、剪切反应后形成的改性沥青胶结材料。橡胶沥青路面具有良好的降噪功能、行车舒适性和抗疲劳性等路用性能,同时具有显著的经济和环保效益。

进行橡胶沥青路面设计时,应重点控制橡胶沥青加工工艺、施工黏度指标、高温性能指标、储存稳定性,以及橡胶沥青混合料的级配设计和生产工艺(推荐采用湿法),并提出橡胶沥青生产施工质量控制要点和质量验收要求。

橡胶沥青路面适用于城镇路段、旅游公路的改性沥青上、中面层和复合式路面加铺层,橡胶沥青适用于各等级公路的下封层。橡胶沥青路面如图4-8所示。

二、排水沥青路面

排水沥青路面指压实后空隙率在20%左右,能够在混合料内部形成排水通道的新型沥青混凝土面层。排水沥青混合料利用高黏沥青的黏结力强和开级配矿料的嵌挤稳定形成骨架空隙结构,具有抗滑性能高、噪声低、抑制水雾、防止水漂、减轻眩光等突出优点。

进行排水路面设计时,应重点控制排水系统的设计、高黏沥青的技术指标要求、矿料级配的设计要求,并提出混合料配合比设计、高黏沥青混合料生产施工的质量控制要点和质量验收要求。

排水沥青路面适用于城镇路段、路面合成纵坡较小、事故多发路段的上、中面层。排水沥青路面如图4-9所示。

图4-8　橡胶沥青路面

图4-9　排水沥青路面

三、温拌沥青路面

温拌沥青路面是在沥青混合料拌和过程中,通过加入温拌添加剂等技术手段,降低结合料的黏度,从而实现混合料在相对较低温度下的拌和与压实。温拌沥青技术具有节能减排、降低施工难度、减轻沥青老化程度、减少施工设备磨耗等优势。

进行温拌沥青路面设计时,应重点控制温拌剂的技术指标、温拌沥青的低温指标、温拌沥青的施工温度控制范围,并提出温拌沥青混合料生产施工的质量控制要点和质量验收要求。

温拌沥青路面适用于隧道路面、低温季节施工路面以及对环保要求高的城镇路段等。温拌沥青路面施工如图4-10所示。

四、大厚度水稳技术

大厚度水稳是指将水泥稳定碎石混合料一次压实成型,且其最小压实厚度不小于20cm,最大压实厚度不超过36cm。大厚度水稳技术具有便于基层结构厚度设计、提高路面结构的整体性、减少裂缝密度、加快施工进度、降低施工成本等突出优势。

进行大厚度水稳基层设计时,应重点控制结构设计厚度与施工厚度的匹配、原材料质量要求、混合料配合比设计要求、大功率拌和、摊铺和碾压设备的配置要求,并提出施工质量控制要点和质量验收要求。

大厚度水稳基层结构适用于桥隧构造物之间短路基路段、城镇路段、各等级公路改扩建路段等。大厚度水稳芯样如图4-11所示。

图4-10 温拌沥青路面施工

图4-11 大厚度水稳芯样

五、超薄抗滑技术

超薄磨耗层是指利用环氧树脂类、丙烯酸类或聚氨酯类涂料作为黏结涂层,然后撒布一层粒径为2~3mm的陶瓷颗粒或玄武岩碎石作为抗滑层,加入不同颜料可以做成彩色抗滑路面,进一步提高行车安全性。该技术可以大幅度提升路面抗滑性能,适用于隧道进出口、桥面、ETC驶入处、长下坡和弯道等局部路段,以及沥青和水泥路面的抗滑修复等。

进行超薄抗滑设计时,应重点控制涂料的黏结强度、耐老化性与撒布颗粒的磨耗性等技术指标,确定合理的涂料和磨耗颗粒的设计撒布量,给出试验评价方法和装备要求,并提出施工质量控制要点和质量验收要求。彩色超薄抗滑路面如图 4-12 所示。

超薄磨耗层适用于隧道出入口、特大桥桥面、事故多发路段、长下坡和横坡较大的弯道路面等。

六、共振碎石化技术

共振碎石化技术适用于板块完整性与结构性较差的水泥混凝土路面。通过使共振设备产生的振动频率与旧水泥混凝土板自身的固有频率相同而产生共振,从而将混凝土板破碎成高强粒料层,是目前最能有效地解决反射裂缝的破碎技术。其原理是通过锤头高频率、低振幅地撞击路面,产生的撞击频率与旧水泥板固有频率相同,使旧水泥板产生共振来实现快速破碎水泥混凝土。共振碎石化具有再生利用原路面材料、破碎深度大、碎石尺寸均匀可控、不损坏下层结构、施工噪声较小、对周围建筑物及环境影响小等优势。

进行共振碎石化设计时,应重点控制承载和抗裂兼顾的适宜碎化粒径、碎石化质量评定方法、加铺层结构设计以及碎石化施工质量控制参数和要点,提出质量验收要求。

共振碎石化适用于各等级公路中破损率大于 10% 的旧水泥路面的再生利用。共振碎石化施工如图 4-13 所示。

图 4-12 彩色超薄抗滑路面

图 4-13 共振碎石化施工

七、沥青就地热再生技术

就地热再生是用专业就地热再生设备,对沥青路面进行加热、耙松或铣刨,就地掺入一定数量的新沥青、新沥青混合料、再生剂等,经热拌和、摊铺、碾压等工序,一次性实现对表面一定深度范围内的旧沥青混凝土路面再生的技术,它可分为复拌再生和加铺再生两种。就地热再生技术具有 100% 资源循环利用、不破坏原沥青混合料级配、施工速度快、对交通影响小、维修成本低等优势。

进行就地热再生养护设计时,应根据工程条件选择合理的就地热再生工艺,确定合理的再生厚度,根据耙松或铣刨后的旧料材料组成提出新料的材料组成设计要求,确定新沥青和再生剂的技术指标和掺量,并提出加热保温、连续施工过程中的施工质量控制要点和质量验收要求。

就地热再生技术适用于各等级公路沥青路面表层病害维修工程,再生层可用作上面层或中面层。沥青路面就地热再生施工如图 4-14 所示。

八、沥青厂拌热再生技术

厂拌热再生就是将沥青混合料回收料(RAP)运至拌和站,经集中破碎、筛分,根据路面路用性能要求,进行配合比设计,确定旧沥青混合料的添加比例,与再生剂、新沥青、新集料等按一定比例重新拌和成新的混合料,从而获得优良的再生沥青混凝土,铺筑成再生沥青路面。厂拌热再生具有混合料质量易控制、可充分利用旧料、能有效控制高程、生产过程环保等优势。

进行厂拌热再生维修设计时,应重点控制沥青混合料回收料的掺配比例、再生剂的技术指标和掺量,并提出再生混合料生产过程的质量控制要点和质量验收要求。

厂拌热再生适用于各等级公路沥青路面大修工程的沥青面层和柔性基层,如图 4-15 所示。

图 4-14 沥青路面就地热再生施工

图 4-15 沥青混合料厂拌热再生施工

九、就地冷再生技术

采用专业的就地冷再生设备,对沥青路面进行现场冷铣刨、破碎,掺加一定数量的新集料、再生结合料、水进行常温就地拌和,常温铺筑形成路面结构层的沥青路面再生技术。就地冷再生技术具有 100% 资源循环利用、施工速度快、交通干扰小等优势。

进行就地冷再生设计时,应重点控制就地冷再生技术适用原则、确定合理的再生层厚度、再生结合料的技术指标要求、再生混合料的材料组成设计和路用性能要求,并提出施工、养生控制要点和质量验收要求。

就地冷再生层适用于一、二级公路的下面层、基层和底基层,也可以作为三级及以下公路的中面层,如图 4-16 所示。

十、厂拌冷再生技术

将沥青混合料回收料(RAP)或者无机回收料(RAI)破碎、筛分后,以一定的比例与新矿料、再生结合料、水等进行常温拌和,然后铺筑形成路面结构层的再生技术。对于 RAP,一般使用乳化沥青或泡沫沥青作为再生结合料,可以掺加一定量的无机结合料;对于 RAI,可以使用水泥或石灰等无机结合料作为再生结合料,或根据工程需要使用泡沫沥青等作为再生结合料。厂拌冷再生具有混合料质量易控制、可充分利用旧料等优势。

进行厂拌冷再生设计时,应重点控制厂拌冷再生技术适用原则、再生结合料的技术指标要求、再生混合料的材料组成设计和路用性能要求,并提出施工、养生控制要点和质量验收要求。

厂拌冷再生层适用于一、二级公路的下面层、基层和底基层,也可以作为三级及以下公路的中面层,如图4-17所示。

图4-16　沥青路面就地冷再生施工

图4-17　沥青路面厂拌冷再生施工

十一、灌浆式半柔性路面

灌浆式半柔性路面是指在开级配的大空隙沥青混合料中灌入特殊高流动度水泥胶浆而形成的一种刚柔并济的复合式路面,如图4-18所示。灌浆式半柔性路面属于密实-骨架嵌挤型复合结构,填充空隙的特殊水泥胶浆硬化后形成的强度与沥青混合料基体相的骨架结构共同抵抗汽车荷载,减少高温下混合料的变形,极大提高路面抗车辙性能,其60℃动稳定度可达到2万次/mm以上,抗车辙性能是SMA-13性能的5～10倍。

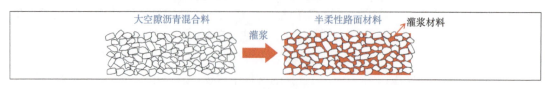

图4-18　灌浆式半柔性路面组成示意图

进行灌浆式半柔性路面设计时,应重点控制半柔性路面材料的应用层位、基体沥青混合料技术指标及施工温度控制范围、半柔性路面材料技术指标及质量验收要求。灌浆式半柔性路面可用于道路路面的上面层、中面层或下面层。对于车辆起停频繁、交通渠化、重载等易产生车辙的路面,铺装层宜用于上面层。

灌浆式半柔性路面适用于平交道口、公交站、BRT专用道、加(减)速车道、收费站场坪等车辙高发地段。如图 4-19 所示。

a)市政道路

b)国省干道

c)匝道

d)公交站台

e)BRT专用道

f)服务区

图 4-19　灌浆式半柔性路面应用场景

第五章　桥　　涵

第一节　桥涵总体设计

（1）应坚持"安全、耐久、适用、环保、经济、美观"的基本原则。

（2）应严格遵照环境评价报告中的相关要求进行设计,采用绿色环保材料。

（3）中小桥涵桥位应服从路线基本走向；特大、大桥线形设计应综合考虑路线总体走向、桥区地质、地形、安全通行、通航、已有建筑设施、环境敏感区等因素。

①大中桥纵坡宜控制在4%以内,易结冰、积雪的桥梁纵坡不应大于3.5%,桥头引道纵坡不宜大于5%。位于市镇混合交通繁忙处,桥上和桥头引道纵坡均不应大于3%。桥头两端引道线形应与桥上线形相匹配。

②桥上一般不设凹曲线,应尽量避免凹曲线的最低点设在桥上。确实无法避免时,凹曲线原则上设在无超高的正常横坡地段,并加强排水。

③桥梁横断面布置应与路基横断面统一,避免频繁过渡。

④对于通航河流上的桥梁,平面线形宜采用直线或大半径曲线（一般宜采用极限最小平曲线半径的5~8倍）。桥墩（台）沿水流方向的轴线与通航水位方向一致,必须斜交时,交角不宜大于5°。

（4）桥梁布孔、选型及桥长应根据定测收集的地形、地物、地质、水文等相关基础资料,并结合材料、施工、造价等因素进行优化。

①水文勘测设计应充分了解桥位处的地质、地貌、水文情况,保证桥位处地质构造的稳定性,设计说明应明确所采用的水文计算方法。应对建桥后行洪能力及对周边地区的影响作论证,设计建筑物、道路的区域,应作建桥前后水位对比,以确定桥梁布孔及桥长的合理性。

②桥梁跨越河流,布孔及桥长应征得相关主管部门同意以规避工作反复。桥梁长度应充分考虑桥台设置的可能性及行洪能力。应尽量避免改河,如确需改河需经行洪论证。桥长及布孔在工可、初设、施工图各阶段有较大差异的应重新报请有关部门审批,并在文件中列出,说明变动原因。

③桥型方案根据桥位处地质、水文、通航、被交叉道路的界线、材料来源、施工特点、工程造价和运营条件、人文环境等综合考虑。根据不同墩台高度选择桥梁跨径,比选应满足经济合理原则,尽量做到标准化、系统化。对采用标准化跨径的桥涵宜采用装配式结构,同一座大桥,宜尽量避免采用不同跨径预制梁组合设计,如受地形、地质等条件限制,可采用非标准跨径的等高度梁设计。

(5)湖南省西部地区的山区公路,桥梁布设在地形偏陡地带时,应测量左、中、右三条纵向地面线,纵、横向合理布置墩、台位置。桥梁跨越 V 形沟谷和水渠时,应尽量避免在沟谷和水渠中心设置桥墩。

(6)桥址位于松散破碎岩土体、顺层边坡或潜在滑坡时,应充分考虑桥梁墩台基础开挖、弃渣、施工用水和环境因素变化等对坡体稳定性的影响,应进行坡体稳定性评价,因地制宜地采取排水、支挡等加固措施。

(7)特大桥和一般长大桥应采用结构连续,200m 以下的一般大桥宜尽量采用结构连续,中、小桥一般采用桥面连续简支结构。

(8)大桥、特大桥等应设置检修通道,保证后期检修便捷。

(9)桥梁应有完善的桥面防水及桥面径流收集系统(排水)设施设计。

(10)上下部结构设计尺寸、钢筋保护层厚度及材料,应根据项目所在区域的自然环境及设计年限合理确定,钻孔桩主筋净保护层厚度可按照"不应小于 60mm"的原则,建议在 80~100mm 之间确定。

(11)桥梁构件的含筋率应大于现行桥梁规范的最小含筋率要求。直径大于 25mm 的钢筋接长宜采用机械连接。

(12)设置桥面现浇层或调平层的桥梁,梁体顶面应采用机械全面凿毛、设置足够数量的剪力筋,桥面现浇层或调平层宜采用补偿收缩混凝土。铺设沥青混凝土之前,桥面现浇层或调平层应进行打毛处理,并设置专门的底涂层加强连接作用。

(13)对于半路半桥路段或错孔布置的桥梁,在桩基一侧设置挡土墙时,必须考虑其对桩基的影响。桥下墩柱一侧有通车道路的,应做墩柱防护设计及撞击验算。

(14)墩高超过 25m 的高墩桥梁应合理设置墩梁固结及结构分联,尽量避免最高墩设置为联与联之间的过渡墩。

(15)柱式桥墩的桩顶系梁,需综合考虑斜交角度、地震烈度。墩高、地基等因素进行设置。

①地震烈度≥6 度的地区,墩高≥5m 时,一般宜设置桩顶系梁。

②地质条件较好,地震烈度小于 6 度时,一般可不设桩顶系梁,大斜交角、大桩距或高墩情况下,可根据需要设置桩顶系梁。

③软土地基地区,墩高≥5m 时,需设置桩顶系梁。

④柱式墩墩高大于 25m 时,除桩顶系梁外,宜设置 1~2 道柱间系梁。

(16)桥墩系梁或承台,应充分考虑地形、地貌和水流冲刷等因素,一般情况下,地面系梁或承台宜埋置于原地面以下 30cm,水中系梁顶面宜设置于常水位以下 30cm,承台顶面一般宜埋置于冲刷线以下。

(17)桥台设计应结合地形和地质情况,一般采用桩柱式台、肋板式台和 U 形重力台。一般情况下,桥台填土高度 h≤5m,采用柱式台;桥台填土高度 >5m 时,采用肋板式台;对于软土地基路段桥台,软土层厚度大于 3m,宜采用座板台。U 形重力桥台设计高度一般不宜超过 6m,地质条件较好时亦不宜大于 8m。

(18)基桩应综合地形、地质、受力性能、桩基长度、无损检测等因素确定截断主筋的位置、通长主筋设置。

(19)陡坡地基的桥梁设计。

①陡坡地基上设置基础时,应参考《公路桥涵地基与基础设计规范》(JTG 3363—2019)第9.3.1条规定对承受基础荷载作用的地基进行稳定性和变形分析,安全系数应满足要求。

②陡坡地基的稳定性分析,不宜考虑桥梁桩基对陡坡稳定的有利作用。

③陡坡地段承台、系梁的位置应考虑减少对原地面的开挖。

④当陡坡变形对桥梁基础有影响时,宜分析桥梁基础在边坡作用下的变形和内力,验算基础在最不利条件下的变形和承载力。

⑤陡坡地段的桥梁桩基,应充分考虑其有效桩长和埋置深度,有效桩长确定方法如图5-1所示。

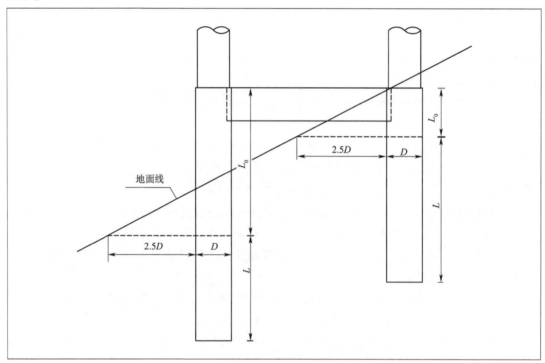

图 5-1　有效桩长示意图

L-有效桩长;D-桩径;L_0-自由桩长

⑥对于位于陡边坡处的桥位,应充分论证边坡的稳定性及防护的可行性。如确因条件限制需陡坡通行,应先处治边坡至整体稳定后再建设桥梁,设计文件中应充分计列相关工程数量。

(20)岩溶地区的桥梁设计。

①在岩溶发育的地段的桥梁方案选择时,宜避免墩台基础置于断层和岩性交界附近的岩溶强烈发育带内,当岩溶发育区域较大,桥梁无法跨越时,跨径宜大不宜小,以减少桥梁基础的安全风险和处治费用。

②当墩台下岩石埋藏较浅,溶洞顶板稳定且厚度大于5m时,荷载较小的小跨径桥梁墩台宜选择扩大基础,不宜采用桩基础。

③当墩台下的溶洞孔径大、顶板厚度薄、顶板不稳定时,应采用桩基础穿越溶洞,桩端置于完整的岩体内,确保基础安全。

④确定桩基础桩底高程时,在满足承载力与最小嵌岩深度要求条件下,应尽量减小基桩嵌岩深度,以保证溶洞顶板完整性,基桩嵌岩最小深度可取0.5m。

⑤岩溶地区特大型桥梁的基础应进行安全性评价。

(21)桥涵应按现行桥规要求进行耐久性设计。

(22)桥涵应考虑养护需要,按照可到达、可检查、可维修和可更换的要求进行设计。

(23)桥梁设计应遵循《建设工程安全生产管理条例》有关条款,并考虑施工安全操作的需要,在设计文件中,应对涉及施工安全的重点部位及环节予以说明,应有对生产安全事故防范的指导意见。采用新结构、新材料、新工艺的建设工程和特殊结构的建设工程,设计单位应当在设计中提出保障施工作业人员安全和预防生产安全事故的措施建议。

(24)设计阶段应根据构造特点提出桥梁检查、养护、维修的技术要求。

(25)城乡接合部的桥梁设计。

①公路桥梁等构造物使用年限长,改造与拆除成本高,处于城乡接合部地带,构造物孔径应综合考虑近远期规划,适当超前,便于远期的合理利用。

a. 高等级公路,宜考虑未来城市快速化改造的需要,适当增加跨线桥的设置。

b. 与国省道公路交叉桥梁宜加大跨径,宜预留未来国省道改造为城市快速路或主干路等的空间。

c. 与县乡道交叉桥梁宜结合地形条件适度加大跨径,宜预留乡道改造为城市主、次干路等的空间。

d. 与其他公路交叉桥梁跨径不宜低于10m,以预留其改造为支路的空间。

e. 公路跨线桥及涵式通道宜适当提高净空高度,以预留未来被交道改造升级的空间。

②城乡接合部构造物横断面布置应充分考虑行人与非机动车的需求,增加相应的人行道与非机动车道,为远期通行提供条件。

③随着城镇化的发展,城乡接合部公路桥梁等构造物将成为城市景观的一部分,应采用合理的结构形式,注重其美观性,使其与环境统一和协调。

a. 城乡接合部公路桥梁等构造物宜采用简洁、明快的流线,通过纤细的结构和整体的造型美化桥梁。

b. 城乡接合部桥梁在安全、和整体景观风格的构建前提下采用合理的下部结构形式,优化桥下空间,方便远期桥下空间的利用。

④城镇附近路段的桥梁经过结构承载力验算后,可在主梁翼板根部附近设置合适的线缆过桥设施,方便电力、电信等线缆跨越河流和既有道路。

第二节　新建桥梁设计

一、混凝土梁板桥

普通国省道上原则上推荐使用技术常规化、标准化装配式的预制梁板桥。一般在平原区、湖区及经济较发达地区,推荐采用结构轻盈、相对美观的板梁、小箱梁结构;在重丘及山区,则推荐采用T梁结构。

1. 一般情况下,标准化桥梁的桥型选择可参考如下方式确定

(1)跨径小于20m时,可选用现浇板和预制矮T梁;

(2)20m、25m、30m跨径宜选用预制小箱梁、T梁;

(3)35m、40m跨径宜选用预制T梁;

(4)40~60m跨径宜选用等截面箱梁;

(5)跨径大于60m时宜选用变截面悬浇连续梁。

2. 桥梁跨径选择

(1)一般墩高小于15m,宜采用20m跨径;

(2)一般墩高15~25m,宜采用25m跨径;

(3)一般墩高25~35m,宜采用30m跨径;

(4)一般墩高35~60m,宜采用40m跨径;

(5)墩高60m以上时,应以40mT梁与其他方案进行比选;

(6)跨道、渠道、河流的桥梁跨径根据实际情况而定。

装配式预制混凝土梁板桥单孔跨径≥13m,现浇连续箱梁单孔跨径≥20m时宜采用预应力结构。

装配式及常规现浇连续箱梁桥上部结构的分联长度一般控制在满足D160伸缩缝的范围内。

预应力混凝土梁桥,单孔跨径≥40m时宜按全预应力构件设计,先简支后结构连续桥梁的墩顶负弯矩区可按部分预应力A类构件设计。

平曲线半径小于100m的桥梁,上部结构宜采用普通钢筋混凝土结构连续构件,单孔跨径不宜超过25m,一联一般控制在3~4跨。

装配式矮T梁、小箱梁和T梁等上部结构构件,设计文件中应对湿接缝、横隔板及桥面现浇层的施工注意事项予以强调说明,以保证多梁板式构件成桥后的横向整体性、结构安全性及耐久性。

悬浇连续梁及连续刚构桥,底板钢束宜尽量靠近底板上缘布置,以增大截面抵抗钢束径向力的抗剪厚度,且应设置沿预应力管道防崩钢筋,其间距不宜超过两个横向钢筋间距。

预应力钢束张拉宜采用智能张拉工艺。

采用装配式梁板桥时,应考虑预制场的设置。

二、拱桥

应根据桥位地形、地质、水文条件、使用要求及并考虑后期养护的技术条件及便利性,合理选择拱桥的结构材料类型及结构体系。

(1)宜尽量采用上承式结构体系,少采用带吊杆的中、下承式结构体系;

(2)跨径大于200m时,可采用钢筋混凝土箱形拱、钢管混凝土拱,并进行经济技术比较;

(3)非岩石类地基不宜采用圬工拱桥。

采用圬工拱桥应符合以下规定：

(1)圬工拱桥可采用石砌拱桥、混凝土预制块砌拱桥和现浇混凝土拱桥；

(2)跨径不宜大于60m；

(3)多跨跨径总长≥100m或单跨跨径≥40m时，应按有关规定对施工阶段和运营阶段进行安全风险评估，并应在施工过程中开展施工监控。

主拱圈采用填料式拱上建筑时，应设置完善的防、排水系统，如图5-2所示。

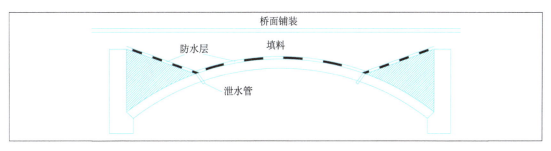

图5-2 拱圈防排水构造

设计应有明确的施工方法、步骤及体系转换程序，并根据所采用的施工方法进行施工过程计算。

采用支架法施工时，支架高度不宜超过20m，并应验算支架强度、刚度、稳定性及地基基础承载力。

第三节 通道及涵洞设计

(1)涵洞设计应按相关规范要求认真做好实地勘察工作，应保证涵洞的轴线与路基的夹角，以及进出口接沟情况的准确性。在选择涵位时应注意进出口高程与实地衔接，确保水流顺畅。

(2)为避免涵洞内泥沙淤积，一般情况下涵洞底应设置不小于0.5%的纵坡，进出口的坡度不宜大于3%。

(3)对于排洪涵，除考虑过水量之外，涵长15m以上孔径不宜小于1.25m，涵长30m以上孔径不宜小于1.5m，为了便于养护，有条件的涵洞净高按不小于1.5m设计。

(4)圆管涵设计中应注意涵管接头处的防漏水措施设计。

(5)涵洞与路基间应设置过渡段，过渡段压实度不应小于96%，过渡段设置范围、材料及数量见路基文件，应在涵洞图中予以提示。

(6)处于软基地段的涵洞，洞底高程应考虑地基稳定性和不均匀沉降的影响，做好基础处理设计。

(7)位于高填方、软弱地基、建筑材料运输不便及混凝土原料缺乏等路段可考虑优先选用钢波纹管涵洞结构。

第四节 改扩建桥涵设计

改扩建工程项目可研、初设阶段主要进行桥梁外观检查、结构基本尺寸量测、桥梁技术状况评定,如图5-3所示;施工图设计阶段主要应进行桥梁结构材质专项检测、桥梁结构的检算,现场情况如图5-4所示。

a)　　　　　　　　　　　　　　　　b)

图5-3　桥梁外观检测现场情况

a)　　　　　　　　　　b)　　　　　　　　　　c)

图5-4　桥梁材质检测及荷载试验现场情况

改扩建工程中,除了对全线原有桥梁进行详细检测外,还应实地调查原有桥梁的结构形式、孔数孔径、通航标准现状与规划(若原桥通航净空不满足现有通航标准,应征得有关航道部门书面同意);实测桥梁平纵面位置、特征点高程;搜集老桥竣工资料,并与现场调查测量数据比对,完成对老桥几何形状的准确定位。

桥梁改扩建时,纵断面线形和桥面横坡调整分两种情况进行处理。

(1)设计纵断面和桥面横坡与既有桥梁现状相差较小(10cm以内),应对上、下部结构进行验算,以确定既有桥梁能承受的最大桥面加铺层厚度。

(2)设计纵断面和桥面横坡与既有桥梁现状相差较大(10cm以上),可通过对既有桥梁上部结构进行叠合梁改造或梁体顶升改造,如图5-5所示。

改扩建工程中,应认真分析研究老桥检测结论,对承载力不足或病害桥梁宜尽量采用贴钢板、贴碳纤维、体外预应力、预应力碳板、加大截面、局部替换薄弱构件等经济合理、工艺成熟、已推广使用的加固技术,如采用新技术应进行充分论证,以满足承载能力和拼接设计的需要;对病害严重、承载力提高代价较高的桥梁,应基于桥梁全寿命周期的理念,综合考虑加固费用、加固效果、加固寿命及社会经济效益,进行加固改造和拆除新建两种方案的技术经济比较,如表5-1所示。

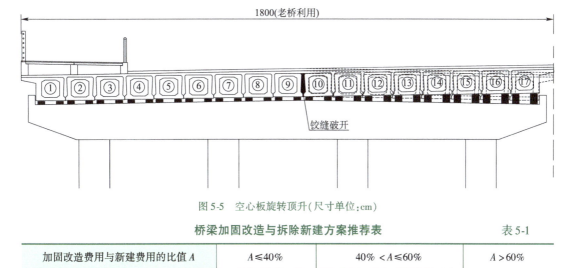

图5-5 空心板旋转顶升(尺寸单位:cm)

桥梁加固改造与拆除新建方案推荐表　　　　　　　　　　表5-1

加固改造费用与新建费用的比值 A	$A \leqslant 40\%$	$40\% < A \leqslant 60\%$	$A > 60\%$
推荐方案	加固改造	加固改造或者拆除新建	拆除新建

改扩建工程中,需结合老桥结构特点和路线方案综合考虑,加宽桥梁可选择单侧加宽或者双侧加宽;特殊结构大桥宜使老桥结构保持独立,在老桥一侧新建一幅桥梁。

新、老桥拼接方式有三种:上部连接+下部分离、上部分离+下部分离及上部连接+下部连接。当新、老桥拼接处位于中央分隔带时,新、老桥上、下部结构可不连接;一般新、老桥的拼接宜采用上部连接+下部分离。各拼接形式优缺点比较详见表5-2。

桥梁拼接主要形式的比较　　　　　　　　　　表5-2

拼接形式	上部连接+下部分离	上部分离+下部分离	上部连接+下部连接
优点	无下部结构,拼接困难,降低收缩徐变及沉降的影响,上部结构整体受力,桥面平整,行车舒适	各自独立,互不影响,施工简便,施工对交通影响小	新旧结构形成一个整体,共同受力,减少各种荷载作用下的不均匀变形难
缺点	连接构造受力较大,构造复杂	基础沉降及活载下拼缝处易出现变形不协调的错缝(挠度差),于行车安全和养护不利	新建结构沉降变形及收缩徐变对原结构的影响较大,下部结构连接较为困难
适用情况	(1)扩建期原桥仍需通行的情况; (2)桥梁跨径较小,挠度差较小的情况; (3)新旧部分结构形式不一致的情况	(1)扩建期原桥仍需通行的情况; (2)2.50m以上的混凝土桥梁; (3)结构特殊复杂的桥梁	(1)扩建期间原桥无通行要求的情况; (2)地基情况良好的情况

拼接加宽桥梁下部结构设计：

(1) 除桥位处于岩石等较强地基上时，其加宽部分的下部可采用浅基础外，其余情况均应采用桩基础。

(2) 在承载力满足要求的前提下，新建部分同一墩台处的摩擦桩桩长不宜小于原桥桩长，必要时可增加桩底压浆措施，以减小新老桥不均匀沉降。

(3) 下部结构若不连接，一般在新、老盖梁间设置 2cm 宽沉降缝。

(4) 为减小拼宽部分桥台施工对既有桥台的影响，拼宽桥梁桥台宜用桩柱式桥台，如图 5-6 所示。

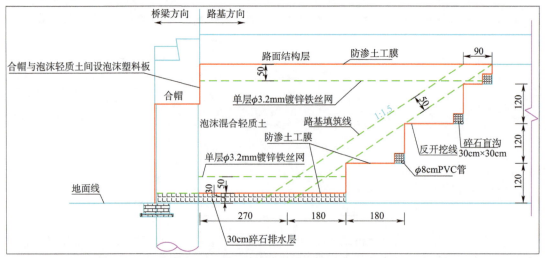

图 5-6 柱式台台后填筑示意图(尺寸单位：cm)

(5) 桥台后地基容许应力偏低、地形受限等情况，台后填土可考虑采用轻质混凝土，如图 5-7 所示。

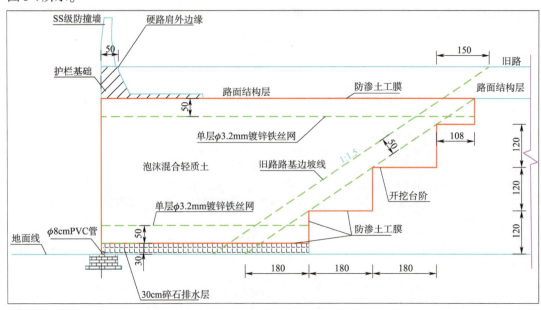

图 5-7 轻质土路基横断面填筑示意图(适用于旧路加宽段，尺寸单位：cm)

拼接加宽桥梁上部结构,连接形式根据主梁结构特点、几何布置情况,选择弱刚性、刚性的连接形式。

(1)实心板、空心板宜采用弱刚性连接,如图5-8所示;T梁宜采用刚性连接(翼缘、横隔板均连接),如图5-9所示;现浇钢筋混凝土箱梁和预应力混凝土连续箱梁,宜采用仅将翼缘刚性连接,不连接横梁,如图5-10所示。

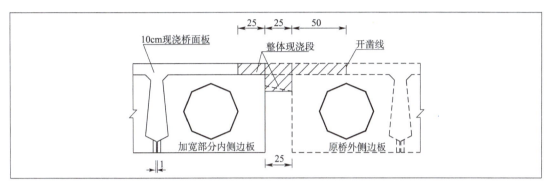

图5-8 空心板拼接方案(尺寸单位:cm)

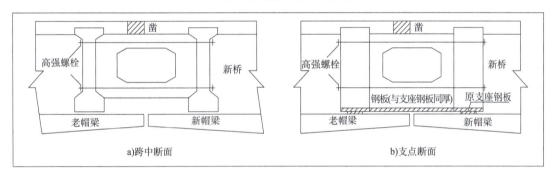

图5-9 组合工梁(T梁)拼接方案

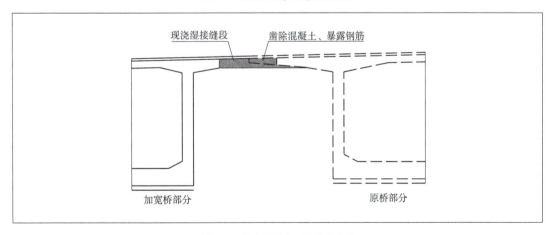

图5-10 横向湿接头刚性连接方案

(2)拼接桥梁在进行整体分析、验算时,需考虑新、老桥混凝土收缩徐变和基础沉降差等因素的影响。

(3)拼接连接处为加宽桥的薄弱部位,新、老桥混凝土收缩徐变和基础沉降差等因素,均会在连接处造成较大的附加应力,连接处配筋应在正常配筋的基础上适当增加。

拼接加宽桥梁施工注意事项如下:

(1)新建拼宽部分桥梁施工时由于距离较近,应注意对老桥的保护,特别涉及下部结构与基础施工时,宜采用旋转钻孔、静压钢管等振动小的施工方式以减小对老桥的扰动,防止开挖过程中的涌水,涌砂,控制基础沉降,并对老桥及其地基进行严格监控。

(2)新建桥幅完工后宜给予3个月沉降期,并实施堆载预压措施,之后再进行新老桥的横向连接施工,在拼接前尽量消除固结沉降影响。

(3)对原桥结构进行切割、凿除、爆破时,应严格按结构不被破坏、不降低承载能力的原则进行。按照设计要求对连接处现浇混凝土桥面板、主梁翼缘采取切割或凿除(保留原有钢筋)的方案,混凝土切割面符合施工缝要求处理,以保证新、老混凝土可靠连接。

(4)接缝混凝土宜添加微膨胀剂,延迟接缝浇筑时间或者分段浇筑,以减少收缩裂缝的出现。

(5)混凝土桥拼宽接缝尽量封闭施工。老桥部分仍需要保障通行的,在接缝混凝土浇筑到终凝的时间段内,应控制行车导致的老桥振动,老桥接缝处的振幅不宜超过2mm,并宜将接缝混凝土等级提高一级。振动临时控制措施可采取增设接缝支承、低速行车、重车禁行、单车道通行、铺设隔振垫等方式。

公路改扩建工程中,当需要对既有桥梁进行加固和接长时可考虑采用钢波纹管结构。钢波纹板结构具有钢结构适应变形能力强、结构强度高的特性,可以适应新旧路基不均匀沉降变形和不拆除既有桥梁来加固。

老涵洞改造需保证农田排灌等功能要求,改造方案应经济合理,技术简单可行,原则上采用原有的结构形式、孔径接长,且应做好沉降缝处理。路基宽12m及以下,过路灌溉涵可采用0.5m圆管涵。

改扩建桥梁说明书中应增加工程实施、对原有公路通行的影响情况、交通组织设计方案、比选论证情况;施工期临时交通组织设计图;详细的交通限流、分流、封闭及绕行等交通管制措施设计图等内容。

第六章 隧　　道

第一节　隧道总体设计

一、总体原则

(1)宜少设置隧道,必要时宜以中、短隧道为主,少设长隧道,应尽量避免设置特长隧道。

(2)二级公路特长隧道及设计速度大于60km/h长隧道方案设计时可比选单洞双向行车方案与双洞行车方案。

(3)采用单洞双向行车的特长隧道需要设置避难洞室或避难通道。

(4)以下情形的隧道在初步设计阶段应进行工程风险安全评估:

①穿越活动性断层及活动性断层影响带、有滑动可能的倾斜岩层(如顺层滑动、滑坡等)、人工填土、软土、冻土、黄土、膨胀岩(土)、高地应力区、煤系地层、采空区、水体等地质条件、水文地质复杂的隧道。

②严重偏压、大断面、变化断面等结构受力复杂的隧道及上跨或下穿重要建(构)筑物的隧道。

③长度大于3000m或通风、照明、救援等要求特殊的隧道。

④其他建设环境复杂、施工技术要求特殊的隧道。

二、安全设计

(1)洞内纵坡较大时,应避免在洞口路段设置小半径平曲线,且应满足3s线形一致的要求。

(2)沿河、傍山路段的隧道设计应注意山体稳定性,隧道拱肩最小覆盖层厚度不宜小于表6-1所示数据。

(3)反光轮廓标设置应覆盖整个隧道范围,以利视线诱导,消除车辆碰撞洞口的安全隐患。

(4)隧道洞内应设置反光环(图6-1),示意隧道线形。第一道反光环宜设在隧道入口20m处,以后每隔200m等间距设置一道,曲线半径较小的隧道设置间距可根据具体情况适当减小。

隧道拱肩最小覆盖层厚度(m)　　　　　　　　　　　　表6-1

围岩/地形坡度	1∶1.0	1∶1.5	1∶2.0	1∶2.6
Ⅲ	5	5	—	—
Ⅳ(石质)	8	6	6	—
Ⅳ(土质)	15	12	9	9
Ⅴ	27	24	21	18

注:1. 本表适用于双车道隧道。
　　2. 最小覆盖层厚度为隧道外侧拱肩至地面的地层垂直最小厚度。
　　3. 最小厚度应扣除表面腐殖覆盖层厚度。

图6-1　隧道洞内设置反光环

三、线形一致设计

(1)隧道洞口内外3s设计行程范围的平面线形应采用直线或同一圆曲线,当其纵面纵坡小于2%且平曲线半径大于规范规定的一般平曲线半径最小值2倍、行车视距大于停车视距规定值2倍以上时,可以不受此限制,但应采取措施在洞口内外进行线形诱导和光过渡。

(2)隧道洞口内外3s设计行程范围的纵面线形应采用直线,当条件困难不能满足要求时,应采用较大的竖曲线半径,且不应小于表6-2的规定。

隧道洞口视觉所需的最小竖曲线半径　　　　　　　　表6-2

设计速度(km/h)		80	60	40
竖曲线半径(m)	凸形	12000	9000	3000
	凹形	8000	6000	2000

（3）隧道洞口内外3s设计行程范围的路面横坡应保持不变，此区域内不宜进行超高渐变，如图6-2所示。

（4）隧道洞内人行道或检修道宜往洞外路基顺延5~10m，如图6-3所示。

图6-2　隧道内路面横坡不变

图6-3　隧道内人行道或检修道顺延

第二节　隧道洞口段方案设计

一、安全环保进洞设计

（1）隧道应采用正交进洞，当地形复杂条件受限时，也应避免对边仰坡的过度开挖。

（2）隧道洞口设计应贯彻"零开挖"设计理念，洞口仰坡设计应结合地形、地质条件进行，宜包含植被恢复内容，达到隧道洞口与自然景观融为一体，降低对环境的影响。

（3）存在稳定风险的非滑坡洞口区域，施工可能引起滑移，应考虑进行预加固设计，运用挖补平衡理念，先加固补偿，后施工开挖。

（4）滑坡洞口区域应进行抗滑桩等抗滑工程设计，施工时明洞先期施工以起辅助抗滑的功效。

（5）隧道洞门优先选择削竹式洞门或环框式洞门（图6-4），单侧边坡较高地形可采用偏压墙式洞门，桥隧衔接等地段可采用墙式洞门（端墙式、台阶式、柱式等）或悬挑式洞门。

（6）隧道洞外宜设置污水处理池，污水处理池应有防护措施，污水应经过沉淀处理后，再进行排放，防止对附近居民生活用水造成污染。

二、洞口过渡设计

（1）隧道洞口内外宜进行光过渡设计，可设置遮光棚洞或减光格栅（图6-5）、遮阳棚，也可通过种植乔木进行引导。

(2)洞外路基护栏应顺圆滑连接隧道检修道或人行道端部。

(3)隧道洞外路灯布置宜顺接隧道洞内灯具布置。

(4)隧道桥隧连接段桥梁桥台搭板不应伸入隧道洞内,渐变段交通工程设计应加强。

a)

b)

图 6-4　隧道洞口安全环保进洞设计

三、棚洞设计

(1)路基高边坡表层易坍塌、落石段可考虑单独棚洞方案。

(2)棚洞结构形式应与现场地质及施工条件相匹配,一般可采用开口型(图 6-6),地质特别复杂段采用全封闭棚洞。

(3)与隧道相接的棚洞内轮廓宜与隧道一致。

(4)棚洞计算推荐采用荷载结构法。

(5)棚洞设计应包含抗冲击措施及截排水方面内容。

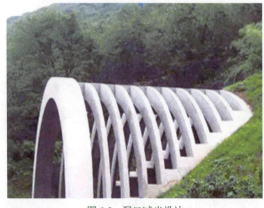

图 6-5　洞口减光设计

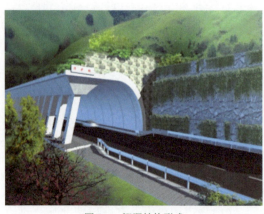

图 6-6　棚洞结构形式

第三节 隧道土建结构设计

一、洞内外排水设计

(1)隧道截水天沟应根据实际地形设置,无需要时可不设,截水天沟应防止地表水下渗和冲刷,尺寸不宜过大。

(2)隧道洞口区域与冲沟相交时,应提前进行水沟改移,对隧道有影响的地表冲沟应考虑铺砌处理(图6-7)。

(3)禁止洞外路基或桥面水流入隧道,无法避免时可在洞内设置满足日常检修清理的专门过水通道。

(4)墙式洞门应在洞门墙墙背设置砂砾透水层,在墙脚高于地面位置设置泄水孔;隧道的临时支护和边坡防护必须设置泄水孔。

(5)隧道洞内排水沟一般设置在路面两侧,检查井宜采用钢筋混凝土盖板。

(6)隧道内路缘沟宜采用易清理类型,如浅碟形。

图6-7 隧道洞外排水设计

二、洞门精细设计

(1)隧道洞门区域应结合排水天沟、截水沟设置检查步梯。

(2)端墙式洞门墙不得采用石板材类镶面装饰,墙面反光及亮度不宜大于周围环境。

(3)隧道洞门结构与衬砌间须设置有效连接,增强整体抗震能力。

(4)隧道洞口应设置搭板,洞内有仰拱和无仰拱段分界位置可设置搭板。

(5)洞外区域路段路面宜设置颜色鲜明的减速标线,起到给即将驶离(入)隧道的司机以提示作用。

三、结构设计要点

(1)隧道衬砌初期支护推荐采用药卷锚杆,Ⅴ级地段可用中空注浆锚杆,临时支护和边坡防护可采用砂浆锚杆。

(2)Ⅳ级围岩隧道衬砌应考虑设仰拱和不设仰拱两种以上的结构形式。

(3)洞内抗水压衬砌使用应慎重,避免直接临水使用,使用时应有足够长度的延伸段。

(4)可溶性岩与不可溶性岩交界面应加强结构设计和排水设计(图6-8)。

(5)隧道内人行道和路面间应设置隔离设施,宜采用通透式护栏(图6-9)。

(6)隧道洞内小型构件宜尽量采用预制件,如人行道板、路缘石、水沟等。

(7)隧道二衬表面不宜涂刷任何装饰材料。

(8)洞外隧道消防用高位水池应纳入隧道土建工程一并设计。

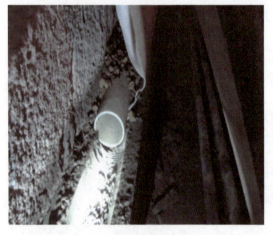

图6-8 衬砌纵向排水管

图6-9 通透式护栏设计

图6-10 隧道分部施工

四、施工安全要点

(1)反坡隧道施工必须做好施工排水方案,具有突发涌水处理能力。

(2)隧道开挖后,洞顶一定范围内地表水、地下水被疏干的可能性较大时,宜考虑满足当地居民的生产和生活用水应急供水工程。

(3)安全预案中应明确:当掌子面出水突然由清变浊,或听见围岩发出轰隆隆响声时,现场施工人员应即刻撤离现场。

(4)大跨隧道地质较差时,应采用如图6-10所示分部施工方案。

(5)隧道洞渣应尽量利用,设置专用弃渣场时,弃渣堆放须整齐、稳固,弃渣场设计要考虑必要的排水设施和防护设施。

第四节　隧道机电设计

一、隧道照明设计

(1)隧道长度 $L>200\mathrm{m}$ 的一级公路隧道应设置照明,$500\mathrm{m}<L\leqslant1000\mathrm{m}$ 的二级公路宜设置照明,$L>1000\mathrm{m}$ 的二级公路隧道应设置照明。

(2)隧道照明设施的设计应包含入口段照明、过渡段照明、中间段照明、紧急停车带和横洞照明、应急照明及洞外引导照明、照明控制等内容。

(3)隧道照明可根据近期设计交通量进行系统设计,并根据远期设计交通量进行预留预埋设施的设计,预留预埋设计纳入一期土建设计。

(4)隧道照明灯具宜采用两侧对称或交错布置。

(5)隧道照明灯具应选择节能型的灯具,如 LED 节能灯具,灯具应具有防护等级不低于 IP65、具有适合公路隧道的防眩装置、灯源及附件便于更换且具有良好防腐性能、安装角度易于调整等性能。

二、隧道通风设计

(1)隧道通风设计应根据公路等级、隧道长度、设计速度、近远期设计交通量、车型比例关系、隧道海拔高度、隧址自然条件等因素进行隧道通风计算,经技术经济综合分析比选后,确定合理的通风方案。

(2)隧道通风设计应根据近期和远期交通量进行一次设计、分期实施的原则进行综合设计,通风方式宜优先考虑较为经济的纵向通风。

(3)隧道通风方案设计应分别针对正常交通工况、交通阻滞工况、火灾工况进行系统计算分析,并提出相应的通风设施运行方案。

(4)隧道通风控制标准(烟尘浓度、CO 浓度、换气要求)可按照《公路隧道通风设计细则》(JTG/T D70/2-02—2014)第 5.2、5.3、5.4 条的有关规定执行。计算单洞双向行车隧道通风时,通风方向逆向车的比例系数宜取 0.6。

(5)隧道射流风机宜选用节能型风机。

三、隧道消防设计

(1)隧道消防设计应遵循"人员逃生自救为主、灭火为辅"的原则。

(2)隧道消防设施配置应根据公路等级、隧道长度、设计交通量、防援救灾条件等综合考虑。

(3)隧道消防系统应与隧道土建工程、附属工程、安全工程同步设计同步实施。

(4)隧道洞内灭火器的选用必须考虑其灭火性能及适用范围,如采用水消防系统时宜配置独立的消防给水系统。

四、隧道交通监控设计

(1)隧道交通监控设施应根据公路等级、隧道长度、交通量、车型比例关系等进行综合设计,设计内容包括交通监测设施、交通控制及诱导设施等。

(2)隧道监控设施配置标准应按《公路隧道设计规范 第二册 交通工程与附属设施》(JTG D70/2—2014)的有关规定执行。

(3)隧道监控系统可一次设计、分期实施,设备预留洞室及预埋件应按远期方案一次到位。

第五节 隧道改扩建及加固方案设计

一、一般规定

(1)进行隧道新建或原位扩挖的方案比选时,应综合考虑既有隧道的现状、洞外接线条件、建设标准、改建难易程度、交通量及组成、施工交通组织及运营安全等因素。

(2)新建隧道、原位扩挖隧道设计应符合《公路隧道设计规范 第一册 土建工程》(JTG 3370.1—2018)第17.1条的规定;既有隧道利用时可维持原设计标准的规定。

(3)隧道加固以恢复使用功能、提高结构承载能力、增强安全性和耐久性为原则,不宜损伤原结构,应避免不必要的拆除及更换,防止加固中造成新的结构损伤或病害。

(4)隧道加固前应对既有隧道结构及技术状况进行检测评定,结合对设计、施工及运营等情况的调查,查明病害分布、病害成因及其发展规律,对其安全性作出评价,按《公路隧道养护技术规范》(JTG H12—2015)第3.2.2条的有关规定评定等级并采取相应的加固措施。

(5)隧道加固设计不宜降低原有技术标准,若因技术经济条件限制,需要降低原有技术标准,应充分论证,合理拟定加固后建筑限界和净空断面。

(6)隧道加固设计宜提出加固监测及加固后质量检测要求。

二、加固方案

(1)隧道加固方法包括衬砌加固、注浆加固、换拱加固、隧底加固、洞口工程加固、渗漏水处治、裂缝处治与表面缺陷修补等。加固方法的选择、施工工艺流程的设计,应考虑地层和结构坍塌、失稳的风险,并采取有效措施。

(2)隧道衬砌加固适用于隧道衬砌开裂、局部脱落或强度、厚底不足等情况,一般有粘贴纤维复合材料、粘贴钢板(带)、喷射混凝土法、嵌入钢架、锚杆、套拱等加固方法,衬砌加固前应对衬砌进行基面处理,清除劣化部分及附着物,新旧混凝土接触面应露出集料新鲜面。

(3)隧道注浆加固适用于围岩松弛、衬砌背后空洞引起的衬砌开裂、变形、渗漏水等隧道病害情况,主要有围岩注浆、衬砌背后空洞注浆等方法,隧道注浆加固宜结合其他补强方式联合使用。

(4)隧道换拱加固适用于隧道衬砌开裂、错台、变形、劣化严重,对原衬砌进行加固仍不能满足使用要求的情况。换拱加固分为整体换拱和局部衬砌换拱两种情况,应结合衬砌病害类型、程度、范围选用。

(5)隧底加固适用于隧底出现底鼓和不均匀沉降、翻浆冒泥、路面渗水等情况,隧底加固方案应根据隧底工程地质及水文地质条件、结构现状、排水设施现状、病害等确定。

①隧道无仰拱段进行隧底加固时,宜采用隧底注浆、增设锚杆(管)、隧底换填、增设仰拱等加固措施。

②隧道有仰拱段进行隧底加固时,宜采用仰拱补强或重做仰拱方案,并结合隧底注浆、增设桩基等措施进行。

(6)洞口工程加固适用于洞门结构、洞口边仰坡、洞口安全影响区出现病害情况,分为洞门结构加固、洞口边仰坡加固、洞口安全影响区加固等情况。

(7)隧道渗漏水处治适用于隧道衬砌渗漏水情况,处治方案有止水法、导水法、喷射法、涂层法、围岩注浆及衬砌背后空洞注浆、降低水位法等,应结合渗漏水具体状态特征选用一种或多种方法综合处治。

(8)隧道裂缝处治与表面缺陷修补适用于隧道存在裂缝与表面缺陷情况。

①对活动裂缝或尚在发展裂缝,可采取围岩注浆、衬砌加固、隧底加固等措施进行处治,裂缝修补宜采用表面封闭法或注射法。

②表面缺陷修补应根据缺陷的部位、规模、深度等因素选择水泥砂浆、聚合物改性水泥砂浆等材料修补。

三、改扩建隧道

(1)应根据公路功能、技术等级结合地形、地质、路线总体、运营状况、应急救援、原有隧道现状等,对增建隧道、原址扩建、原有隧道改造及其组合方式等进行多方案比选。

(2)原址扩建和新建的隧道应按现行标准执行。利用原有隧道加固改造时,隧道主体结构可维持原标准,交通工程及附属设施应采用现行标准,同时应进行交通安全性评价。

(3)应根据原有隧道运营状况,做好改扩建交通组织方案设计。

(4)改扩建隧道既有隧道的机电工程升级改造应在满足现行标准要求的基础上一次设计,但可根据交通量增长分期实施。

(5)扩挖隧道宜采用单侧扩挖。受条件限制时,也可在既有隧道的两侧或周围扩挖。

(6)改扩建隧道应提出施工监控量测要点。

四、老旧隧道检查及评价

1.老旧隧道检查内容

(1)隧道结构通过定期检查,要求系统掌握结构基本技术状况,评定结构物使用功能,为制订养护工作计划提供基本依据。定期检查内容如下：

洞口检查：山体滑坡、岩石崩塌的征兆及其发展趋势；边坡、碎落台、护坡道的缺口、冲沟、潜流涌水、沉陷、塌落等及其发展趋势，护坡、挡土墙的裂缝、断缝、倾斜、鼓肚、滑动、下沉的位置、范围及其程度，有无表面风化、泄水孔堵塞、墙后积水、地基错台、空隙等现象及其程度。

洞门检查：墙身裂缝的位置、宽度、长度、范围或程度结构倾斜、沉陷、断裂范围、变位量、发展趋势，洞门与洞身连接处环向裂缝开展情况、外倾趋势，混凝土起层、剥落的范围和深度，钢筋有无外露、受到锈蚀，墙背填料流失范围和程度。

衬砌检查：衬砌裂缝的位置、宽度、长度、范围或程度，墙身施工缝开裂宽度、错位量，衬砌表层起层、剥落的范围和深度，衬砌渗漏水的位置、水量、浑浊、冻结状况。

路面检查：路面拱起、沉陷、错台、开裂、滑溜的范围和程度；路面积水、结冰等范围和程度。

人行道（检修道）检查：检修道毁坏、盖板缺损的位置和状况；栏杆变形、锈蚀、缺损等的位置和状况。

排水系统检查：结构缺损程度，中央窨井盖、边沟盖板等的完好程度，沟管开裂漏水状况；排水沟（管）、积水井等淤积堵塞、沉沙、滞水、结冰状况。

吊顶预留预埋件检查：吊顶板变形、缺损的位置和程度；吊杆等预埋件是否完好，有无锈蚀、脱落等危及安全的现象及其程度；漏水（挂冰）范围及程度。

内装饰检查：表面脏污、缺损的范围和程度；装饰板变形、缺损的范围和程度等。

标志、标线、轮廓标检查：外观缺损、表面脏污状况，连接件牢固状况、光度是否满足要求等。

机电设施检查：机电设施外观和运行状态是否满足要求。

(2) 隧道结构通过定期检查后，发现存在严重异常情况，对其产生原因及详细情况不明时，应做专项检查。专项检查内容如下：

结构变形检查：公路线性、高程检查，隧道横断面检查，净空变化检查。

裂缝检查：裂缝调查，裂缝检测。

漏水检查：漏水调查，漏水检测，防排水系统。

材质检查：衬砌强度，衬砌表面病害，混凝土碳化深度和钢筋锈蚀检测。

衬砌及围岩状况检查：无损检查，钻孔检查。

荷载状况检查：衬砌应力及拱背压力检查，水压力检查。

2. 隧道检查评价

(1) 隧道定期检查完成后，应编制土建结构定期检查报告，内容应包括：检查记录表、隧道展示图及相关调查资料等；对土建结构的技术状况评定；对土建结构的养护维修状况的评价及建议；需要实施专项检查的建议；需要采取处治措施的建议。

(2) 隧道专项检查完成后，应编制专项检查报告，内容应包括：检查的主要经过，包括检查的组织实施、时间和主要工作过程等；所检查结构的技术状况包括检查方法、试验与检测项目及内容、检测数据与结果分析以及对破损结构的技术评价等；对病害的成因、范围、程度等情况的分析及其维修处治对策、技术以及所需资金等建议。

第七章 公路交叉

公路平交口是各种交通流的汇集点,特别是非信号灯控制平面交叉口,存在很多交通冲突,安全隐患突出,尤其是一级公路上的平交口安全问题更严重。本章针对普通国省道上交叉口存在的问题,通过优化平面交叉线形设计、采用合适转弯类型等方式减少和消除安全隐患,让交叉口运行更安全。

第一节 普通国省道交叉口类型及存在问题

一、十字平交口

如图 7-1 所示,新建公路和老路形成一个新的十字平交口,通常来说,新建公路车速普遍较高,而对老路上的司机来说,可能并不知道新建公路的车速很高,往往没有停让意识,加之没有任何交通标志标线提示停车让行,因此,老路上司机可能直接冲出路口,造成交通事故,所以这样的十字平交口非常危险。

二、斜交型平交口

如图 7-2 所示,原来的老路是一条连贯直线,提质改造时采用新建方案绕避乡镇的公路。公路绕道可以避免直接穿过乡镇路段造成的人车拥挤,减少安全隐患。但是,新建的绕镇公路和原来直线老路会形成一个斜的平交口。由于新、老路标识不明显,且当地道路使用者由于习惯问题,在经过该平交口时,可能根本没有停让意识,而是选择直接快速通过,极易与新建公路驶来的车速很快的车辆发生冲突,造成危险。

如图 7-3 所示,新建主线公路向右转弯,原来的老路变成了支路,主路和支路形成一个平交口。从图中可以看到,新建公路处于大纵坡的下坡路段,且设置了减速带,现场调查表明,该处路口经常发生突然失速导致的追尾、剐蹭等安全事故。此外,路边树木是沿着老路分布,新建主线公路和老路路面的分界线也指示着向老路方向直行,对于不熟悉这条道路的

图7-1 新建公路与老路之间形成十字平交口

司机来说,很自然地认为直行的道路才是主路,而当司机发现走错路时,会选择紧急制动或者急转弯等行为,加大了交通事故的发生概率。

图 7-2　新路和老路形成的斜交型平交口

图 7-3　诱导不明的斜交型平交口

三、斜十字平交口

斜十字平交口比正十字平交口更危险,因为交叉角度越小,支路通过主路的距离更长,视距更差,优化设计阶段应尽量消除此类平交,如图 7-4 所示。

图 7-4　斜十字平交交叉角度小,视线差

第二节　平面交叉转弯处理类型及设计要点

应根据交通量、视线以及平纵线形等因素采用不同平交口转弯形式,按转弯车道的处理方式进行分类,平面交叉可以分为简易型平交,附加转弯车道型平交和渠化型平交。对于交通量很大的平交口,则应考虑设置交通信号灯、立交措施提高交叉口安全性。

一、各类型平交适用条件

如图 7-5 所示,主路交通量较小时,可以采用简易型平交;如果主路和支路交通量值处于线 1 和线 2 之间时,应采用紧凑主路附加右转车道型或紧凑主路左转渠化型;如果交通量更大或主路在弯道上时,应采用渠化型或主路附加右转车道型;对于交通量很大的平交口,则应考虑设置交通信号灯、立交措施提高交叉口安全性。

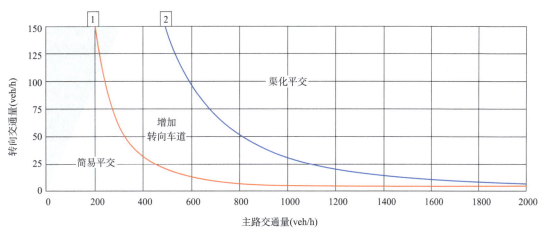

图 7-5 转弯形式与交通量关系

二、简易型平交

简易型平交适用于交通量小道路,基本采用加铺转角形式,具体形式可分为主路简易左转型、主路简易右转型、简易支路型,如图 7-6 所示。

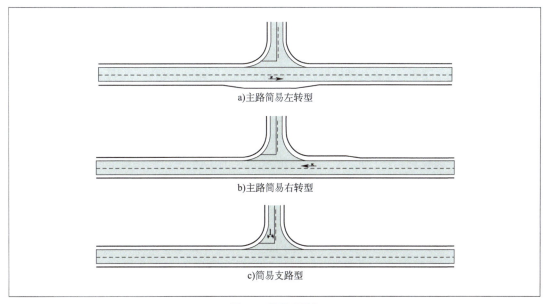

图 7-6 简易型平交

主路简易左转型及主路简易右转型应在转向的一定范围内对硬路肩进行加宽。主路简易左转型通过加宽硬路肩能使直行车辆慢速绕避等待左转的车辆；主路简易右转型通过加宽硬路肩能使右转车辆尽可能偏离直行车道，减小对直行车辆的干扰。

简易支路型应只提供一条转弯车道。

澳大利亚昆士兰州交通局有关研究表明，主路简易左转型平交的追尾事故率是主路渠化左转型的 52 倍，同时研究也发现，不论是采用凸起式、下沉式或标线式的中央分隔带平交，追尾事故率都会随着中央分隔带宽度的增加而显著降低。因此，简易型平交只能用于主路和被交道交通量都较小的交叉口。同时，为保证足够的视距，不能用于较小的半径中。主路简易左转型仅适用于双向两车道道路。简易型平交应尽可能紧凑，但也应满足设计车辆转弯的需求。

在非分隔双向四车道及以上道路的简易型平交中，如图 7-7 所示，主要道路追尾事故率是最高的，尤其是内侧车道，因为内侧车道车速更高，而且常常被当作超车道使用。因此，新建和改建工程中，都应避免采用非分隔的多车道形式，若非分隔多车道道路位于郊区或农村车速高的环境中，在平交口应增设左转弯车道，在低速环境中（≤60km/h），可将两个车道合并为一个车道并增设左转车道，同时应采用交通岛进行渠化。

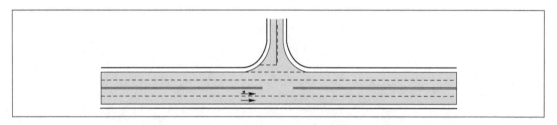

图 7-7　非分隔双向四车道及以上道路的简易型平交

三、附加转弯车道型平交

在高速道路环境中，平交口可通过增设较短附加转弯车道来提高安全性，具体形式可分为增加左转辅助车道型、增加右转辅助车道型和支路附加转向车道型，如图 7-8 所示。

主路附加左转车道型比简易主路左转型更加安全，虽然造价更高，但综合考虑事故成本，从长远来看其成本更低。主路附加左转车道形式仍不如渠化左转处理安全性高，因此不建议在新建非信号控制平交口使用。该形式容易被司机误认为是超车道，因此只能用在司机能清晰识别并能理解其作用的地方，同时应避免在上下游附近设置超车道。在有条件的地方，都应采用主路渠化左转形式。

主路附加右转车道型用在路线顺直、纵面平缓的平交口效果较好，但应避免在弯道内侧使用，因为主路右转车辆会阻挡支路转弯车辆视线。因此，有条件情况下，都应优先考虑采用主路右转渠化型，尤其当平交口位于弯道内侧或存在其他因素会影响支路上等待转弯车辆视线的情况时，更应优先选择主路右转渠化型。当交通量较小或中等时，可采用如图 7-9 所示紧凑型主路附加右转车道，其渐变段和减速车道都更短。虽然紧凑型主路附加右转车道会存在一些利用直行车道减速的问题，但其追尾事故率（主路直行车辆与右转车辆之间）

很低，与主路附加右转车道一样，其应避免在视线不佳的情况使用。紧凑型主路附加右转车道不同于《公路路线设计规范》(JTG D20—2017) 10.5.3 中规定的非等宽渐变式加(减)速车道，紧凑型主路附加右转车道是基于在直行车道就开始减速机理，因此其长度更短，在交通量较小情况下更具经济性。

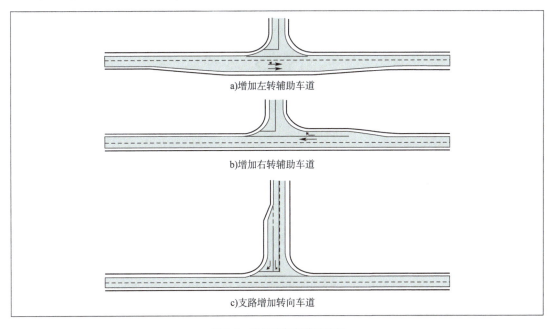

图 7-8 附加转弯车道型平交

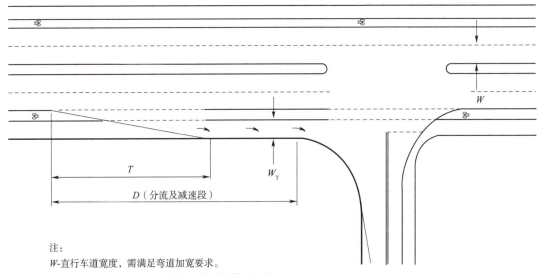

注：
W-直行车道宽度，需满足弯道加宽要求。
W_T-右转车道宽度，需根据设计车辆满足弯道加宽要求。
T - 渐变段，$T=(0.33VW_T)/3.6$。
V - 主路引道设计速度(km/h)。
D - 分流及减速段，对应40km/h、60km/h、80km/h的设计速度，其长度分别为20m、25m、45m。
（基于渐变宽度为3.5m，在直行车道减速20%，减速度采用3.5m/s²）。

图 7-9 紧凑型主路附加右转车道

支路附加右转车道型一般情况下不建议采用。相关研究数据表明,当支路进口道有两条转弯车道时,事故率会明显增加,尤其在四路平交中,这是因为等待左转和右转的车辆会对彼此视线造成阻碍,如图7-10所示。因此,在支路中,应采用简易支路型,在交通量特别大的情况下,应对支路进行渠化处理,采用支路右转渠化型。

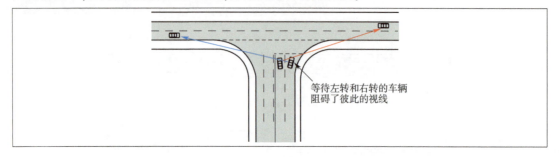

图7-10　非信控平交口支路提供两条转弯车道时视线阻碍示意图

四、渠化型平交

渠化转弯措施是指通过抬起、下沉或标线型中央分隔带和交通岛来分离冲突点的交通措施,具体形式包括主路左转渠化型、主路右转渠化型及支路右转渠化型,如图7-11所示。

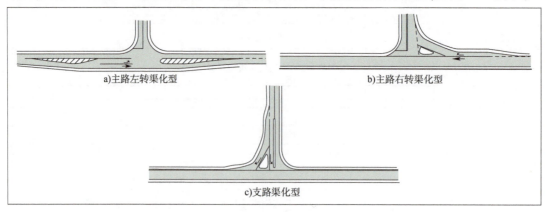

图7-11　渠化型平交

一般情况下,一个平面交叉不会用到所有渠化类型。当交通量较小和中等时,可采用紧凑型主路左转渠化,其渐变段和储备车道长度都要更短,中央分隔带应采用标线型,这样司机便可利用标线区尽快驶离直行车道。

五、渠化岛设计要点

设置渠化岛时需要特别注意提高其视认性及宽容性,因为在夜间没有照明的公路上,司机可能无法看见导流岛存在。如图7-12和图7-13所示,因此,需要采取必要的措施保证司机能够看到导流岛的存在,具体措施包括:

(1)设置交通标志标线引导车辆。
(2)采用较矮的斜面路缘石。

(3)将导流岛表面的颜色与路面颜色区别开,例如路面是沥青色,导流岛上的混凝土可设置为灰白色。

(4)在路缘石上涂反光漆等。还可以采用在主路上设置震动减速标线、改变路面颜色等方法,使路面在视觉上有变窄的感觉,促使司机提高警觉性。

图7-12 在主路上设置渠化岛

图7-13 在支路上设置渠化岛

宽容性是指路缘石及标志本身撞上去也不会造成严重伤害,可行的做法包括使用斜面路缘石及可回弹的塑性标志柱及在紧凑型渠化设计中采用标线型渠化岛。此外,为了保证视距,交通岛上不应种植树木或灌木,一般只适合种植50cm以下低矮花草或不进行绿化。

第三节 平面交叉线形及设计要点

一、平面设计要点

(一)交叉角度

道路交叉角度应尽可能接近90°,这样司机就能取得较好的观测角度。对于斜交平面交叉,应对次要道路进行改线处理。改线可分为连续型和错位型。

连续型改线如图 7-14 所示,在平交口前改变次要道路线形,形成交叉角度为 90°或接近 90°的 T 形交叉或十字交叉。改线应尽量避免设置小半径曲线与主路交叉,因为司机会占用一部分对向车道来增加他们的轨迹半径,所以这种曲线会增加对向车道的占用。

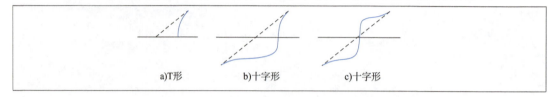

图 7-14　连续型改线

错位型改线分为左-右型和右-左型,次要道路车辆都需先进入主路,然后再转入次要道路,如图 7-15 所示。

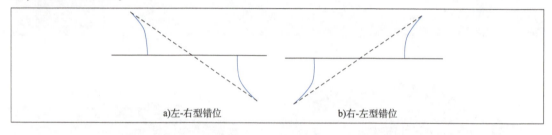

图 7-15　错位型改线

两种方式各有优缺点,左-右型错位中,车辆先左转进入主要道路,再右转进入次要道路,对主路影响较小,但次要道路车辆需一次穿越双向车道,穿越距离长。右-左型错位中,车辆先右转进入主要道路,再左转进入次要道路,每次都只需穿越单向车道,穿越距离短,但等待左转对主路影响较大,因此需设置左转弯车道。

几种典型错位平面交叉如图 7-16～图 7-19 所示。

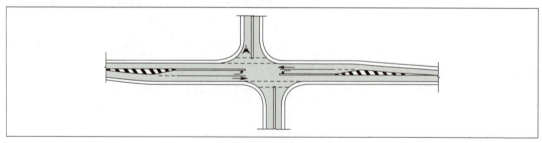

图 7-16　短距离左-右错位平面交叉

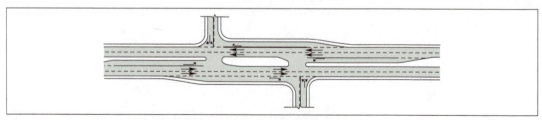

图 7-17　中等间距左-右错位平面交叉

公路交叉 第七章

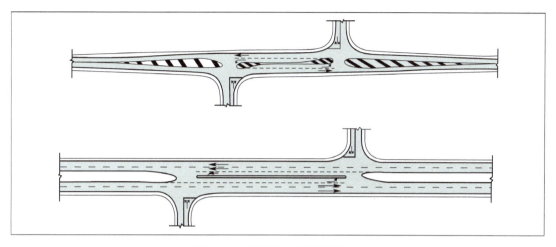

图 7-18　中等间距右-左错位平面交叉

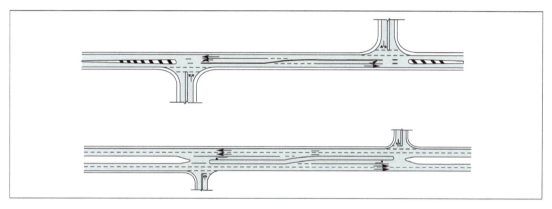

图 7-19　长间距右-左错位平面交叉

某些非信号控制的主次道路十字交叉事故率很高，往往是因为次要道路过于顺直，车辆通过路口的车速较高。这时应分析交叉口交通安全设施是否完善、视距是否不良，有条件时也可将平面交叉改造为短距离错位交叉，降低次要道路通过交叉口直行车辆车速，如图 7-20 所示为短间距平向交叉实例。如图 7-21 所示为长间距错位平面交叉实例。

图 7-20　短间距错位平面交叉实例

(二) 平面线形

交叉道路在平交口附近最好能采用直线,因为某些转弯动作在曲线上会形成反向轨迹,加上横坡影响,会对行车造成一定困难,此外,平交口引道位于曲线上时,对司机判断平交口位置、观测交叉车辆、紧急制动、横坡渐变都是不利的。若不可避免采用曲线,应该在交叉口之前插入一段直线。如图7-22所示。

图7-21 长间距错位平面交叉实例

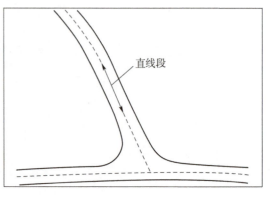

图7-22 次要道路引道平面线形

二、纵面设计要点

平交口范围内纵坡过大会造成视距不足、停车困难等问题,因此平交口附近纵坡应控制在3%以内,若有困难,建议至少保证次要道路与主路边缘衔接的10m范围内采用与主路横坡一致的纵坡,但不得大于3%,如图7-23所示。

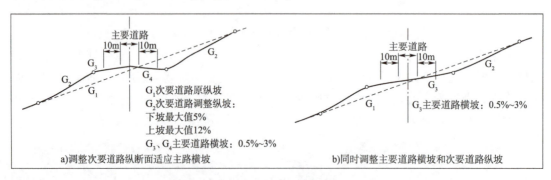

图7-23 平交口范围内主路横坡及被交道纵坡调整

若次要道路以下坡通往平交,下坡引道坡度不得超过5%,上坡坡度不得超过12%。如果次要道路货车较多,还应根据货车尺寸适当延长顺坡距离。

在次要道路以上坡通往平交情况下,若条件特别困难,难以满足上述视距改善要求,可在次要道路设置5~10m短竖曲线,但竖曲线不得进入主要道路行车道,同时,还应在次要道路设置中央分隔带,中央分隔带起点应超过凸形竖曲线起点,以提醒司机正进入平交口,如图7-24所示。当两条次要道路交叉时,纵断面应连续,满足与设计速度对应的纵断面设计标准。

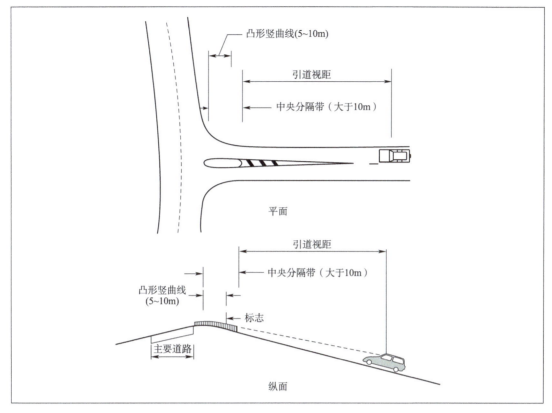

图 7-24 条件受限时被交道平、纵面设计

若以上措施都有困难时,可将平交口设置为右进右出型并配合必要的交通安全措施(如减速带、彩色路面等),同时根据需要在上下游合适位置设置掉头设施,也可根据地形将平交口改造为分离式立交或简易互通。

第四节 一级公路交叉口总体设计

一级公路线形指标高、车速快,此外,其他各级道路尤其是乡村道路的随意接入,导致交叉口间距小,视距不良,因此一级公路的事故率和事故严重程度比高速公路和其他低等级公路都要高,存在较为严重的安全问题。设计中应根据一级公路功能,采用不同的交叉口总体设计,协调通行效率与沿线交通便利之间的平衡。

一、干线一级公路交叉口总体设计

干线一级公路在路网中为车辆提供畅通直达的交通服务功能,应将主线的通行效率作为首要考虑因素,其交叉口总体设计原则为:

(1)应严格限制被交道接入。

（2）与干线及集散公路交叉应采用互通式立体交叉。

（3）与交通量大的支路采用分离式立体交叉。

（4）与交通量小的支路采用平面交叉，若长距离范围内（≥1km）仅有乡村道路而无支路（三、四级路），也可与乡村道路采用平面交叉。

（5）平交间距严格按 1km 控制，两平交口间的支路和乡村道路应优先采用支路合并、增设辅道的方式将其交通引入相邻与主路平面交叉或互通式立体交叉的被交道，若上述方式难以实现，可设置右进右出平面交叉，但应通过加宽硬路肩设置加、减速车道。为减小交织的影响，右进右出平面交叉不宜设置在十字平面交叉之前和对向 T 形交叉之前。

（6）为满足公路两侧村镇出行和生产生活要求，两平交口之间的道路应根据需要设置分离式立体交叉。

（7）平面交叉应采用动态设计原则，其步骤为：

①优先采用主路优先管理方式。

②若运营期事故率较高，应改造为信控平交，并优先考虑智能信号控制（根据主线左转和被交道左转等待车辆的数量和时间智能设定信号灯变化）。

③若该信号控制效果不佳或因区域电力设置不允许设置信号控制时，应改造为分离式立交，若分离式立交造成转向交通绕行过远，应采用简易互通式立体交叉。

（8）十字形平面交叉应优先考虑采用错位型。

（9）平面交叉中主路应采用实体岛，并应采用庇护型左转弯车道。

（10）干线一级公路原则上不允许设置平面掉头车道，除非长距离范围内（≥1km）没有平面交叉或互通式立体交叉，当设置掉头车道时，应设置庇护型等待车道，以减少追尾事故的发生。

图 7-25 ~ 图 7-28 说明了干线一级公路典型的交叉口总体设计过程。

图 7-25 为现状路网情况。

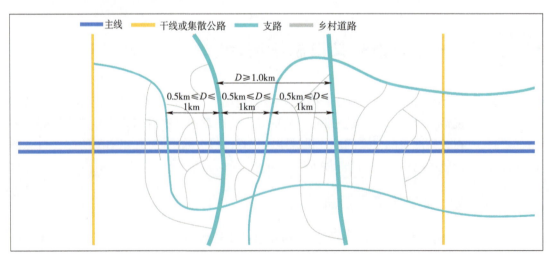

图 7-25　路网现状图

D-道路间距

图 7-26 为采用辅道方式汇集交通的设计方案。该方案造价最高,占地最多,但对主线干扰最小,能较好地服务两厢土地并维护主线两侧的循环运行。当主线交通饱和时,也可利用辅道通行。单向辅道可能会造成地方交通绕行过远,左转交通需利用路网绕行或利用辅道至下一个交叉口掉头,但在交叉处可减少车辆与行人的冲突及错向进入。在单向运行会增加许多运行距离和导致过分不便的地方,在只提供一条辅道的地方可考虑设置双向辅道。该方案适用于主线交通量特别大、两厢开发强度大或有可能开发强度大或地方交通上路需求强、用地宽松的新建项目或主线两侧预留有用地的改造项目。

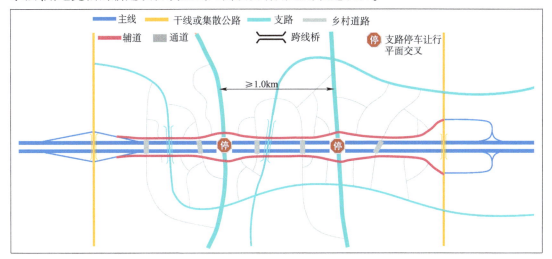

图 7-26 干线一级公路交叉口总体设计——增设辅道方案

图 7-27 为合并乡村道路的设计方案,地方道路的直行和转向交通需通过路网绕行。为减少绕行距离,可新增一些接线,但这需要额外的用地。相比辅道方案,由于路网结构不同,某些方向绕行距离更短,但某些方向绕行距离可能更长。该方案造价较低,对主线干扰少,适用于主线交通量特别大、两厢开发强度弱、地方交通上路需求弱、路外有条件新增接线的项目。

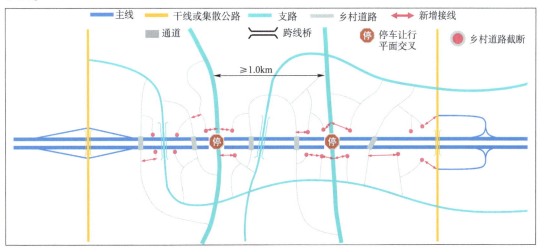

图 7-27 干线一级公路和交叉口总体设计——合并乡村道路方案

145

图7-28为采用合并乡村道路与右进右出相结合的方案。该方案造价最低,占地最少,绕行距离最短。适用于主线交通量适中,两厢开发强度较大或地方交通上路需求强的项目。

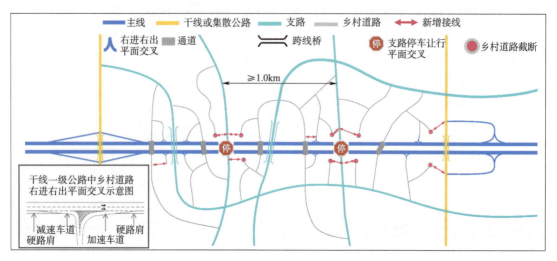

图7-28　干线一级公路交叉口总体设计——合并乡村道路与右进右出结合方案

二、集散一级公路交叉口总体设计

集散一级公路在路网中为车辆提供汇集疏散的交通服务功能,应平衡主线的通行效率和沿线出入需求,其交叉口总体设计原则为:

(1)应限制被交道随意接入。

(2)与干线公路交叉应采用互通式立体交叉。

(3)与交通量大的集散道路或支路应采用信号控制平面交叉,若被交道交通量特别大,可采用分离式立体交叉,当设置分离式导致转向交通绕行很远时,应采用简易互通式立体交叉。

(4)与交通量小的集散道路或支路应采用主路优先的平面交叉,若长距离范围内(≥0.5km)仅有乡村道路而无集散道路和支路,也可与乡村道路采用平面交叉,交叉形式宜采用错位平面交叉。

(5)平交间距严格按0.5km控制,两平交口之间的支路和乡村道路应采用右进右出平面交叉,但应通过加宽硬路肩设置加、减速车道,其长度可比干线一级公路的短。为减小交织的影响,右进右出平面交叉不宜设置在十字平面交叉和对向T形交叉之前。

(6)为满足公路两侧村镇出行和生产生活要求,两平交口之间的道路应根据需要设置分离式立体交叉。

(7)平面交叉应采用动态设计手段,其步骤为:

①优先采用主路优先管理方式;

②若运营期事故率较高,应改造为信控平交,并优先采用智能信号控制(根据主线左转和被交道左转等待车辆的数量和时间智能设定信号灯变化);

③若该信号控制效果不佳或因区域电力设置不允许设置信号控制时,应改造为分离式立交,若分离式立交造成转向交通绕行过远,应采用简易互通式立体交叉。

(8)十字平面交叉应优先考虑采用错位型。

(9)平面交叉中主路应采用实体岛,并应采用庇护型左转弯车道。

(10)当公路两侧连通需求大,乡村道路特别多或景观要求高时,在用地允许情况下,集散一级公路可采用重要平交口信号控制,其他道路采用中央分隔带掉头的交通组织方式。在城镇路段,可通过中央分隔带设置连续型左转弯车道。以上两种情况中,中央分隔带最小宽度为5m,有条件宜大于12m,中央分隔带应设置庇护型等待车道,以减少追尾事故的发生。

图7-29说明了集散一级公路交叉口总体设计过程。

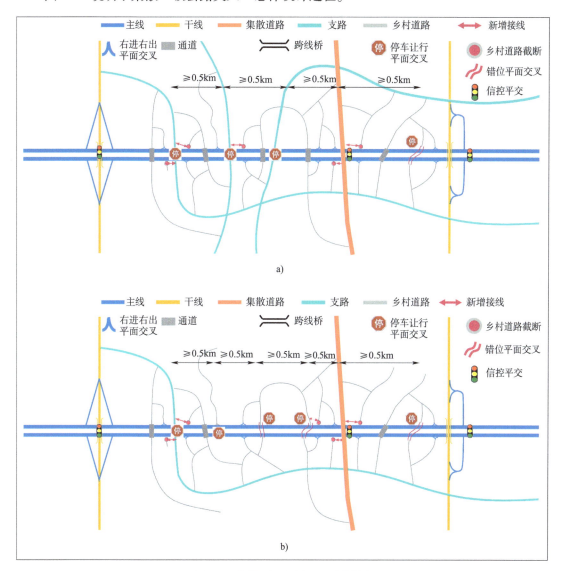

图7-29 集散一级公路交叉口总体设计

图7-29a)采用合并乡村道路与右进右出相结合的设计方案,兼顾了主路通行效率和沿线出行要求,能较好地满足集散公路功能。由于设置了比干线公路更多的平交口,其新增改线的数量大大减少。在与干线道路交叉处设置了简易互通式立体交叉,与集散道路交叉处设置信控平交,与支路交叉处设置主路优先的无信控平交,与乡村道路平交处采用右进右出或错位型主路优先无信控平交。

图7-29b)给出了当等级道路间距较大,通过在与乡村道路交叉处增设平面交叉以增强沿线出行需求的设计方案。

图7-30和图7-31分别为利用宽中央分隔带掉头和城镇路段设置连续型左转弯车道案例。

图7-30　利用中央分隔带掉头案例

图7-31　连续型左转弯车道案例

总之,公路平交口是最容易造成交通事故的地方,为保证交通道路的安全性,在设计中应尽量地考虑到行人及车辆安全和便捷。在优化道路平交口设计时,应以当地交通实际情况以及未来的发展规划等为基础开展设计。同时道路平交口设计一定要满足相关的法规或者标准,保证其在实际应用中发挥出应有的效果。

第五节 普通国省道立体交叉设置条件及设计要点

一、立体交叉设置条件

干线一级公路应优先保证直行交通的通行,与其他干线公路和集散公路交叉时应设置互通式立体交叉,与交通量大的支路交叉时应设置分离式立体交叉,但当转向交通绕行过远时,应充分利用周边地方道路进行改造,设置简易互通。为满足沿线村镇生产生活需求,应结合地方道路路网和前后交叉间距,在与乡村道路交叉处增设一定数量的通道或天桥。

集散一级公路和其他等级道路之间(二、三、四级公路)以及其他等级公路之间互相交叉时,原则上设置平面交叉,仅当被交道路交通量大或设置平交事故率高或平交间距不满足要求时采用立交交叉。当转向交通量大或因设分离式立体交叉会导致绕行距离过远时可设置互通式立体交叉,其他情况宜设置分离式立体交叉。集散一级公路及二级公路中,为满足沿线村镇生产生活需求,可结合地方道路路网和前后交叉间距,在与乡村道路交叉处增设一定数量的通道或天桥。

二、简易互通设计要点

简易互通是指可通过在被交道设置平交实现某些转向的互通,其出入口可采用右进右出形式,匝道技术标准可适当降低,线位尽量利用周边地方道路进行改造。

一级公路出入口原则上应按互通匝道要求进行设计,可利用硬路肩设置加(减)速车道。

干线二级公路可采用右进右出型出入口,其加(减)速车道形式和长度应满足平面交叉相关规定。

其他等级道路中的出入口可采用平交形式,加(减)速车道形式和长度应满足平面交叉相关规定。

根据转向交通量大小和建设条件,简易互通可采用菱形、四匝道部分苜蓿叶、六匝道部分苜蓿叶或独立象限形等形式。部分苜蓿叶中应优先采用 A 型,当单侧条件受限时,可采用 AB 型。图 7-32 ~ 图 7-43 为简易互通示例。

图 7-32　独立象限互通

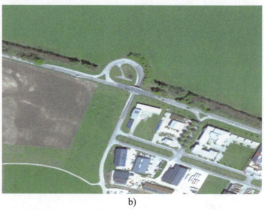

a)   b)

图 7-33 简易单喇叭型互通

图 7-34 一级公路 A 型苜蓿叶互通

图 7-35 二、三级公路 A 型苜蓿叶互通

a)   b)

图 7-36 　一级公路 B 型苜蓿叶互通

图 7-37 　二、三级公路 B 型苜蓿叶互通

图 7-38 　一级公路 AB 型苜蓿叶互通

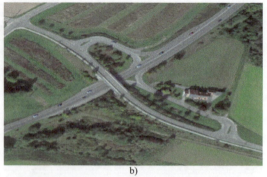

图 7-39　二、三级公路 AB 型苜蓿叶互通

图 7-40　一级公路六匝道 A/B 型苜蓿叶互通

图 7-41　一级公路六匝道 AB 型苜蓿叶互通　　图 7-42　一级公路单环道菱形互通

图 7-43　其他形式简易互通

第八章 交通安全设施

第一节 普通路段交通安全设施

一、总体设计

(一) 设置规模

交通安全设施的建设规模与标准应根据公路网规划、项目功能、公路等级、交通量、运营条件等综合论证确定。各技术等级普通国省道的交通安全设施等级、适用范围及配置应符合表 8-1 的规定。

安全设施分级及配置　　　　　表 8-1

安全设施等级	适用范围	配置内容
B	一级公路、二级公路作为干线公路时	应配置完善的标志、标线、视线诱导设施及必需的隔离栅、防护网；一级公路中间带必须连续设置中央分隔带护栏和必需的防眩设施；桥梁必须设置护栏，路侧应根据事故严重程度及危险程度设置相应等级的护栏；互通式立体交叉及其周边地区路网应连续设置预告、指路标志；平面交叉必须设置配套、完善的交通安全设施，主要包括完善的预告、指路、确认标志，以及警告、支线减速让行或停车让行等标志，并保证视距
C	一级公路、二级公路作为集散公路时	一级公路中间带应设置保障行车安全的隔离设施，根据交通安全综合分析结果，可考虑设置中央分隔带护栏。其他设施的设置要求同"一级公路、二级公路作为干线公路时"
D	三级公路	视距不良、急弯、陡坡等路段应设置必需的警告标志及路面标线和视线诱导设施；路侧有悬崖、深谷、深沟、江河湖泊等路段应设置路侧护栏；平面交叉应设置标志和必需的交通安全设施

(二) 安全设施与土建主体的设计界面

新建、改建、扩建公路交通安全设施须与主体工程同时设计、同时施工、同时投入生产和使用。在设计阶段应明确安全设施与土建各专业的相关界面，做好预留预埋设计，便于后期交安设施的施工。

以桥梁混凝土护栏与路基波形梁护栏的过渡连接的界面为例。如图 8-1 所示，如桥梁设计时未考虑翼墙过渡段,则会由于翼墙过渡段护栏位于桥梁锥坡处,无法反开挖施作基础而导致后期交安工程实施困难。而如果由桥梁一体设计、一体施工,则既能保证护栏整体强度,又方便后期与路侧护栏的平顺过渡。

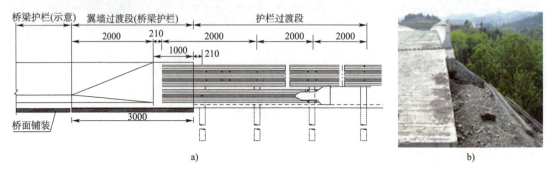

图 8-1 桥梁混凝土护栏与路基护栏过渡(尺寸单位:mm)

1. 主体专业提交安全设施专业的设计资料要求

(1)主体工程专业在完成外业勘察后,应及时向安全设施专业提交公路总体设计图、路线平纵面资料、一般路基设计图、互通式立体交叉平面图、平面交叉设计图及沿线桥梁、隧道、路线交叉与特殊路基一览表的初稿,安全设施专业应及时对资料的完整性、安全性等进行验证,同时向主体工程专业反馈安全审核意见、主体工程设计注意事项和预埋设施设置要求。

(2)当主体工程设计出现特殊设计或者需要安全设施专业引起特别注意的问题时,应及时通报,包括且不限于视距条件受到限制路段(如小半径平曲线路段、平面交叉路段等);路基或中央分隔带宽度发生变化路段(如隧道两端、设计标准渐变段、地道桥段等);设置了服务区、观景平台等的路段;出现了一次设计、分期实施的工程项目的路段;现有道路需要进行保通设计或施工组织设计的路段(公路改建项目必需);路面分期建设、软基路段或其他类似存在安全隐患的路段等。

2. 安全设施专业提交主体专业的设计资料要求

在桥梁、隧道、挡土墙等结构物中需要设置交通标志或其他安全设施时,安全设施专业应提前将有关预埋件及其他构件的尺寸、受力条件(如风力等)向主体工程专业通报并做好设计协调工作。

(三)加强安全性评价和项目总体设计工作

由具备相应资质的第三方分阶段进行安全性评价,坚持预防优于治理的安全理念,并应结合安全性评价编制安全设施专篇,提高公路安全保障水平。

在项目总体设计中体现以人为本、宽容设计的理念,在进行路线、平面、纵面、横断面等设计时,规避不利的平纵组合,避免出现问题后单纯地依靠交安设施去补救的现象。

改造工程中加强安全性评价还可以提早发现由于仅关注主体工程而造成的安全隐患问题。如图 8-2 所示视距不良的平面交叉路口,造成其视距不良的原因是主路路面大修抬升高程,致使被交道与主路高差较大,同时为提升景观,在主路两侧新增绿植、亭子、门廊立柱等景观小品,而忽视了接入道路的视距,造成平交口引道视距大受影响,留下安全隐患。

图 8-2 视距不良的平面交叉口

(四)老路改扩建工程

改扩建工程应调查既有道路交通安全设施、交通现状、气象环境状况,对既有安全设施的使用效果、改造或再利用的可行性做出分析评价,并对道路改造后的安全性进行评估,合理确定总体设计方案。

二、护栏

(一)合理选取护栏的防护等级

综合考虑实际净区宽度、行车障碍物类型、危险地形分布等,根据防护需要合理选取护栏的防护等级,避免出现防护不足或过度防护的问题。

(1)路侧护栏。路侧护栏应按现行《公路交通安全设施设计细则》(JTG/T D81—2017)第6.2.2条的规定设置并选取防护等级,详见表8-2及图8-3。

路侧护栏设置原则及防护等级选取条件　　　　表8-2

事故严重程度及护栏设置原则	路侧计算净区宽度范围内有以下情况	公路技术等级和设计速度(km/h)	防护等级(代码)
高,必须设置	高速铁路、高速公路、高压输电线、危险品储藏仓库等设施	高速公路120	六(SS)级
		高速公路、一级公路100、80	五(SA)级
		一级公路60	四(SB)级
		二级公路80、60	四(SB)级
		三级公路40	三(A)级
		三、四级公路30、20	二(B)级
中,应设置	(1)二级及以上公路边坡坡度和路堤高度在图8-3的Ⅰ区、Ⅱ区阴影范围之内的路段,三、四级公路路侧有深度30m以上的悬崖、深谷、深沟等的路段; (2)江、河、湖、海、沼泽等水深1.5m以上水域; (3)Ⅰ级铁路、一级公路等; (4)高速公路、一级公路路外设有车辆不能安全越过的照明灯、摄像机、交通标志、声屏障、上跨桥梁的桥墩或桥台、隧道入口处的检修道或洞门等设施	高速公路、一级公路120、100、80	四(SB)级
		一级公路60	三(A)级
		二级公路80、60	三(A)级
		三级公路40	二(B)级
		三、四级公路30、20	一(C)级

续上表

事故严重程度及护栏设置原则	路侧计算净区宽度范围内有以下情况	公路技术等级和设计速度(km/h)	防护等级(代码)
低,宜设置	(1)二级及以上公路边坡坡度和路堤高度在图8-3的Ⅲ区阴影范围内的路段;三、四级公路边坡坡度和路堤高度在图8-3的Ⅰ区阴影范围内的路段; (2)二级及以上等级公路路侧边沟无盖板、车辆无法安全越过的挖方路段; (3)高出路面或开挖的坡面有30cm以上混凝土砌体或大弧石等障碍物; (4)出口匝道三角地带有障碍物	高速公路、一级公路 120、100、80	三(A)级
		一级公路60	二(B)级
		二级公路80、60	二(B)级
		三、四级公路40、30、20	一(C)级

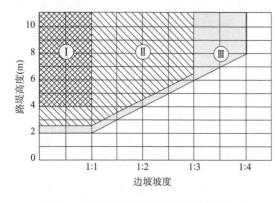

图8-3 边坡坡度、路堤高度与设置护栏的关系

存在下列情况,导致事故发生可能性增加或后果更严重的路段,路侧护栏的防护等级可在表8-2的基础上提高1个等级:

①二级及以上公路纵坡大于或等于《公路工程技术标准》(JTG B01—2014)第4.0.20条规定的最大纵坡值的下坡路段。

②二级及以上公路平曲线半径接近或等于《公路工程技术标准》(JTG B01—2014)第4.0.17条规定的最小半径的路段外侧。

③设计交通量中,总质量大于或等于25t的车辆自然数所占比例大于20%时。

④长直线尽头处的平曲线外侧。

⑤发生过车辆驶出路外交通事故的事故多发路段。

(2)中央分隔带护栏。设置了中央分隔带护栏的一级公路,整体式断面中间带宽度小于或等于12m时,中央分隔带护栏必须连续设置。中央分隔带护栏应参考《公路交通安全设施设计细则》(JTG/T D81—2017)第6.2.3条的规定设置并选取防护等级,相关原则具体见表8-3。

存在下列情况,导致事故发生可能性增加或后果更严重的路段,中央分隔带护栏的防护等级可在表8-3的基础上提高1个等级:

①二级及二级以上公路纵坡大于或等于《公路工程技术标准》(JTG B01—2014)第4.0.20条规定的最大纵坡值的下坡路段。

②二级及二级以上公路平曲线半径接近或等于《公路工程技术标准》(JTG B01—2014)第4.0.17条规定的最小半径的路段外侧。

③设计交通量中,总质量大于或等于25t的车辆自然数所占比例大于20%时。

④长直线尽头处的平曲线外侧。

⑤在发生过车辆碰撞中央分隔带护栏交通事故的路段,尤其是突破中央分隔带护栏的交通事故多发的路段。

中央分隔带护栏防护等级选取　　　　表8-3

事故严重程度等级	中央分隔带条件	公路技术等级和设计速度（km/h）	防护等级
高	一级公路中央分隔带宽度小于2.5m并采用整体式护栏形式	一级公路100、80	五(SAm)级
		一级公路60	四(SBm)级
中	双向六车道及以上一级公路,中央分隔带宽度小于2.5m并采用分设式护栏形式,同时中央分隔带内设有车辆不能安全穿越的障碍物的路段	一级公路100、80	四(SBm)级
		一级公路60	三(Am)级
低	不符合上述条件的其他路段	一级公路100、80	三(Am)级
		一级公路60	二(Bm)级
		二级公路80、60	二(Bm)级

(二)合理选取护栏形式

选择护栏形式时,除需要考虑护栏的防护性能和变形因素外,还要综合考虑通用性、成本、美观和环境因素等。

湖南省普通国省道路基段的路侧护栏和中央分隔带护栏一般情况下以采用波形梁护栏为主,以下特殊路段宜优先采用混凝土护栏:

1.路侧护栏宜优先采用混凝土护栏的路段

(1)路侧有江、湖、沼泽、航道等水域的路段,车辆驶出路外易造成二次事故路段。

(2)路侧有悬崖、深谷、深沟等的路段。

(3)路侧有铁路、二级以上公路,车辆驶出路外易造成二次事故的路段。

(4)路肩设置挡土墙,且侵占了土路肩,应结合挡土墙设置座椅式混凝土护栏的路段。

(5)路侧有桥墩、高压电塔等构造物,车辆撞击易造成二次事故的路段。

图8-4为临崖路段混凝土护栏。

2.中央分隔带护栏宜优先采用混凝土护栏的路段

(1)中央分隔带内有桥墩、照明灯柱等构造物的路段。

(2)大型车辆所占比例较大的路段。

(三)合理确定护栏的设置长度

护栏的设置长度应综合考虑结构长度及防护长度的要求。护栏设置长度不足,或未延伸至路侧净区路段内,留有缺口,均会影响护栏的整体防护功能,存在防护上的安全漏洞。图8-5为护栏防护长度不足存在安全隐患的路段。

图 8-4　临崖路段混凝土护栏　　　　图 8-5　护栏防护长度不足存在安全隐患的路段

护栏最小设置长度应满足以下要求：

（1）发挥护栏整体作用的最小结构长度应符合表 8-4 的规定，或根据护栏产品使用说明书确定。

不同类型护栏最小结构长度　　　　表 8-4

公路等级	护栏类型	最小长度(m)
一级公路	波形梁护栏	70
	混凝土护栏	36
	缆索护栏	300
二级公路	波形梁护栏	48
	混凝土护栏	24
	缆索护栏	120
三级公路	波形梁护栏	28
	混凝土护栏	12
	缆索护栏	120

（2）护栏最小防护长度应根据车辆驶出路外的轨迹和计算净区宽度内障碍物的位置、宽度确定。

（3）相邻两段护栏间距小于护栏设置最小长度时宜连续设置。

（4）通过过渡段连接的两种形式护栏的长度之和不应小于两种形式护栏的最小结构长度的大值。

（四）护栏端头处理

护栏端头应进行必要的安全处置，以避免发生碰撞时可能导致的护栏板刺穿车体或加重碰撞伤害，危及人身等次生伤害。图 8-6 为未做安全处置的路侧护栏端头。

（1）护栏在设置的起讫点，交通分流处三角地带、中央分隔带起点、终点及开口处等位置，应进行便于失控车辆安全导向的端头处理。

（2）迎交通流的护栏端头处理应满足以下要求：

①端头应外展至土路肩宽度范围外,有条件时宜外展至计算净区宽度外。对于设计速度为 80km/h 的路段,刚性护栏外展斜率不大于 1∶14,半刚性护栏不大于 1∶11;对于设计速度为 60km/h 路段,刚性护栏外展斜率不大于 1∶10,半刚性护栏不大于 1∶8。

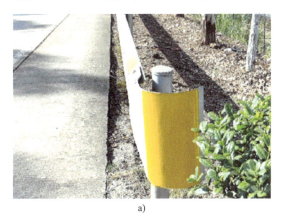
a)

b)

图 8-6　未做安全处置的路侧护栏端头

②位于填挖交界路段时,应外展并埋入挖方路段不构成障碍物的土体中。半刚性护栏外展埋入土体时,在土体内应延长一定长度并进行锚固。

③无法外展时,一级公路及作为干线的二级公路应设置防撞端头;作为集散的二级及三级公路宜采用地锚式端头,并进行警示提醒或设置立面标记。

④干线二级公路,宜考虑车辆碰撞对向行车道护栏下游端头的可能性。几种示例如图 8-7 ~ 图 8-9 所示。

a)

b)

图 8-7　护栏端头外展式处理示例

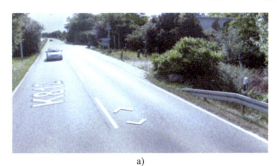
a)

b)

图 8-8　护栏端头地锚式处理示例

a)   b)

图 8-9   护栏端头防撞吸能式示例

(五) 护栏过渡段处理

护栏过渡段能使不同的护栏之间、护栏与结构物之间形成连续、平顺的过渡,能有效避免出现防护上的薄弱点而构成安全隐患。

(1) 不同形式、不同结构刚度的护栏之间应进行过渡段设计。

(2) 一级公路及作为干线的二级公路的隧道出入口处,护栏应进行过渡段设计。作为集散的二级公路及三级公路的隧道出入口处,护栏宜进行过渡段设计。

图 8-10 为护栏间未形成安全有效的过渡连接。

a)   b)

图 8-10   护栏间未形成安全有效的过渡连接

(六) 路面加铺条件下护栏特殊设计

路面加铺是普通国省道改造工程中的主要内容之一,路面加铺后,会导致原护栏防护高度不能满足规范要求,从而影响护栏的防护性能。因此,针对路面加铺条件下的护栏特殊设计有其必要性和实用性。

1. 波形梁护栏

(1) 当原有波形梁板符合现行规范时,可采取利用原波形梁板、防阻块,新设护栏立柱的方式,对原护栏进行改造。当原有波形梁板不符合现行规范时,则应重新设置。

(2) 不论采用利旧还是新设护栏的方式,均宜加高护栏立柱 10~15cm,并预留螺栓孔,为未来路面加铺预留加高的条件。

2. 混凝土护栏

可对原混凝土护栏采取混凝土结构加高或型钢加高的方案,使加高改造后护栏的有效防护高度满足要求。改造后的护栏迎撞面应满足规范要求或经过碰撞试验验证。两种示例如图8-11、图8-12所示。

图8-11 预制混凝土护栏加高方案示例　　　　图8-12 型钢护栏加高方案示例

(七) 窄路肩条件下护栏特殊设计

在普通国省道改造工程中,路肩宽度不足会导致护栏基础薄弱,从而影响护栏的整体防护性能。

(1)对于波形梁护栏,可采取如图8-13所示方法,缩短立柱间距,并设置连续混凝土基础的方法进行处置。

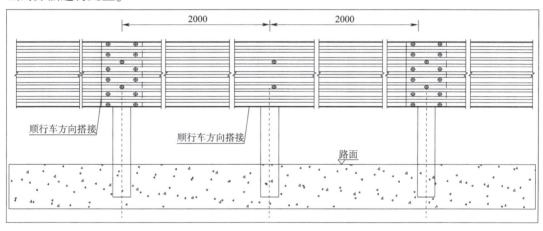

图8-13　波形梁护栏连续混凝土基础(尺寸单位:mm)

(2)对于混凝土护栏,可采用如图8-14所示C15素混凝土对土路肩做加强处理,并设置钢管桩基础。

三、标志

(一) 合理确定路径指引标志的设置规模

充分考虑湖南省不同地区普通国省道技术等级的差异性和交通出行对路径指引标志的现实需求,采取以"技术等级为主、行政等级为辅"

图8-14　桩基式混凝土护栏施工现场

的方式,从实际出发,科学、合理地确定路径指引标志的设置规模。

技术等级为主。当普通国省道与三级及三级以上公路交叉时,平面交叉口路径指引标志的设置规模主要根据公路技术等级确定,设置原则详见表8-5,"预、告、确"的标志示例如图8-15所示。

平面交叉路径指引标志设置规模　　　　表8-5

主线公路	被交道路		
	一级公路	二级公路	三级公路
一级公路	预、告、确	预、告、确	(预)、告、确
二级公路	预、告、确	预、告、确	告、确
三级公路	(预)、告、确	告	告

注:预-平面交叉口预告标志;告-平面交叉口告知标志;确-确认标志。

a)　　　　　　　　　　　　b)　　　　　　　　　　　　c)

图8-15　"预、告、确"路径指引标志设置示例

行政等级为辅。当普通国省道与四级公路交叉时,平面交叉口路径指引标志的设置规模主要根据被交道的行政等级确定,同时还要考虑其路面宽度因素,具体原则如下:

(1)被交道行政等级为县道,且路面宽度大于或等于4.5m的,国省道主线和被交道均应设置告知标志。

(2)被交道行政等级为村道、乡道,且路面宽度大于或等于6m的,国省道主线和被交道均应设置告知标志。

图8-16为被交道为四级公路的告知标志设置示例。

a)　　　　　　　　　　　　b)　　　　　　　　　　　　c)

图8-16　被交道为四级公路的告知标志设置示例

(二)科学选取路径指引标志信息

(1)指路标志的设置应以路网分析和司机的信息需求分析为基础,以不熟悉周围路网体系但对行驶路线有一定规划的司机为设计对象,并使其有足够时间读取标志信息、理解标志内容,并做出相应的反应。

(2)分段修建的公路,指路标志应根据路网总体规划按照"一次设计,分期实施"的原则设置。指路信息应依据各路段建设情况及时增加、更改或去除,标志支撑方式、标志板尺寸的选择应为指路信息调整预留条件。

(3)指路标志的信息应根据道路服务功能定位,按层次性原则分类选取,信息应保持连续性,构成完整的信息链,不应突然中断。

(4)指路标志的信息应满足"一致性、连续性、层次性、系统性"的要求,具体如下:

①一致性。交叉路口预告标志、交叉路口指路标志和地点距离标志中选取的信息应一致。如交叉路口指路标志选取"长沙"作为远程的控制性信息,地点距离标志也应相应地预告"长沙"的距离。

②连续性。同一条道路指路标志选取的信息应前后呼应,不应中断;共线段要根据道路功能、走向、连通度,合理确定信息,避免信息中断。

③层次性。指路标志的服务对象是对路网不熟悉但对出行有所规划的公路使用者,指路标志选取的信息应兼顾近途与远途公路使用者需求。

④系统性。从路网的角度选取信息,避免重地点、轻路线名。

(5)路径指引标志应根据路线走向、服务功能合理确定指路信息层级。

①国道主线。对于经过省会、地级市城区的国道,其主线应取 1 个 A 层信息和 1 个 B 层信息,A 层通常取前方最近的省会、地级市,B 层通常取"县"。对于不经过省会、地级市城区的国道,其主线可取 1 个 B 层信息和 1 个 C 层信息,B 层通常取"县",C 层通常取"镇"。

②省道主线。一般选取两个信息,距当前位置最近的 B 层和 C 层地区名称信息各 1 个,B 层通常取"县",C 层通常取"镇"。

路径指引信息依据重要程度、公路等级、服务功能等因素划分为 A、B、C 三层,各层信息详见表 8-6。

(6)路径指引信息应注意加强对其他交通方式的衔接指引。

①与高速公路的衔接指引。对于高速公路入口周边 2~5km 范围内,由国省道一直驶往高速公路入口的主要平面交叉口指路标志中,宜增加高速公路的编号信息。

②与城市道路的衔接指引。普通国省道绕城或穿城时,国省道编号信息应保持连续,宜增设路线编号标志,并用辅助标志给出路线走向。普通国省道进入城市前的适当位置,宜设置辅助标志,辅助标志信息可为"城市路段"等。

③与交通枢纽的衔接指引。需指引的交通枢纽包括机场、高铁站、火车站(含特等和一等火车站)、港口、长途汽车总站等。省会的机场、高铁站等可从 10km 处开始指引;其余城市的机场、高铁站等可从 3~5km 处开始进行指引。

图 8-17 为衔接指引示例。

公路指路标志信息分层表　　　　　　表 8-6

信息类型		A 层信息	B 层信息	C 层信息
公路编号(名称)		高速公路、国道、城市快速路编号(名称)	省道、城市主干线编号(名称)	县道、乡道、城市次干路和支路编号(名称)
地区名称信息	主线、并行线、联络线、地区环线	重要地区(直辖市、省会、自治区首府、副省级城市、地级市)	主要地区(县及县级市)	一般地区,包括乡、镇、村
	城市绕城环线	卫星城镇、城市重要地名、人口密集的居民住宅区	城区较重要地名、人口较密集的居民住宅区	
	交通枢纽信息	机场、高铁站、省级火车站、港口、重要交通集散点	地级火车站、长途汽车总站	县级火车站、长途汽车站
	文体、旅游信息	国家 5A 级旅游区、自然保护区、博物馆、文体场馆	国家 4A 级旅游区、自然保护区、博物馆、文体场馆	地级、县级博物馆、纪念馆、文体中心
	重要地物信息	国家级经济技术开发区或产业基地、省部级政府机关	省级经济技术开发区或产业基地、地级政府机关	地、县级经济技术开发区或产业基地、县级政府机关

a)

b)

图 8-17　衔接指引示例

(三)规范、统一标志版面设计要素

标志版面的颜色、字高、字体等版面设计要素应满足规范、统一的要求。

(1)颜色:普通公路指路标志为蓝底、白图案,其他标志颜色应符合《道路交通标志和标线　第 2 部分:道路交通标志》(GB 5768.2—2022)第 4.3.2 条的规定。

(2)字符:汉字、字母、阿拉伯数字等应采用道路交通标志字体,该字体分为 A 型、B 型和 C 型三种,其适用条件如下:

①一般情况下采用 A 型交通标志字体。

②公路命名编号标志、公路编号标志、出口编号标志、里程牌和百米牌中的字母和阿拉伯数字采用 B 型交通标志字体。

③指路标志箭杆上的公路编号的字母和阿拉伯数字采用 C 型交通标志字体。

图 8-18 为交通标志字体示例。

信息内容	采用的字体
中方、公坪、芷江	A
G65	B
G209、G320	C

a)　　　　　　　　　　　　　　b)

图 8-18　交通标志字体示例

(3)图形。

①箭头:指路标志中箭头的设置角度和排列方式应符合《公路交通标志和标线设置规范》(JTG D82—2009)第 2.2.3 条的规定。

②图形符号:用于指路标志的图形符号主要包括机场、港口、火车站等。"机场"符号飞机机头的指向应与箭头符号方向一致。

图形符号应用于指路标志中时,应与图形符号所代表的机场、港口等的名称同时使用,名称一般用地名办明确的或公开出版地图上的名称,当文字过多时,可使用简称。

(四)规范标志设置位置

(1)交通标志之间,交通标志与跨线桥等构造物之间应避免相互遮挡,柱式标志前 100m 范围内不宜种植乔木。

(2)警告标志到危险地点起点的距离可根据其类型参考表 8-7 并结合现场条件确定。

警告标志设置位置　　　　　　　　　　表 8-7

速度 (km/h)	A.大交通量时需车辆减速、变换车道的标志	警告标志距危险地点的间距(m) B.需要车辆降低到下列规定速度(km/h)的标志										
		0	10	20	30	40	50	60	70	80	90	100	110
40	100	30	*	*	*								
50	150	30	*	*	*	*							
60	190	30	*	*	*	*	*						
70	230	50	40	30	30	*	*	*					
80	270	80	60	55	50	40	30	*	*				
90	300	110	90	80	70	60	40	*	*	*			
100	350	130	120	115	110	100	90	70	60	40	*		

注:1.速度通常采用设计速度,也可考虑所处路段的最高限制速度或运行速度。
　　2.*表示无建议值,应根据现场条件和其他标志的设置情况来确定警告标志的设置位置。

(五)合理选用标志支承方式

(1)交通标志支承方式应根据交通量、车型构成、车道数、沿线构造物分布、风荷载大小以及路侧条件等因素综合确定。

(2)湖南省国省道沿公路两侧的行道树普遍栽种比较密集,经多年生长,树木对于路侧标志,尤其是柱式标志的遮挡问题较突出,对于平面交叉口处的指路标志,为了减少路侧植物的遮挡,便于司机视认,宜采用悬臂式标志。

(3)路侧柱式标志的标志板下缘距路面的高度,线形诱导标为150cm(设置在中央分隔内时,应根据防眩设施的高度适当调整),其他标志宜统一为250cm;悬臂式、门架式等悬空类标志净空高度,考虑到日后路面养护加高,宜采用550cm。

(六)合理选用反光膜等级

一级公路标志版面可根据道路情况选用Ⅳ类或Ⅴ类反光膜,二级及二级以下公路可选用Ⅳ类或Ⅲ类反光膜。雨雾等恶劣天气较多或无照明的城镇路段,警告标志宜使用荧光反光膜。反光膜的性能应符合《道路交通反光膜》(GB/T 18833—2012)第5章"技术要求"的规定。

(七)加强动态管理及与相关设施的协调

交通标志应根据道路运营情况、路网变化等条件进行动态调整,包括标志增加、更换和拆除等。交通标志设置(调整)应在新(改、扩)建公路建成通车前完成,路网中与此新(改、扩)建公路相关道路的交通标志也应同步调整、完善设置。

四、标线

(一)规范标线设置标准

明确不同等级的公路应该设置哪些类型的标线、标线的宽度及标线的逆反射亮度系数等。

(1)三级及三级以上公路必须设置交通标线,其他公路宜视需要设置交通标线。一、二级公路的一般路段应设置行车道边缘线、行车道分界线;三级及三级以下公路可根据实际情况,宜设置完善的行车道边缘线、行车道分界线。

(2)纵向或横向连续设置的交通标线应根据需要设置排水孔。

(3)行车道边缘线的宽度应为15~20cm,行车道分界线的宽度应为10~15cm,双黄实线的净距宜为10~30cm。

(4)交通标线在正常的使用年限内,白色反光标线的逆反射亮度系数不应低于80$cd \cdot lx^{-1} \cdot m^{-2}$,黄色反光标线的逆反射亮度系数不应低于50$cd \cdot lx^{-1} \cdot m^{-2}$。

(5)穿越城镇时,应根据过街需求,施划人行横道线,特别是学校、幼儿园、医院、养老院路段。

(6)校车停靠路段,可在路边施划路边式停靠站标线,指示校车停靠站的位置。路边式停靠站标线的外围为黄色实线,内部填充黄色实折线,并在中间位置标注"校车"文字。

（二）对平交路口通过施划标线进行合理渠化

对平交口进行合理渠化，重点是明确路权，解决平交面积过大、冲突点多、车辆通过平交时间过长，出入口车道不对应、位置及数量不平衡等问题。图 8-19 为进口车道与相应出口车道轨迹不顺畅。图 8-20 为进口道各专向车道指引不连续。

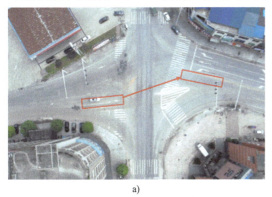
a)

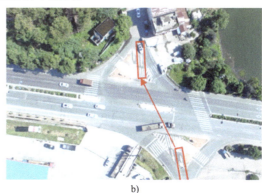
b)

图 8-19　进口车道与相应出口车道轨迹不顺畅

a)

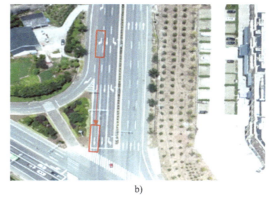
b)

图 8-20　进口道各专向车道指引不连续

(1) 二级及二级以上公路平面交叉应设置标线渠化，其他公路的平面宜设置标线渠化。

(2) 平面交叉应根据其形式、车道宽度、交叉公路的优先通行权和各种交通流量的分析结果设置渠化标线。

(3) 无信号灯的路口应在支路设置停车让行、减速让行标线。

(4) 尽可能减少平交口有效面积，减少冲突点。

(5) 在设置有信号灯的平面交叉一般不设停车让行标线。右转车道汇入主路时，可设置减速让行标线。有导流岛的平面交叉，还需要考虑导流线的设置，应考虑车辆的最小转弯半径，符合车辆的行驶轨迹，兼顾车辆行驶的安全与舒适。图 8-21 为面积过大的平面交叉口改造提升示例。

（三）加强特殊路段标线的视线诱导及警示功能

1. 突起路标

对于单个急弯、连续急弯、陡下坡等平、纵面指标较低的路段，宜设置突起路标与标线配合使用,增强在夜间、雨天等条件下对车辆的视线诱导效果。图 8-22 为全向发射突起路标应用示例。

图 8-21　面积过大的平面交叉口改造提升示例

图 8-22　全向发射突起路标应用示例

2.彩色防滑涂料

对于弯坡组合路段(陡下坡+急弯、连续下坡+急弯),可设置彩色薄层铺装,采取间隔或满铺的方式,既可提高路面的防滑性能,又能增强警示效果。图 8-23 为彩色薄层铺装的应用示例。

五、其他设施

(一)隔离设施

需要控制出入的一级公路两侧宜连续设置公路隔离设施,邻近人口稠密村镇、隧道洞口等路段区域应设置隔离设施。隔离设施可采用刺铁丝网或隔离栅,也可利用水渠、池塘、湖泊或桥梁、隧道等天然屏障间隔设置。

a) b)

图 8-23 彩色薄层铺装的应用示例

(二)防落网

(1)公路跨越铁路、交通量较大的公路、通航河流处应设置防落物网,其设置范围宜在相应铁路、公路、通航河流净空投影跨越宽度并向路外两侧各顺延适当长度。

(2)公路路堑边坡可能有落石并影响交通安全的路段,应设置防落石网。

(三)防眩设施

防眩设施主要包括防眩板、防眩网和植物防眩三种形式。一级公路应根据需要设置防眩设施。防眩设施一般情况下应连续设置,但在平面交叉、中央分隔带开口处两侧各一定长度(设计速度大于或等于80km/h时采用100m;设计速度为60km/h时采用60m)范围内,防眩设施由正常高度降至开口处的零高度;平面半径较小处防眩设施影响停车视距时不宜设置;设有照明设施的路段可不设置防眩设施。

(四)凸面镜

公路会车视距不足的小半径弯道外侧应设置凸面镜,并且宜与视线诱导设置配合使用。凸面镜大小根据设计速度及弯道半径确定,如图 8-24 所示。

 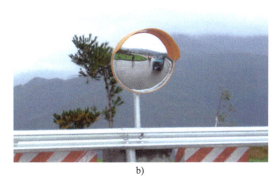

a) b)

图 8-24 视距不足小半径弯道外侧设置凸面镜

第二节　特殊路段交通安全设施

一、平面交叉路段

(一)分类及主要特点

根据相交公路的功能、等级、交通量等指标,按交通管理方式进行分类,可将交叉口分为三类:主路优先交叉、信号控制交叉和无优先交叉。

功能、等级、交通量有明显差别的两公路相交,应采用主路优先方式。

两条交通量均大且功能、等级相同;两相交公路虽有主次之别,但交通量均较大;主要公路交通量相当大,导致次要道路车辆无足够的间隙驶入,危及行车安全;行人和非机动车的干扰非常严重,宜引发阻塞或交通事故;环形交叉口的入口交通量大,容易造成交通延误;位于城镇路段的平面交叉五类情况应采用信号控制交叉。

两条相交公路或多条交叉岔路的等级均低且交通量较小时,应采用无优先交叉交通管理方式。

(二)设计要点

1. 主路优先交叉口

(1)保证通视三角区视距。

(2)主路设置交叉口警告标志。

(3)支路入口设置停车让行标志、标线及减速丘,支路口设置道口标柱。

(4)根据被交道路的等级,设置相应的指路及确认标志。

图 8-25 为主路优先交叉口安全设施设置示例。

a)

b)

c)

图 8-25　主路优先交叉口安全设施设置示例

2. 信号控制交叉口

(1)设置信号灯,并提前设置信号灯警告标志。

(2)根据被交道路的等级,设置相应的指路及确认标志。

(3)渠化交通,设置完善的交通岛、导向箭头、导流线等。

(4)根据需要,设置行人过街信号及人行横道标线及标志。

图 8-26 为信号控制交叉口渠化交通示例。

a) b)

图 8-26 信号控制交叉口渠化交通示例

3. 无优先交叉口
(1) 保证通视三角区视距。
(2) 交叉道路前适当位置均应设置交叉口警告标志。
(3) 交叉道路前适当位置均设置停车让行或减速让行标志、标线。
(4) 交叉道路各进口道前的路段设置减速标线。

二、山岭重丘区越岭线路段

(一) 总体特征及主要风险

湖南省东、西、南三面环山,地形地貌特征可以概括为"七山一水二分田",是一个较典型的多山省份。越岭线在现有的普通国、省道中普遍存在,多连续下坡、陡坡、急弯和路侧险要路段。图 8-27 为越岭线典型路段。

图 8-27 越岭线典型路段

越岭线主要的交通安全风险包括:
(1) 急弯路段:由于视距不良、路面过窄,易发生侧滑及对撞事故。
(2) 陡坡及连续下坡路段:下坡方向车辆行驶速度较快或连续制动导致车辆制动失效,易发生追尾或对撞事故;上坡路段存在的主要风险因素是占道行驶或违章强行超车,与下坡车辆发生对撞。

（3）路侧险要路段：一旦发生事故，后果往往比较严重。

(二) 设计要点

理念：主动预防与容错措施 + 被动防护措施。

1. 主动预防与容错措施

（1）改善视距

弯道内侧的山体、树木或其他障碍物阻隔行车视线，造成视距不足，容易引发车辆对撞事故。通过开挖视距平台、移走树木或其他障碍物以及加宽路面等方式，改善弯道路段的行车视距，减少事故发生的可能性。图8-28为开挖视距平台改善视距示例。

图8-28 开挖视距平台改善视距示例

（2）合理利用边沟，增加安全净区宽度

硬路肩宽度较小且无盖板的路段，可采取边沟加盖板的方式增加路侧宽容距离，如图8-29所示。

（3）因地制宜，设置停车区或休息区

对于连续长下坡路段，利用路侧空地适当增设小型停车区或休息区，有条件的可增设加水降温设施，如图8-30所示。

（4）完善行车安全提醒系统

陡坡路段：公路纵坡坡度大于或接近最大纵坡时，在纵坡坡顶以前适当位置设置下陡坡警告标志，并以辅助标志标示坡段长度。

图 8-29　内侧边沟加盖板增加安全净区宽度

图 8-30　因地制宜增加小型停车区

急弯路段:公路圆曲线半径小于或接近一般最小半径的路段,在进入弯道前适当位置设置急弯警告标志,并宜与限速、建议限速或辅助标志相结合。

图 8-31 为急弯路段警告标志设置示例。

a)

b)

图 8-31　急弯路段警告标志设置示例

长大下坡路段:在连续长大下坡路段的坡段前、坡段中和坡段底部按以下要求分别设置行车安全提醒标志。

坡顶位置前约 100m 处设置第一块行车安全提醒标志,告知司机前方即将进入长大下坡路段;在坡顶位置附近设置第二块行车安全提醒标志,告知长大下坡路段的长度信息;在坡段中的适当位置设置行车安全提醒标志,告知剩余坡长信息,宜每间隔 2~3km 设置 1 块。图 8-32 为长大下坡行车安全提醒标志。

a)

b)

c)

图 8-32　长大下坡行车安全提醒标志

(5)视线诱导系统

空间视线诱导系统:弯道路段增设线形诱导标(山区公路、恶劣天气较多路段建议采用太阳能主动发光型标志)及行车安全提醒标志等。

地面视线诱导系统:弯道路段路面中心线采用振动型雨夜标线,路侧在护栏上增加立面标记增强诱导性,或采用防护及导向效果都比较好的旋转式护栏;在急弯前后约100m的路段沿路面中心线设置弹性立柱或嵌入式突起路标;急弯路段在行车道内满铺彩色防滑涂料,一方面提高路面的抗滑性能,另一方面通过色彩的变化,提高司机的警觉性。图8-33为视线诱导系统设置示例。

 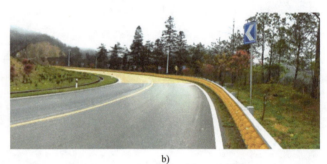

a)　　　　　　　　　　　　　　　　b)

图8-33　视线诱导系统设置示例

(6)速度管控

通过设置纵向或横向的减速标线,在进入弯道前设置车速反馈标志,提醒司机注意控制车速。

2.被动防护措施

选择合适的护栏形式和防护等级,在发生事故时最大可能地降低事故的严重程度,避免二次事故的发生。

(1)补强临水临崖、高填等路侧险要路段的护栏防护能力。

路侧险要,容易引发单次重大事故或二次事故的路段,应提高护栏的防护等级,宜优先采用混凝土护栏,并应保证基础可靠。图8-34为路侧险要路段改造前、后对照。

a)　　　　　　　　　　　　　　　　b)

图8-34　路侧险要路段改造前、后对照

(2)加强路侧护栏端部、过渡段的细节安全处理。

护栏端部应按规范要求,适当延长及外展,不留防护漏洞。不同形式护栏之间,应保证护栏强度、高度的平顺过渡。图 8-35 为护栏端部改造前、后对照。

a)　　　　　　　　　　　　　　　　　　b)

图 8-35　护栏端部改造前、后对照

三、穿越集镇路段

(一) 穿集镇路段的总体特征及主要风险因素

(1) 穿集镇路段的总体特征是道路两厢房屋密集,人员聚集度高,交通量大于一般路段;集镇段人、机、非混行,混合交通的特点十分突出;集镇段的路幅宽度一般宽于其他路段,存在车道数、宽度突变的情况。图 8-36 为典型穿集镇路段。

a)　　　　　　　　　　　　　　　　　　b)

图 8-36　典型穿集镇路段

(2) 主要风险因素包括:人、非、机各类交通混行,易发生相互刮擦、碰撞的事故;穿集镇路段起、终点,多为两种路幅宽度的衔接点,由宽路幅进入窄路幅时易诱发事故。

(二) 设计要点

1. 加强入集镇路段的信息预告及提示

在进入集镇路段前,设置预告与告知标志,提示集镇名称和集镇路段的长度,并设置限速、禁超或禁鸣等禁令标志。图 8-37 为集镇路段前设置预告与告知标志。

在穿集镇路段起、终点,道路横断面发生变化处,通过车道变少指示标志、地面标线(斑马线、导向箭头、减速标线)等方式进行引导与提示。

a)　　　　　　　　　　　　　　　b)

图 8-37　集镇路段前设置预告与告知标志

2. 规范设置穿集镇路段的交通管理设施

通过设置交通隔离栏的方式,进行对向交通隔离或同向机非隔离,规范穿集镇路段的通行秩序,减少横向干扰。图 8-38 为集镇路段设置中央分隔带交通隔离栏前、后对照。

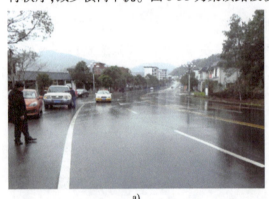

a)　　　　　　　　　　　　　　　b)

图 8-38　集镇路段设置中央分隔带交通隔离栏前、后对照

四、多雾路段

(一) 主要风险因素

大雾天气能见度低,视距严重不足,往往因大雾看不清道路分界线和周围交通状况而引发交通事故。常见的事故形态为翻出路侧、侧面相撞、追尾相撞。图 8-39 为典型多雾路段。

(二) 设计要点

1. 加强行车安全提醒

设置安全提醒标志。在进入雾区路段前的适当位置设置"多雾路段长 ×km 谨慎驾驶!"等行车安全提醒标志。在雾区路段范围内每间隔 2km 应设置 1 块多雾路段慢行的行车安全提醒标志。图 8-40 为多雾路段行车安全提醒标志。

采用新材料提高有效性。采用荧光黄绿反光膜等新材料,荧光黄绿可以将阳光中不可见光的一部分能量转化为可见光的能量,提高了标志的显著性,且其穿透能力和反光效果是普通反光膜的3倍左右。因此,荧光黄绿反光膜在雾区的反光效果更加明显,能够为司机提供显著的警示,提示司机谨慎驾驶、减速慢行。

a) b)

图8-39 典型多雾路段

a) b)

图8-40 多雾路段行车安全提醒标志

路面加设隆声带。路侧隆声带的设置一般是用来防止司机因疲劳驾驶而驶出路外的,但是该设施在浓雾天气下、视距严重受影响的路段,效果也同样明显,可以有效地提醒司机回到正确的行车道上,避免交通事故的发生。

2. 增强视线诱导

雾区诱导系统。实现同步的主动线形发光闪烁及追尾预警,确保行车司机在遇到低能见度(雾雨夜环境)情况下,行车也能有清晰的道路走向,有利于提高行车司机对车速相对的可控性或者提示调整,避免、降低一次或二次事故发生率。图8-41为隆声带;图8-42为荧光黄绿反光膜。

图8-41 隆声带   图8-42 荧光黄绿反光膜

五、隧道路段

(一)主要风险因素

1. "黑洞"及"白洞"效应

隧道出入口亮度的变化,形成"黑洞"及"白洞"效应,司机视觉对光线强度变化不适应,容易导致事故的发生。

2. 横断面变化

隧道横断面与相邻的路基横断面存在差异,容易导致车辆碰撞洞口端墙;隧道内行车空间相对约束和压抑,容易导致司机心理产生变化,引发事故。

3. 路面摩擦力的差异

隧道内车辆尾气及油污难以排除,容易积压,导致路面摩擦力下降,车辆容易侧滑,碰撞侧壁。

(二)设计要点

1. 标志

(1)隧道入口前设置隧道警告标志或著名地点标志。

(2)隧道前设置相关禁令标志,如:限速标志、禁止超车标志。

(3)隧道前设置请开车灯标志。

2. 标线

(1)隧道洞口宜设置彩色防滑标线或减速标线。

(2)路基至隧道洞口的过渡段应施划导流斑马线。

(3)隧道洞门应设置立面反光标记。

(4)隧道内、隧道入口及出口前设置禁止跨越同向(对向)行车道分界线;宜配合标线设置反光突起路标,如图 8-43 所示。

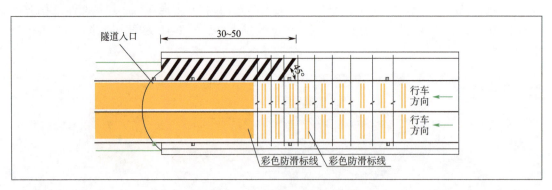

图 8-43 隧道出、入口路段标线设置示意(尺寸单位:m)

3. 视线诱导设施

隧道内应设置轮廓标,一级公路按行车方向,配置白色反射体的轮廓标应安装于公路右侧,配置黄色反射体的轮廓标应安装于中央分隔带。二级及二级以下公路,按行车方向左右两侧的轮廓标均为白色。

隧道内宜设置主动发光诱导设施,根据隧道线形,设置线形诱导标。图8-44为隧道内视线诱导设施。

4. 隧道洞口防撞要求

一级公路及作为干线的二级公路的隧道出入口处,护栏应进行过渡段设计;作为集散的二级公路及三级公路的隧道出入口处,护栏宜进行过渡段设计。入口处过渡段设计应满足以下规定:

图8-44 隧道内视线诱导设施

(1)宜通过混凝土护栏渐变或采用混凝土翼墙进入隧道洞口处。

(2)混凝土护栏或翼墙迎交通流一侧在洞口处宜与检修道内侧立面平齐。

(3)混凝土护栏或翼墙进入隧道洞口前可根据需要适当渐变高度,在隧道洞口处不得低于检修道高度。

(4)护栏进入隧道洞口的渐变率不宜超过《公路交通安全设施设计细则》(JTG/T D81—2017)的规定值。

图8-45为隧道洞口过渡段护栏。

a)

b)

图8-45 隧道洞口过渡段护栏

六、郊野旅游公路

湖南省旅游资源极其丰富,特别是近年来乡村旅游发展迅猛,因此如何将公路景观与沿线自然景观融为一体,打造一条"美景即公路,公路胜美景"的生态文化公路是公路从业人员需要重点考虑的。

设计要点如下:

1. 规划旅游棕线,打造郊野旅游新公路

在公路原有的建筑红线、环保绿线、水系规划蓝线等基础上,设置独立的旅游棕线系统,如图8-46所示。

在旅游棕线内(道路两厢2~3km的辐射带)如散布着的自然、历史和人文景观,以及各类休闲体验式生态农庄,可通过因地制宜建设舒适、便利的服务设施(服务区、停车区及慢行系统),构建清晰的旅游标志、标识一体化指引体系,打造乡村智慧旅游服务平台等方式实现道路服务水平的升级发展,实现互联网+交通+旅游的融合,打造适合湖南省省情的乡村郊野旅游新公路。

图8-46　独立的旅游棕线系统

2. 打造一体化旅游指引系统

旅游标志、标识指引体系:旅游标志主要服务于对驾车出行游客的指引,适用于对沿线主要景点的远程指引,包括旅游区地点距离预告和指示标志,根据需要可设置于道路主线及主要平面交叉口处。旅游标识主要服务于对慢行游客的指引,适用于对道路沿线小型人文历史景点、特色小镇的指引,可设置在通往景点的岔路口处,也可以设置在服务区、休息区内。图8-47和图8-48为旅游标志、标识指引系统。

a)

b)

图8-47　旅游标志指引系统

3. 因地制宜采用景观护栏(需满足规范要求),与自然景观相得益彰

图8-49为景观护栏示例。

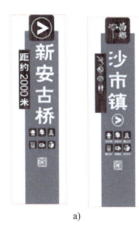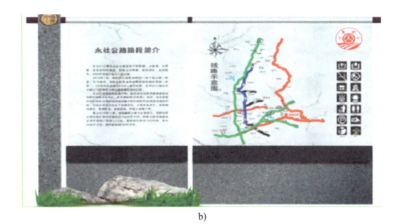

a)　　　　　　　　　　　　　　　　　b)

图 8-48　旅游指引标识示例

a)　　　　　　　　　　　　　　　　　b)

图 8-49　景观护栏示例

第九章 沿线服务设施

普通国省道服务设施是实现交通功能和表现交通文化的载体之一,在提供司乘人员休息、如厕、餐饮、购物及车辆停放、维修、能源补给等基本公共服务的同时,还应提升应急服务保障水平、宣传沿线地域文化、促进地方旅游和经济社会发展。

本章节以湖南省普通国省道服务设施布局不优、功能不全和特色不彰等问题为导向,统筹研究服务设施转型升级技术要求,以规范规划设计和建设,提升公路公共服务品质,为创新服务模式、拓展服务内涵、延伸服务链条提供条件,从而塑造美丽湖南交通服务新形象。

第一节 沿线服务设施设计总体要求

一、指导思想

(1)以人为本——国省道服务设施以人的需求为根本出现点,规划设计应符合规划布局合理、功能布设齐全、交通运转高效、文化特色突出的要求,以营造温馨、便利的服务场所,满足人员歇息与车辆集散的需求。

(2)统筹规划——国省道服务设施应统筹路网和地方服务设施布局,突出文化、旅游、产业特色,因地制宜选择合理的技术方案和标准,达成社会效益与经济效益的平衡。

(3)共享集约——国省道服务设施在为公路上过往车辆和人员服务的同时,也应结合沿线规划和当地发展需求,拓展促进城乡融合、交旅融合、客货邮融合等方面的服务功能,实现设施共享。

(4)绿色环保——国省道服务设施的规划设计应符合绿色发展理念,在全寿命周期内,最大限度地节约资源、保护环境、减少污染、提升服务,为司乘人员提供安全健康、舒适高效的服务空间。

二、设计理念

(一)模式创新,突出协同共享理念

积极探索与沿线村镇、旅游部门、环保部门、市政部门等地方政府部门合作共建的思路。通过与沿线镇村合作,统筹沿线陆域服务,鼓励沿线居民运营维护服务设施,在解决征地问题的同时,可有效缓解农产品占道经营、路边停车休息带来的交通安全问题,体现存量增量适宜、建设运行并重、运营公益兼容的建设理念。

(二)思维拓展,运用灵活设计理念

打破公路服务设施"逢设必建、逢建必征"的固有思维,对现有公路沿线资源充分整合,灵活解决征地、设施配置问题,推广征用、自用、租用等多元模式。

(1)公路服务设施与沿线交通安全设施协调。沿线交通安全设施构筑物包括标志、隔离栅、防护网、防眩板、护栏和避险、救急等特殊安全设施。公路服务设施与沿线交通安全设施应同步规划布局,确保在既有设施系统的框架下规划布局服务设施,防范安全风险。

(2)公路服务设施与沿线管养设施融合。沿线管养设施包括路政、养护等管理设施。公路服务设施可充分依托已建管养设施,确保在不影响日常养护管理(应急)作业的前提下,利用现有土地,同址合建、分区管理,在不应影响管养秩序的前提下,可共用停车场、休息间、公共卫生间等功能设施。

(3)公路服务设施与社会公共公用设施统筹。社会公共公用设施包括环保部门的设施,如环境整治、环卫(垃圾处理、环保公厕)设施等;文化旅游部门的设施,如基层公共文化服务中心、游客服务中心、旅游公厕等;商务、供销、邮政部门的设施,如基层销售网点、村村通邮设施、农村物流配送网点等;社会其他设施,如应急救援中心、加油(加气加氢)站、餐饮设施、商业设施、宾馆设施等。

公路服务设施应综合考虑沿线地区各类公共公用设施的布设情况,与之形成功能衔接互补、集约共享;并引导、带动社会服务设施向规范化、集约化发展,包括整治路域环境,降低安全风险;补全社会服务设施公益性短板,在用地紧张、水电资源匮乏地区可与现有社会服务设施共建共享。

(4)公路服务设施与沿线区域特征适应。在沿线大城市周边、城镇密集地区,适当降低公路服务设施密度,为进出城的公路用户提供必要的服务,如停车、信息引导。在沿线小城镇、乡村地区,则定位在主动解决当地实际问题(如大货车停车、休息、餐饮、维修)等,为进出乡镇的公路用户提供服务。

(三)全过程控制,倡导可持续发展理念

服务设施的建设应考虑到湖南省社会经济发展的水平,以满足功能需要为基础,通过对交通量的预测分析确定服务设施的建设规模和标准,可整体规划,远近结合,分步实施,留有余地,灵活适应发展变化的要求。

三、保障措施

普通国省道服务设施建设要建立健全一套推进机制,以保障服务设施的实施。

(1)加强政府主导。打破公路行业自建、自养、自管模式,努力形成政府主导、行业主抓,旅游、城管、国土、农业农村、沿线乡镇、企业等多方参与的合作机制。

(2)加强规划引领。既要综合考虑国省道路网承担的干线通道、转换通道、通景通道等主要职能,以及建设条件、交通量水平等因素,深入挖掘养护站、已取消收费的站场等现有公路管养资源,也要充分结合当地城市规划、旅游规划、特色小镇、美丽乡村建设等需求。

(3)分步分类实施。结合长远群众需要,及时总结经验,在保障基础功能上逐步完善,为

改造升级留有余地。

(4) 探索创新模式。重点突破放在自建共管和共建共管。引入市场机制,鼓励沿线企业参与合资、承包、租赁,扩大造血功能。与"路长制""美丽乡村"旅游项目有机结合。

第二节 场址选择

一、选址

(1) 选址应遵循所在地区的国土空间规划要求,按设置间距、公路沿线地形、城镇分布、自然环境、公路技术指标、交通状况、水电保障条件、与周边社会资源衔接等因素综合确定。

(2) 选址尽量设置在行政区划单一、地质条件良好、交通路网集聚、景观资源优越的路段,充分发掘所在地区的历史文化、特色商业、旅游资源,提高附加效益,促进地方经济发展(图9-1)。

a) b)

图9-1 利用当地旅游资源建设服务区

(3) 选址应优先利用国省道沿线现有的公路站场(含养护站、超限运输检测站、路政中队、已取消收费功能的站场等)、加油(加气加氢)站、旅游集散中心、客车停靠站、公路沿线边角地、废弃和闲置场地进行建设,一区多能,服务多元(图9-2)。

a) b)

图9-2 利用养护工区和加油(加气加氢)站建设服务区

(4)选址宜避开雾霾、雷电、冰冻等不良气象多发地段,应符合生态保护红线、永久基本农田、城镇开发边界、自然保护区、文物保护区、风景名胜区、饮用水水源保护区和其他特定保护区的相关规定,与周边环境原有电力、通信设施、铁路、输油管道、建筑物、构筑物等保持安全距离。

二、间距

普通国省道公路服务设施应基于安全行车要求、车辆能源补给要求、司乘人员生理需求等因素,根据公路的交通性质、交通里程以及公路网中相邻服务设施、地方服务设施的分布情况,综合考虑公路沿线的地形、地貌特征、工程建设条件、风景生态资源等因素控制服务设施的间距。服务区或停车区间距应不低于表9-1的要求。

观景台根据路线景观情况设置,与其他服务设施间距应满足安全性要求。

普通国省道服务设施间距和里程用地指标   表9-1

公路技术等级	车道数	间距(km)	服务设施里程用地指标(hm^2/km)
一级公路	4	40	0.0167
二级公路	2	80	0.0042
三级公路	2	100	0.0033

注:用地指标为用地水平投影面积。项目实际征地规模因地面自然坡度、边角地等因素影响而增加的用地面积,应控制在建设用地预审批复的用地规模的合理幅度范围内。

第三节 功能及类型

一、功能

服务设施应从司乘人员的需求入手,分析各种功能在需求上的紧迫程度和差异性,在不同地段、不同类型有重点、有区别地设置。根据湖南省公路调研,普通国省道服务设施各部分服务功能需求情况见表9-2。

如果国省道所经过的城镇在沿线已布设加油(加气加氢)站、车辆修理站、商店、餐厅等社会公共设施,与之相邻的服务设施设计应考虑服务范围内功能的互补和共享,避免重复建设。

二、类型

国省道服务设施类型根据公路交通流量、沿线社会资源、站点布局、建设规模和功能配置,因地制宜分为服务区、停车区及观景台。

国省道服务设施功能需求分析　　　　　　表 9-2

设施名称	主要功能	服务对象	需求的紧迫程度 高	需求的紧迫程度 一般	需求的紧迫程度 低
停车场	停车、检查、清理货物等	车辆	√		
充(换)电车位	新能源车辆充电、换电池	车辆	√		
加水车位	货车加水	车辆		√	
加油(加气加氢)站	加油(加气加氢)	车辆	√		
修理车间	修理、保养、加注机油等	车辆		√	
休息场所	室内、室外休息	司乘人员	√		
公共卫生间	大小便、洗漱等	司乘人员	√		
商店	购物	司乘人员		√	
餐厅	餐饮	司乘人员		√	
住宿	住宿	司乘人员			√
商务中心	商务活动、会议	司乘人员			√
休闲中心	休闲、理发、洗浴等	司乘人员			√

(一) 服务区

服务区应为司乘人员提供休息、如厕、餐饮、购物、资讯等服务，为车辆提供停车、能源补给(包括加油、加气、加氢、充换电等)、加水、维修等服务，并根据运营需要考虑旅游服务、特色销售、文化展示、露营、研学等拓展服务功能。服务区功能配置见表 9-3，基本功能布局见图 9-3，布局示例见图 9-4，拓展功能示例见图 9-5。

服务区功能设施设备配置表　　　　　　表 9-3

服务功能		设施设备	一级公路	二级公路	三级公路
休息补给功能	人员服务	室外休息场所	★	★	★
		公共厕所	★	★	★
		开水间	★	★	★
		餐饮场所	★	△	—
		购物场所	★	△	—
		母婴室	★	★	△
		司机之家	★	★	△
		应急医疗点	★	△	—

续上表

服务功能		设施设备	一级公路	二级公路	三级公路
休息补给功能	车辆服务	停车场	★	★	★
		车辆充(换)电设备	★	★	★
		加油(加气加氢)站	△	△	—
		车辆维修站	△	—	—
		车辆加水位	★	△	—
信息服务功能		广播系统	★	★	★
		信息板	★	★	★
		导览图(含路网图)	★	★	★
		监控系统	★	★	★
		互联网服务系统	★	★	★
拓展服务功能		旅游服务场所	△	△	△
		特色销售场所	△	△	△
		文化展示场所	△	△	△
		露营、研学基地等	△	△	△
基础保障功能		水电设备	★	★	★
		消防设备	★	★	★
		安全防护设备	★	★	★
		污水处理系统	★	★	★
		垃圾收集设备	★	★	★

注：★必备项；△可选项；—不作要求。

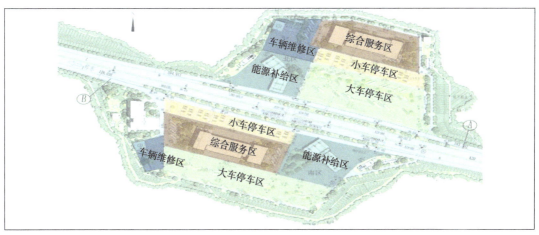

图9-3 服务区基本功能布局示意图

a)

b)

图 9-4　某普通国省道服务区

a)

b)

图 9-5　服务区拓展功能：露营基地、青少年研学基地等

(二) 停车区

停车区应为司乘人员提供休息、如厕等服务，为车辆提供停车等服务。停车区尽可能利用公路边角地块，做到资源节约和整合。停车区功能配置见表9-4，布局示例见图9-6。

停车区功能设施设备配置表　　表9-4

服务功能		设施设备	一级公路	二级公路	三级公路
休息补给功能	人员服务	室外休息场所	★	★	★
		公共厕所	★	★	★
		购物场所	△	—	—
	车辆服务	停车场	★	★	★
		车辆充(换)电设备	★	★	★
		车辆加水位	△	—	—
信息服务功能		信息板	★	★	★
		监控系统	★	★	★
		互联网服务系统	★	★	★
基础保障功能		水电设备	★	★	★
		消防设备	★	★	★
		安全防护设备	★	★	★

续上表

服务功能	设施设备	一级公路	二级公路	三级公路
基础保障功能	污水处理系统	★	★	★
	垃圾收集设备	★	★	★

注：★必备项；△可选项；—不作要求。

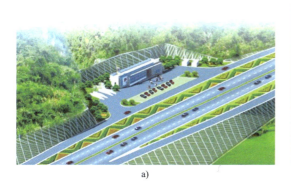

图 9-6　某普通国省道停车区

(三) 观景台

观景台应具备游客观景、临时休憩及获取旅游信息等功能。观景台应结合公路沿线两侧地形条件，设置在自然景观优美、眺望视野开阔及地质条件良好的位置，避免设置在视距不良或容易发生交通事故的路段，并应避开生物栖息地或生态保护区，观景台设计示例见图9-7。

图 9-7　湘西某公路观景台设计

第四节 设计要点

一、设计原则

服务设施设计应合理选择布局形式,节约资源,可持续发展;科学划分功能分区,满足需求,营造全龄友好场所;有序组织交通流线,使出入便捷、周转有序高效;灵活适应地形风貌,突出景观特色,彰显地域文化。

二、布局形式

(一)服务区、停车区的布局形式

根据场区内的功能布局不同分为外向型布局、内向型布局、内外结合型布局(图9-8)。

(1)外向型布局:综合服务用房邻近道路,突出服务门店的特点,具有较强的标识可塑性;其根据加油(加气加氢)站的位置不同可分为入口式外向型布局和出口式外向型布局。

(2)内向型布局:综合服务用房远离道路,避免道路交通的干扰;其根据加油(加气加氢)站位置的不同,可分为入口式内向型布局与出口式内向型布局。

(3)内外结合型布局:大型车和小型车分开停放,服务用房中置;其根据加油(加气加氢)站位置的不同,可分为入口式内外结合型布局与出口式内外结合型布局。

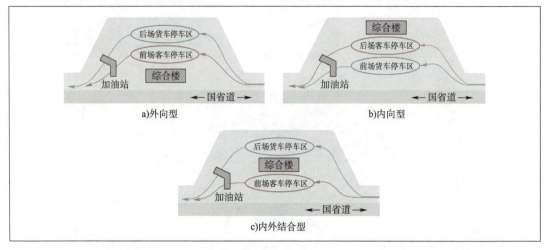

图9-8 服务区布局形式

(二)观景台布局形式

观景台平面布置应根据地形条件、景观分布及最佳观景位置等确定(图9-9)。

(1)线形布局:场地为狭长地形时,观景台与停车场可按线形布置。

(2)点式布局:场地狭小时,观景台与停车场可集中布置。
(3)路外布局:停车区设置于路外时,与公路之间的腹地宜设隔离绿带或缓冲区。

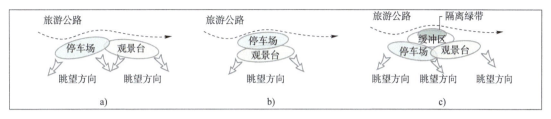

图9-9 观景台布局形式

三、新建设施设计要点

(一)服务区、停车区

1. 场地

(1)服务区与公路之间宜有足够的缓冲带,公路与服务区的连接关系见图9-10。连接匝道长度不小于表9-5的规定。

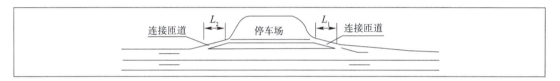

图9-10 停车场与公路之间的连接关系

普通国省道服务设施出口匝道长度　　　　表9-5

主线设计速度(km/h)	100	80	60
L_1(m)	90	80	60
L_2(m)	60	60	60

(2)总平面应根据停车(充电)、如厕、休息(消费)、加油(加气加氢)、出车的活动链分析,结合经营需求因地制宜进行布置,使流程顺畅、通行无障碍。

(3)交通组织应利于人车分离、客货分离。停车场宜分类设置,数量应根据路段交通量,按各类车辆驶入率、所占比例、高峰小时比率、假日不均匀系数分别计算,结合当地相邻公共设施停车服务能力进行确定,并宜根据交通流量状况设置潮汐停车位。

2. 建筑

(1)建筑空间应符合业务功能需求,提供全龄无障碍服务的条件;宜结合环境、场地考虑空间分隔和扩展的灵活性,提供适应未来发展变化的条件。

(2)室内休息场所、购物场所、餐饮场所及其他服务管理用房等宜联系紧密,可组合为综合服务楼,并与公共厕所通道连接。

(3)公共厕所包括厕位区、盥洗区、淋浴间、无障碍厕所(位)、无性别厕所、管理间、工具间及休息等候区等场所和用房。公共厕所中女厕位与男厕位(含小便位)的比例不应低于 1.5∶1,但在人流集中时段女厕位与男厕位(含小便位)的比例不应低于 2∶1;假日不均匀系数较高的服务区宜设置潮汐厕位。

3．其他

(1)服务区、停车区应根据功能要求和市政条件设计给水排水、电气、通风与空调设备系统,根据全线规划统筹考虑信息化系统、标识系统设置。

(2)服务区、停车区设计应符合沿线和当地绿色环保、安全应急相关要求。

(二)观景台

(1)观景台宜结合服务区、停车区统筹设置。

(2)观景台应设置在自然景观优美、眺望视野开阔及地质条件良好的位置,场地应满足布置要求,并应避开生物栖息地或生态保护区。

(3)观景台在满足观景条件的同时,应避免破坏自然地貌,保障观景安全。

四、改造设施设计要点

改造服务设施布局根据实际情况灵活布局,本着"尊重历史、布点科学、注重功能、经济实用"的原则,尽可能利用既有设施进行提质改造。

利用现有公路养护站进行改造,因养护机械化程度不断提高,往往原有养护道班区占地面积偏大,可利用其闲置区域拓展服务设施,优化功能布局,对生产作业区、内部管理区和对外开放区进行合理分隔区分。

利用现有加油(加气加氢)站进行改造,根据实际情况新增服务设施用地,增加如厕、停车、休息、便利店等基础服务功能。布局形式应灵活多变,保证人车流线各畅其行。

利用沿线民宅进行功能拓展,结合相关政策、利用公路的广告效应和当地居民合作优化服务功能。同时也可让沿路地方百姓"因路脱贫"。

第五节 共享策略

一、依托沿线旅游资源建设服务设施,打造"交旅融合"模式

依托国省道公路沿线旅游景点以及慢行系统,串点连线,辐射成面,使服务设施兼具景区服务驿站和公路服务节点的功能,满足游客的审美要求并为其提供符合生理、心理需求的服务设施、旅游信息等服务。

如图 9-11 所示为五尖山旅游公路服务区,该项目结合"聚合交通服务功能、拓展商业服务空间、优化公路服务功能、提升旅游服务品质"的设计理念,依托五尖山公园打造交旅融合驿站,交通便捷,区位优势明显。依托优越的交通条件,通过景区大门、入口广场、游客接待

中心等旅游接待设施的建设,将其打造成"五尖山第一印象区",涵盖旅游接待、餐饮购物服务、旅途休息等功能,使之成为湘北区域旅游发展的亮点。

 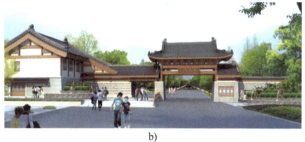

a)　　　　　　　　　　　　　　　　b)

图9-11　五尖山旅游公路服务区

二、利用公路管理设施建设服务设施,打造"管服一体"模式

普通国省道服务设施可以充分利用普通公路沿线现有的公路养护、路政、互通出入口、公路沿线边角地等进行改造和功能升级。

图9-12为浙江宁海梅林驿站,其位于高速公路出口和省道甬临线、象西线交汇处,交通便利,居中辐射,涵盖了宁海县公路应急保障中心、路网中心、S214超限运输检测站以及梅林公路管理所四个功能区块,区块的有效整合,实现了公路部门资源共享、功能互补、工作高效统一。2016年,该场站拓展服务功能,在四站合一的基础上增设了公路便民服务点,充分利用既有公路设施为社会提供茶水、休息、阅读、如厕、停车、简易医疗等公路人力所能及的服务,体现了公路的人文关怀。

图9-12　浙江宁海梅林驿站
(图片摘自"浙江新闻")

该驿站占地4000m²,拥有68个小车停车位,8个大车停车位,大大缓解了交通拥堵压力。站内除了有洗手间和茶水供应处外,还设有大厅,为旅客提供休息场所和便利服务;宣传展示平台展示了宁海所有的名胜古迹、旅游景点、精品民宿及各类旅游信息;还设有育婴区域,为旅途中的妈妈照顾宝宝提供方便;并放置了万能充电设备,为旅客解燃眉之急。同时,站内还设有节能共享电动汽车的充电桩,方便市民进行汽车充电、租用和归还。

三、利用沿线城乡公共设施建设服务设施,打造"路地共生"模式

普通国省道可以利用地方加油(加气加氢)站和其他公共服务场地、道路运输站场等拓展建设服务设施。

图9-13为某国省干道加油站改造项目,设计将站房功能和服务功能结合成一栋单体集中设置,使人车流线更加集中且易拆分。同时采用车辆穿梭餐厅模式,将车行路线在基地外环线,既避免了人车混流,又为取餐排队保留了足够空间,考虑场地为人群提供的休闲活动

场地不多,通过二层的休闲餐厅将人流引入二层的露台(屋顶花园),从竖向上拓展活动空间,且整体提升场地景观的趣味性和吸引力。

a)

b)

图 9-13　某国省干道加油站改造

第十章　景观及绿化

第一节　以一路一景为目标的景观总体设计与开发

（1）自然环境是公路选线的重要因素，应保护自然景观，避开受保护的景观空间（如：旅游风景区、传统村落、原始森林保护区、野生动物保护区、文物保护区），避免切断自然生态空间（如：河流、小溪）和穿越视觉景观空间（如：城市、乡村、集镇等建筑群体）。

（2）对于邻近山、河、湖、水库等自然景观，以及风景旅游区公路的景观绿化，应结合自然环境，以"借景"和"引景"的处理手法，将自然景观融入公路景观，突出其景观特色，如图10-1所示。

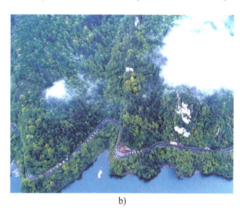

a)　　　　　　　　　　　　　　　　b)

图10-1　透过公路眺望远处的山景公路沿湖景蜿蜒前行

（3）应对公路沿线主体景观风格、景观表现形式及绿化植物的栽植在外业测量前拟定初步方案；实测时按实际情况调整，同时应根据实测地形图、航测照片、技术要求、经济评估及踏勘资料确定景观总体设计目标，如图10-2所示。

（4）通过对沿线自然环境、景观空间进行调查、分析和评价，将路线划分为不同的景观分区，每个分区均具有独立的主导景观，分区的长度宜根据设计速度及周边自然景观确定，一般以8～10km为宜，如图10-3所示。

（5）路线线形、横断面形式、交叉口造型、构筑物造型及沿途交通服务设施等景观造型应相互协调，并注意沿线自然风貌、绿化种植和其他协调措施的创造均应符合通视、导向、协调、绿化的景观基本要求，如图10-4所示。

（6）合理利用山地、河流、平原、丘陵、峡谷等地形地貌，使路线线形蜿蜒前行，直线与曲线自然合理组合，创造优美、流畅、连续的公路线形，营造"步移景异"的游览体验，提供"安全舒适"的驾驶环境,如图 10-5 所示。

乡镇田园景观	现代城市景观	自然山林景观
乡镇景观是附加在自然景观上的人类活动形态,相对城市景观人工痕迹较少,以成片的农业开垦田园为主,交通网路不复杂	城市景观是一个复杂的有机体,道路作为城市景观的一部分,不仅是城市间的通道,也是城市景观向自然景观的延伸	自然景观只受到人类间接、轻微或偶尔影响,而原有自然面貌未发生明显变化的景观,保持原有自然的状态,沿线主要是大面积山林

图 10-2　分析不同景观特征、确定景观总体目标及主要表现形式

图 10-3　主导景观分区段落的划分

图 10-4　景观造型的协调性

图 10-5　公路线形与自然合理组合

(7) 为给司乘人员带来更具亲和力的郊野旅游体验,可综合考虑沿线地形、景观资源及本地条件等因素,设置展现本土文化、推介旅游品牌线路的景观节点、集中售卖亭和观景木平台等。

(8)以省道204提质改造项目为例的实例分析。

①如S204沿线某村因为出了很多博士研究生,成了当地远近闻名的"博士村",很多人都慕名前来"沾沾福气"。项目作为该博士村的旅游导引,在休息区内设置"耕读传家"主题雕塑,辅以植物营造清新雅致的小景点,渲染"博士村"氛围,指引游人进入。如图10-6所示。

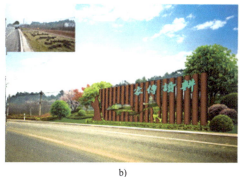

a) b)

图10-6 设置"耕读传家"主题雕塑烘托地方文旅特色

②为推出以沈家大屋为主的屋场古宅群,项目将离路线较近的罗福弄屋场升级改造为休息区,在该处设置文化墙,重点推荐周边的沈家大屋、周家大屋等地图文介绍,引导游人参观。该处景观以自然式种植为主,利用常绿乔木和落叶乔木混合种植,下层空间以灌木球与草皮组合,力求自然简洁。

③捞刀河桥头右侧规划为大片花海与捞刀河滨河风光带相连,该处已有部分空地,可停车、可观花海、可沿河漫步,因此此处的景观打造以山、水、花、树自然风光为主。有山有水,风景宜人,在此设置以"盛世花开"为主题的小景点,并设置包含当地文化元素的景观木亭供游人休息。此处景观设计大方开敞,观景平台形式简约,种植形式以自然式为主。如图10-7所示。

a) b)

图10-7 景观木亭和以"盛世花开"为主题的小景点

④项目还充分利用弃土场,增设港湾式停车位3个,设置以"久负盛名、天下粮仓"为主题的小型景点。此处以"北盛仓"文化为主题,景观上以自然式花境与组团绿化构造多层次多空间的立体绿化效果。如图10-8所示。

⑤沙市中桥道路两侧分布有草莓种植大棚,有土地可利用作为港湾式停车区的设计,同时

图10-8 "久负盛名、天下粮仓"为主题的景点

通过观景平台、木栈道将游人与草莓种植区间链接,可以安全有效地引导游人参与到体验式草莓采摘旅游休闲活动中。如图10-9所示。

⑥位于北盛镇开元大道与马安中心完小之间的路段,原道路左侧草莓种植园分布集中,但由于路侧用地受限,草莓购买随意停车不方便,更容易引发安全问题,且老的灌溉沟渠将道路与草莓基地隔离,通达性不好。经过现场勘察和论证,采用吊脚楼和跨渠木栈道的形式处理成自行车慢行道与售卖亭相结合,并通过木楼梯与大棚无缝对接,保障停车、骑行、采购、采摘体验均不受干扰。

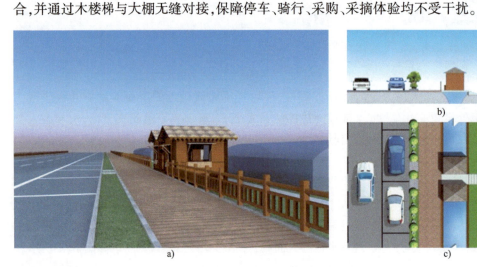
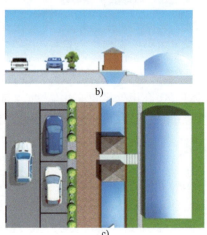

图10-9 观景平台、木栈道及草莓种植区

第二节 突出地域特色的自然景观设计

一、湖南地域分区及自然环境概述

湖南省地域分区及自然环境概述如表10-1所示。

湖南地域分区及自然环境　　　　　　　　　表10-1

序号	分区	自然环境	气候特征
1	湘西北地区	地处湘、鄂、渝、黔四省交汇地带,属于侵蚀构造山区,地势北西高、南东低,主要包括张家界、湘西土家族苗族自治州两个市,以"喀斯特山原地区"、高山、峡谷、溪流居多,以张家界、武陵源为代表	亚热带季风温暖潮湿气候,春暖多雨、夏季干热、秋高气爽、冬季寒冷,四季分明,降水丰沛,多年平均相对湿度为70%~80%

续上表

序号	分区	自然环境	气候特征
2	湘西南地区	地处云贵高原东侧,北西高、东南低,主要包括怀化、邵阳、永州三市,碳酸盐岩广布,岩溶地貌发育。溶洞多而密布,形态多样复杂,规模大小悬殊,以崀山美丽的丹霞地貌尤为突出	亚热带季风性湿润气候,年平均气温13～17℃,降水丰沛,无霜期长,具有"冬冷夏凉、冬干夏湿"的特点
3	湘中地区	北靠洞庭湖,东临湘江,南近南岭,西接雪峰山脉,中央为娄邵盆地,地势从西南向东北呈阶梯状倾斜。南岳衡山耸立中部,多丘陵和盆地,以娄底、邵阳、韶山、衡阳市为代表	四季分明,日照充足,严寒期短,无霜期长,雨量充沛,春温多变,夏秋多旱
4	湘东南地区	包括沿湘江流域分布的长沙、株洲,紧邻两广的郴州、永州,与江西相接的浏阳、醴陵等市,以山地、丘陵、盆地为主,属山丘地区	该地区属中亚热带湿润性季风气候,并表现出向南亚热带过渡的特征
5	湘东北地区	主要包括环洞庭湖的岳阳市、常德市部分地区及益阳市部分地区及长株潭城市群,以洞庭湖和平原为主,属于平原地区	地处中亚热带向北亚热带过渡区,属大陆性湿润气候

二、不同地域分区的景观设计表现手法

(一) 湘西北地区

(1) 沿溪谷、河流段公路路堤外侧植物种植应以低矮灌木+地被+草灌为主,可将沿线自然风光展现无遗,如图 10-10 和图 10-11 所示。

图 10-10 公路外侧无遮挡视线通透

图 10-11 路侧坡地种植低矮灌木+草灌

(2) 靠近高山、陡岩路段,路域内岩石机理、山形本身就是景观,挖方路则应以攀缘植物或野花组合种植为主。

(3) 邻近峡谷、悬崖路段,为避免峡谷横风对行驶车辆的影响,应采用常绿阔叶乔木或常

绿针叶乔木成排密植,阻挡来风;靠近悬崖及急弯路段外侧则以乔木+灌木成列种植形成诱导和防护,增加行驶安全感。如图10-12所示。

a)　　　　　　　　　　　　　　　　　　　b)

图10-12　峡谷侧采用常绿阔叶乔木或常绿针叶乔木成排密植

(4) 公路沿线桥梁、隧道、连续弯道居多,在以上构筑物前后200m范围内应以观花有色叶小乔木组团种植为主,以增强视觉冲击力,达到警示效果。

(5) 植物选择宜以耐寒、耐湿、耐旱的观花观果的灌木(如火棘)、常绿阔叶乔木(如大叶樟、油樟)、常绿针叶乔木(如柏杉、柳杉)为主,地被植物多以野黄菊为主。

(二) 湘西南地区

(1) 视野开阔路堤段,采用小乔木+观花灌木组团栽植,组团间距以100~150mm为宜,沿途田园、河塘、山地景观随车行映入眼帘,如图10-13所示。

图10-13　小乔木+观花灌木组团栽植

(2) 公路沿线岩溶地貌发育、形态多样,尤以丹霞地貌为多,山地景观丰富。挖方地段宜在坡脚以撒播草灌为主;大面积岩石坡面则采用种植攀缘植物进行局部绿化。

(3) 公路建设切割山体形成的低矮边坡,在道路交叉口遮挡视线影响行车安全,此类型路段宜采用撒播草灌或草籽为主。

(4) 一般路段植物选择范围较大,上层可采用常绿乔木与落叶乔木分段成列种植,下层野花组合撒播或撒播草籽。

(三) 湘中地区

(1) 挖方路段两侧多为山林,原生物种丰富,坡脚应以观花灌木+小乔木组团栽植点缀为主,分段变换品种,增加植物多样性,丰富路域植物色彩。如图10-14所示。

(2) 临水的填方路段呈行列式种植垂柳、枫杨、意大利杨、池杉等植物,下层以草灌混播为主。

(3) 一般路堤路段植物种植选用分枝点高的常绿阔叶乔木成行列式栽植为主,露出枝下空间,形成视觉流畅的绿色廊道,勾勒公路的优美弧线。

(4)在田园与盆地间穿梭的公路,路堤以全开放式种植为主,仅在路堤外侧撒播草籽或野花。

a)

b)

图 10-14　观花灌木 + 小乔木组团栽植增加植物多样性

(四)湘东南地区

(1)公路沿线山林植被丰富、苗圃林场分布较广,路域景观十分丰富,挖方及填方路段均以观花、观叶的低矮灌木球组团种植为主。

(2)穿越城镇、集市路段宜选择常绿阔叶乔木作为行道树种植,下层宜以耐阴地被满铺。

(3)临水及弯道路段可采用观花、观叶灌木球成行列式种植,如图 10-15 所示。

(五)湘东北地区

(1)公路沿线地势平坦、稻田、果园、果林分布较多,宜选用池杉、水杉、意大利杨呈行列式种植。如图 10-16 所示。

图 10-15　临水弯道观花、观叶灌木列植

a)
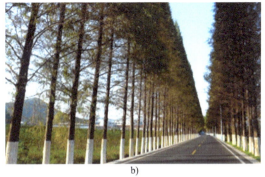
b)

图 10-16　池杉、水杉行列种植

(2)沿洞庭湖区道路视野开阔、景观单一,宜采用芒类植物、湿地植物和耐湿性观花小乔木分段组团种植。

(3)平面交叉口路段前后各留30m安全通视距离,以低矮灌木种植为主。

第三节 辉映文化历史的人文景观设计

一、不同地域分区文化特质

(1)湘西北地区(包括湘西土家族自治州、张家界、吉首市、凤凰、石门、古丈、慈利、龙山、桑植、永顺、保靖、沅陵、芦溪、桃源县等均)属于武陵文化区,武陵文化是"武陵蛮"(即今天土家族、苗族为主体的少数民族)在武陵山区创造的一种地域文化,它具有神秘浪漫、崇尚勇武、多元融通等特性,其文化核心为巫文化。

(2)湘西南地区(包括怀化市、邵阳市的隆回县、武冈市、新宁县的部分地区、洪江市、新晃、芷江、通道县侗族自治县、溆浦、绥宁、会同、辰溪、中方县、靖州、麻阳、城步苗族自治县等)属于雪峰山文化区。雪峰山文化是千百年来形成的独特区域文化,其基本内涵是忠孝勤俭、和平正义、开放包容。

(3)湘中地区包括娄底、邵阳、湘潭、韶山市、安化县、宁乡市、衡阳市的衡阳县等属于梅山文化区。梅山之地历史源远流长,先后受中原文化、楚文化、巴蜀文化的熏陶,是多种文化交混的地区。它是渔猎农耕巫傩文化的遗存,是典型的伏羲神农炎帝文明文化,是典型炎黄文明。

(4)湘东北地区包括岳阳、常德、益阳市、汨罗、沅江、津市市、临湘市属于洞庭湖文化区,是一种"水"文化,其文化特质就是忧国忧民的思想内涵、勇武不屈的民族气节、敢为人先的开拓精神、经世致用的优良学风。

(5)湘东南地区包括长沙、株洲、衡阳、郴州、永州、浏阳、醴陵市等属于湘江文化区,其文化特征为湘江文化,其核心是被称为"潇湘洙泗"的儒学文化。

二、历史文化的景观表现形式及载体

公路沿线观景台、休息区设施、环保垃圾桶、停车位、旅游导览牌、村域铭牌(碑)、区域铭牌(碑)、县域铭牌(碑)以及公路里程碑等均可作为地域历史文化的表现载体,如图10-17所示。

图10-17 地域历史文化的表现载体

通过对不同地域历史文化元素的提炼,获得设计素材,利用色彩、纹样、造型、建筑风格、建筑材料、营造法式等充分表现其文化特质,如图10-18所示。

a) b)

图10-18 以通道转兵红色文化元素为设计素材的休息区景观设计

三、人文景观元素的挖掘及表现形式(实操案例)

为给司乘人员带来更具亲和力的旅行体验,综合考虑沿线地形、景观资源及立地条件等因素,某项目共设置了7个各具特色的休憩点。

(1)工点一位于汝城漂流度假山庄附近,是汝城漂流的终点,拟在此处增设小型景观绿地和小型停车区。该处以自然式种植为主、现代式规整种植为辅,取河中石块作为景石进行点缀,与对面河中石滩相呼应,力求自然简洁,如图10-19所示。

a) b)

图10-19 汝城漂流度假山庄工点景观绿地效果

(2)工点二左侧河对岸为"汝城高滩村畲族文化旅游景区",项目在公路右侧增设小型休憩点与该景区相呼应。该小型休憩点采用自然式种植,以当地特产的凤尾竹搭配包含畲族元素的中式景观亭,并设置刻有高滩村畲族文化简介的标识牌,如图10-20所示。

(3)工点三位于景区漂流的起点。利用右侧空地,在此增设小型休憩点,设置标志性景石,同时辅以漂流介绍,并设置石凳供人们休息,如图10-21所示。

(4)工点四右侧有山泉水出露,在此设置小型休憩点,通过植物营造清新雅致的休憩空间,可供路人掬一捧甘甜的山泉水提神醒脑。该处景观以自然式种植为主,配以形状自然的石凳石桌，供游人歇脚，如图10-22所示。

a)

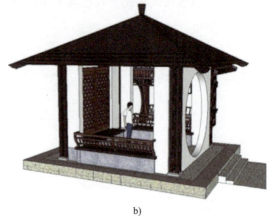
b)

图10-20 高滩村工点景观亭

a)

b)

图10-21 景区漂流起点工点标志性景石

a)

b)

图10-22 山泉水出露处休憩点景观意向图

（5）工点五位于当地废弃花岗岩料场旁，拟利用较宽的地形在此增设小型景观绿地和停车区。该休憩点以热水温泉文化为主题，设置景观廊架、温泉文化景墙及小品，并在料场一侧的边坡下方种植楠竹和攀缘植物，对裸露边坡进行遮挡，如图10-23所示。

图 10-23　利用废弃采石场设置停车区

（6）工点六位于水库旁，道路右侧有大型水库，有山有水，风景宜人，拟在此增设小型休憩点及观景平台，并设置包含瑶族文化元素的景观木亭。此处景观设计形式简约，以自然式种植为主，视线开阔，让人心旷神怡，身心轻松，如图 10-24 所示。

图 10-24　工点六右侧水库休憩点景观意向图

（7）工点七是利用弃土场增设游憩点，该处可利用面积较大，设置景观绿地和绿荫式停车区。此处景观绿地着力宣传当地白毛茶文化，因此该工点景观以白毛茶文化为主题，种植手法以现代种植搭配自然式种植，且采用白毛茶作为地被植物之一，搭配以当地盛产的楠竹、凤尾竹，设置茶文化休闲景观廊架，并配以景石及瑶族特色景观小品等，如图 10-25 所示。

图 10-25　利用弃土场用地结合地方特色经济作物作为景观着力点

第四节 服务区景观设计

(1) 合理利用地方优势资源共享共建,搭建对外推介地方全域旅游的平台;通过对服务区周边环境及公共资源的调查,有针对性地确立景观设计原则,拓展旅游服务功能,提升服务区服务品质。

(2) 充分利用绿化地设置可供司乘人员休憩、交流的共享空间;利用植物种植及园林设施围合形成相对静谧的休息空间。

(3) 停车位根据场地实际情况宜采用生态停车位;停车位周边应种植常绿阔叶乔木遮阴。

(4) 应设计文化橱窗、电子显示屏、文化景墙、文化小品和旅游导览牌,宣传和推介当地文化旅游及相关经济产业等。

(5) 植物品种多样化,常绿乔木与落叶乔木比例以4∶6为宜;速生树与慢生树相结合。

第五节 植物配置及物种选择

(1) 道路绿化树种选择应遵循"适地、适树、适量"的原则,乡土树种的种类和数量选用比例应大于90%。

(2) 对于视距不良路段或者路侧有人流和车流出入的路段端部,应采取通透式配置,通透式配置路段的长度根据设计速度以及视距三角形通视距离确定,配植的树木树冠不得遮挡司机视线。

(3) 道路边坡应进行全面绿化,绿化覆盖率不小于70%,如表10-2所示。

(4) 充分利用旧路及改造道路原有植物,并制订详尽的植物保护和回移利用计划,切实保证合理经济地保护和利用原生植被。

湖南省各地域路用植物表　　　　　　　　　　　表10-2

序号	分区	特色植物品种推荐	常规植物品种
1	湘西北地区	大叶樟;油樟;柏杉;红花木莲;水杉;池杉;柳杉;火棘;盐肤木;香椿	香樟、杜英、广玉兰、银杏、金枝国槐、红花木莲、桂花、乐昌含笑、深山含笑、红花玉兰、臭椿、马尾松、湿地松、黑松、圆柏、侧柏、龙柏、紫薇、花石榴、夹竹桃、木槿、樱花、红叶李、紫荆、黄花槐、红枫、杜鹃、海桐、大叶黄杨、金叶女贞、茶梅、山茶、金银花、爬山虎、常春藤、扶芳藤、鸢尾、吉祥草
2	湘西南地区	小叶桉;蒲葵;垂丝海棠;大花紫薇;天竺葵;勒杜鹃;扶桑;粉单竹	
3	湘中地区	栾树;乌桕;枫香;梓树;合欢;马褂木;雪松;碧桃;山杜英	
4	湘东南地区	大叶女贞;勒杜鹃;马褂木;杜英;黄金槐;红继木;梧桐;大叶榉;红花木莲;龙爪槐	
5	湘东北地区	斑竹;楠竹;木芙蓉;红果冬青;荷花;白芒;芦竹;垂柳;枫杨;水杉;无患子	

第十一章 工程地质勘察

第一节 工程地质勘察一般要求

（1）湖南省境内地形地质条件复杂，不良地质作用发育，各类地质灾害频繁发生。因此，普通国省道工程地质勘察应树立防灾减灾理念，变工程地质灾害的救灾、治灾为防灾、减灾。

（2）普通国省道工程地质勘察应与公路建设程序相适应，应按照《公路工程地质勘察规范》（JTG C20—2011）的要求，提供各勘测阶段的勘察成果。

（3）在各勘察阶段，应加强对不良地质作用和地质病害体的工程地质分析，规避可能诱发的工程地质灾害风险和工程安全风险。

（4）在工程可行性研究阶段和初步设计阶段，要着重开展工程地质调绘工作，加强工程地质分析，为"走通、走好"路线方案提供必要的勘察成果，履行地质选线职责。

（5）在施工图设计阶段，应查明公路沿线及各类构筑物地基的工程地质条件、建议岩土物理力学参数，为施工图设计提供地质成果。

（6）勘察工作量包括地质调绘点（含实测地质剖面）、坑探点、螺纹钻孔、机钻孔、物探测点测线、原位测试点等。勘察工作量的布置应遵照《公路工程地质勘察规范》（JTG C20—2011）的相关要求执行，可根据构造物类型和具体地质条件酌情调整。

（7）项目勘察工作开展前，要收集、分析和编制以下资料：
①路线走廊带内的区域地质资料、水文地质资料。
②路线附近已有的公路工程、建筑工程及水利工程的地质资料。
③拟建公路工程的设计资料。
④编制《勘察设计大纲》。

（8）工程地质勘察成果应满足设计输入要求，突出场地适宜性及场地稳定性的地质评价。

第二节 工程地质选线

（1）普通国省道工程地质勘察前期，要认真开展工程地质调绘工作，加强对拟建设区域的地质环境分析，识别主要的环境地质问题；基于风险控制理念，从工程地质灾害防治角度对路线走廊带及路线设计方案提出地质建议，规避工程地质灾害风险和工程安全风险。

(2)工程地质调绘要以区域地质资料及区域水文地质资料为基础,重点调查地层岩性、地质构造及地下水动力特征,分析拟建设区域的构造应力特征及岩土体结构特征,评价不同类型的工程地质岩组的工程特性。

(3)可溶岩地区地质选线的一般要求。

①应结合区域地质调查报告,区分不同地质年代、不同结构与构造的各类可溶岩,岩石要划分至群(组、段)。各群(组、段)可溶岩的溶蚀程度按岩溶强烈发育、中等发育和弱发育进行分级,场地岩溶发育等级可参考表11-1。路线应尽量绕避岩溶强烈发育的可溶岩分布区。

场地岩溶发育等级   表11-1

岩溶发育等级	地表岩溶发育密度(个/km²)	线岩溶率(%)	钻孔见洞隙率(%)	岩溶发育特征
岩溶强烈发育	>5	>20	>45	岩溶洞穴分布广,地表有较多洼地、漏斗、落水洞、泉眼、暗河发育
岩溶中等发育	5~1	20~5	45~15	地表发育有洼地、漏斗、落水洞、泉眼、暗河稀疏,溶洞少见
岩溶弱发育	<1	<5	<15	地表岩溶形态稀疏,泉眼、暗河及溶洞少见

注:1. 同一档次的三个划分指标中,根据不利组合的原则,从高到低,有一个指标达标即可定为该等级。
2. 地表岩溶发育密度是指每平方公里内岩溶空间形态(塌陷、落水洞等)的个数。

②应对可溶岩地区开展详细的岩溶水文地质调查工作,编制水文地质成果图。重点调查地下水补给、径流与排泄的基本特征,确定是裂隙型岩溶水系统还是管道型岩溶水系统;划分岩溶水动力的水平分带性(补给区、径流区与排泄区)与垂向分带性(表层岩溶带、包气带、季节交替带、浅饱水带、压力饱水带、深部缓带)。应尽量将路线设计高程控制在季节交替带以上。河间地块岩溶水的动力分带特征如图11-1所示。

③分析路线走廊带内岩溶发育的基本特征,评价岩溶区的稳定性及岩溶水对工程的影响,尤其应关注岩溶区隧道设计高程的确定,避免将隧道设计高程置于地下水位之下。

④对于岩溶水动力条件复杂的隧道工程,应选择有代表性的勘察钻孔,进行不少于1个水文年的地下水位监测。

⑤对岩溶强烈发育区,除关注溶蚀漏斗、溶蚀洼地等岩溶形态外,更应重视区域内大规模岩溶塌陷的存在,避免将路线设置在大规模岩溶塌陷区之上。

(4)采空区地质选线的一般要求。

①应收集区域地质报告、矿区开采报告,确定含矿岩组,分析含矿地层的分布特征,评价开采状况。

②根据《煤矿采空区岩土工程勘察规范》(GB 51044—2014)、《采空区公路设计与施工技术细则》(JTG/T D31-03—2011)、《建筑物、水体、铁路及主要井巷煤柱留设与压煤开采规程》,分析判定工程场地的稳定性,评价路线方案的适宜性。

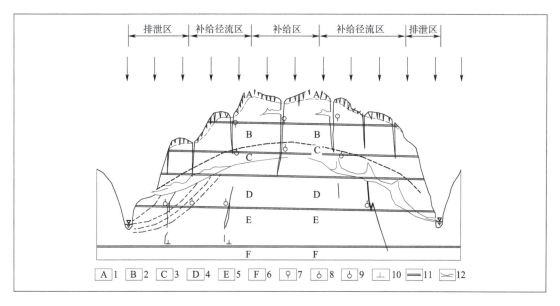

图 11-1 河间地块岩溶水动力分带特征示意图

1-表层岩溶带；2-包气带；3-季节交替带；4-浅饱水带；5-压力饱水带；6-深部缓流带；7-季节性下渗管流水；8-季节性有压管流涌水；9-有压管流涌水；10-有压裂隙水；11-隧道；12-地下河

③路线方案应绕避因采空而导致地表已出现变形形迹（如房屋开裂、地表塌陷、岩体拉裂等）的地段。如图11-2所示为地下采空而导致地表岩体出现拉裂破坏；如图11-3所示为采空区内出现的地表塌陷。

④路线方案必须穿越采空区时，宜以最短距离通过，且尽量避免采用桥梁工程。

⑤拟建设区域存在矿区时，路线方案应根据矿产压覆评估报告调整。

图 11-2 采空区内岩体拉裂

图 11-3 采空区内地面塌陷

（5）斜（边）坡地区地质选线的一般要求。

①斜（边）坡地区，应重点调查坡体的地质结构（不同岩性及其组合特征、岩体风化程度、岩体结构面及其组合特征、应力特征）和水文地质条件；分析地质结构的形成机制，以地质结构为基础，以环境条件的改变（开挖卸荷、堆载、地表水与地下水作用）为前提，对坡体的现状稳定性及变形趋势进行工程地质分析与评价。

②稳定度小于规范要求值的自然斜坡或人工边坡称为潜在不稳定斜（边）坡。此类斜（边）坡由于其安全储备不足，在外部环境改变时极易发生变形或破坏，因此，路线方案应绕避规模较大的潜在不稳定斜（边）坡区。如图11-4所示案例，坡体处于断层破碎带内，每逢雨季都会发生崩塌—滑移变形；如图11-5所示案例，为公路左侧高边坡岩体崩塌导致棚洞破坏。上述两处不稳定坡体均位于公路的转弯处，在提质改造中，均应采用"裁弯取直"的方案予以彻底绕避，解除运营风险。

图11-4 崩塌—滑移变形

图11-5 崩塌破坏棚洞

③路线方案应绕避大型滑坡，避免大规模工程处治。

④具有高液限性或膨胀性的土质边坡，如灰岩、白云岩残积层，饱水时极易发生坍塌变形，路线方案应避免在半坡上展布；应尽量降低边坡高度，并应在坡脚增设支挡结构。图11-6和图11-7分别为未设防护和已设支挡防护的白云岩残积土边坡运营期的实际状况。

图11-6 未防护的红黏土边坡

图11-7 已防护的红黏土边坡

⑤变质岩地区的板岩、板状页岩及千枚状板岩，由于地层古老，经历了多期构造作用。岩体结构特征，一是岩层陡倾，二是岩体节理裂隙发育，边坡容易发生倾倒变形及崩塌破坏。此类地区的路线方案应尽量降低边坡高度，尤其应避免连续的高边坡。如图11-8所示的某省道高边坡，坡体由硅化板岩组成，其板理及节理发育，经常发生落石和崩塌破坏。

⑥泥质粉砂岩、粉砂质泥岩及其组合的斜坡体，由于其层间结合面的流变强度低，当结合面顺倾时容易发生滑移变形，路线方案不宜展布在此类斜坡体上。如图11-9所示，坡体

由中厚层砂岩夹薄层页岩组成，路堑开挖过程中，边坡沿薄层页岩发生顺层滑移。

图11-8　板理及节理发育的硅化板岩组成的高边坡

图11-9　中厚层砂岩夹薄层页岩组成的边坡

(6) 沿河沿溪及沿水库段地质选线的一般要求。

①调查河谷、溪谷岸坡的地质结构及地形地貌特征，分析影响岸坡稳定性的自然因素（如坡脚冲刷）和人为因素（如工程开挖），形成地质概念模型，以定性判断岸坡的稳定性，合理确定路线方案的展布。

②路线方案应选择在地质病害不发育的一侧岸坡布线。当有河流阶地时，应充分利用；对山区河流，当局部河段存在阶地时，也要尽可能地利用。

③路线方案应避免沿区域性断裂发育的河谷或溪谷布线。

④路线方案原则上不宜展布在由坡洪积、崩坡积、滑坡堆积或泥石流堆积所形成的碎石类土组成的岸坡上，尤其是碎石类土直接受河水或季节性洪水冲刷的岸坡。如图11-10所示，公路路线沿河展布，拟设置桥梁，坡体由碎石类土组成，下游电站致河水水位频繁涨落，从而长期弱化坡体的整体稳定性，坡体的变形将影响桥梁结构的安全，故不采用沿河桥梁方案而采用穿越山体的隧道方案。

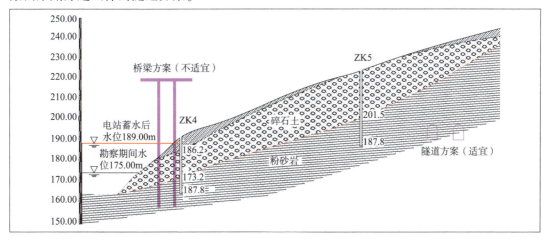
图11-10　临河岸路线方案选择示意图(尺寸单位:m)

图 11-11　砂页岩顺层斜坡滑移致桥梁垮塌

⑤路线方案不宜布置在由顺坡向的缓至中倾(15°~35°)岩体组成的岸坡上,尤其当此类坡体中存在相对软弱夹层时应避免展布路线。如图 11-11 所示为某省道中的一座大桥,暴雨季节坡体沿其中的砂页岩发生滑移,冲垮多跨桥墩。

⑥对跨河、跨水库桥梁,除关注水上岸坡的稳定性之外,还应重视水下岸坡的稳定性分析,以合理确定桥墩位置。如图 11-12 所示的水下地质剖面,红线标示的斜坡段,由砂质板岩组成,具潜在不稳定的顺坡向地质结构,故不建议在该段设置桥墩。

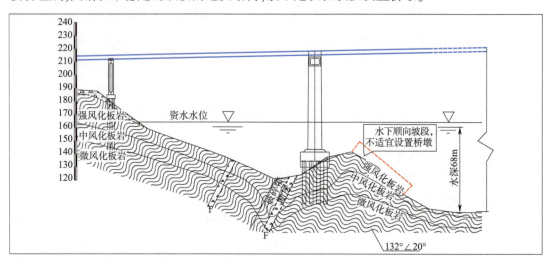

图 11-12　水下顺向坡段桥墩布置示意图(尺寸单位:m)

第三节　不良地质与特殊性岩土勘察

一、岩溶

(1)岩溶地区勘察目标是分析岩溶发育规律,查明岩溶发育特征,评价场地稳定性和各类构筑物的地基适宜性,提出基础设计的岩土力学参数和处治建议。

(2)岩溶地区应根据公路工程构造物的特点,有针对性地选择地质调绘、钻探、物探、水化学等方法进行勘察,勘探深度应结合公路构造物类型确定。

(3)地质调绘尤其应重视岩溶水文地质调查工作,划分泉域岩溶水系统和地下河岩溶水系统两种类型,确定平水期和丰水期岩溶水水位,确定当地排泄基准面和相对溶蚀基准面高程,以合理确定路线的设计高程。图 11-13 为湘西某台地地下暗河管道系统,拟建的隧道位于含丰富地下水的暗河之下,存在极高的突水突泥地质灾害风险,故该地质条件不适宜修建隧道。

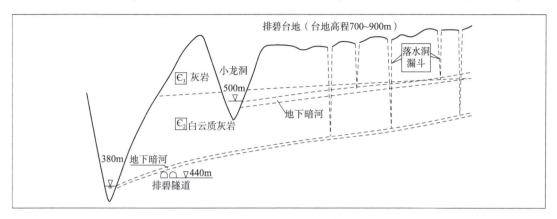

图 11-13 某台地地下河岩溶水系统示意图

(4)岩溶区钻孔的岩芯编录,应加强岩溶形态甄别,不应笼统地定为"溶洞",应区分溶孔、溶蚀裂隙、溶缝、溶洞、溶沟、岩溶化灰岩、岩溶塌陷等岩溶形态。不同的岩溶形态所产生的地质病害不同,对公路工程的影响也不相同。图 11-14 为钻探揭示的溶沟、石芽与沿层面发育的溶缝和溶蚀裂隙;图 11-15 为某大桥钻孔中揭露的顺灰岩层面发育的溶洞。

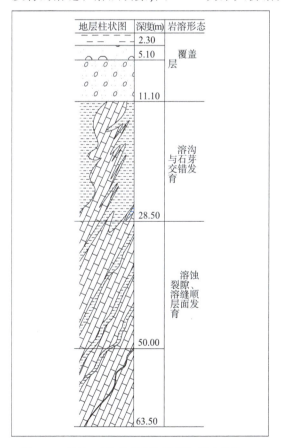

图 11-14 溶沟、石芽、溶缝和溶蚀裂隙(尺寸单位:m)

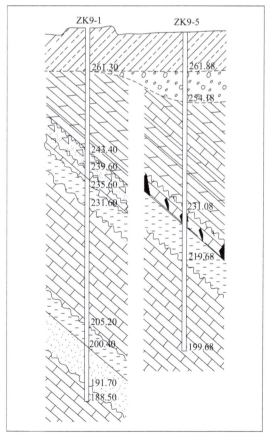

图 11-15 顺灰岩层面发育的溶洞(尺寸单位:m)

(5)岩溶区场地稳定性评价应结合岩溶发育历史和环境条件改变两大因素进行,前者根据岩溶充填物性状和岩溶上覆地层的时代确定,后者主要考虑地下水位的动态变化和施工扰动影响。图 11-16 和图 11-17 分别为岩溶发育区内上覆岩体和上覆土体发生坍塌后的情况,说明场地的稳定性均较差。

图 11-16　岩溶塌陷(上覆岩体坍塌)　　　　图 11-17　岩溶塌陷(上覆土体坍塌)

(6)岩溶区路基勘察,应现场调绘岩溶形态及岩溶泉的分布,判断场地的现状稳定性。覆盖型岩溶应重视土洞发育情况及稳定性。勘察方法以地质调绘和物探为主,并辅以钻探验证。

(7)桥梁勘察,勘察方法以地质调绘和钻探为主,勘探深度以满足基础承载能力和稳定性要求为原则。对岩溶中等发育以上的桥梁地基,应加强施工勘察工作。

(8)隧道勘察,采用地质调绘、物探及钻探综合勘察手段进行,查明隧址区工程地质及水文地质条件,确定易发生突水突泥等地质灾害的地段并提出处治建议。对特长隧道,应开展地质灾害风险评估专项工作。

(9)岩溶发育、地质条件复杂的场地,因地基条件存在较大的差异性和不均匀性,故加强施工阶段的勘察工作是必要的。

二、滑坡及潜在不稳定边坡

(1)采用地质调绘、坑探、钻探等方法确定滑坡及潜在不稳定边坡的平面分布范围与发育深度,确定发育规模。

(2)对规模较大的滑坡、连续分布的潜在不稳定边坡群,定性评价其变形发展趋势,评价对公路工程的影响,提出绕避或处治建议。

(3)综合采用钻探、硐探、坑探及深层水平位移监测等手段确定滑动面(带)及潜在滑动面(带)的分布特征,采用反分析及试验成果确定滑动面(带)的强度参数,作为处治设计的地质依据。

(4)滑坡的发展阶段和变形形迹与总体稳定系数的对应关系可参考表 11-2。采用反分析方法计算强度参数时可按此表对应的稳定系数求解。

(5)根据滑坡变形机制及滑动面形态的直线、圆弧或折线特征,选择正确的计算模型进行稳定性计算。

(6)潜在不稳定边坡的稳定性评价应遵循"以定性分析为基础、定量计算为手段"的原则。根据边坡工程地质条件或已经出现的变形形迹,定性评价边坡稳定状态、预判可能的变形破坏模式。

(7)滑坡及边坡稳定性计算方法参照《公路路基设计规范》(JTG D30—2015)执行。

滑坡的发展阶段和变形形迹与总体稳定性系数对应关系表 表11-2

滑坡发展阶段	变形形迹	总体稳定系数
主滑带上部蠕动阶段	后缘出现不连续的张性微裂隙 抗滑段未发生变形 主滑段滑体与滑带未分离	1.10~1.15
主滑体挤压阶段	主滑段滑体与滑带已相对分离,主滑带已基本形成 后缘的张性裂隙贯通、下错 后缘的两侧出现平行的羽状裂纹 抗滑段出现局部挤压变形	1.05~1.10
主滑体微动阶段	主滑体已沿滑带明显移动 两侧的剪切裂缝已贯通 抗滑段微隆起,并间断出现放射性裂缝	1.0~1.05
全滑坡时滑时停阶段	后缘错动明显并形成陡坎 两侧剪切裂缝明显相对位移 滑体上分级、分条裂缝明显 抗滑段明显隆起并出现横向挤张裂缝	0.9~1.0

三、落石和崩塌

(1)落石和崩塌的勘察,主要采用工程地质调绘进行。根据岩土体的结构特征和现状变形形迹,分析崩塌形成机制,确定崩塌规模及潜在崩塌体分布范围。

(2)对规模大、破坏后果很严重的崩塌,路线方案应绕避;对规模较大、破坏后果严重的崩塌,要论证处治方案的可行性、安全性和经济性,以决定是采用处治方案还是路线绕避方案;对规模较小的崩塌,采用处治方案。

(3)崩塌的发生是潜在崩塌体长期蠕变拉裂效应累积的结果,大致可划分为以下几种破坏模式:倾倒式崩塌、滑移式崩塌、拉裂式崩塌、错断式崩塌,分别如图11-18a)~d)所示。现场勘察时,应根据岩土体的结构特征和环境影响因素综合确定,并根据不同的破坏模式提供防治建议。

(4)边坡落石距坡脚的水平距离可按以下经验公式估算:

$$X_{cr} = \frac{\alpha + 45}{45} \cdot \frac{H}{10}$$

式中：X_{cr}——落石距坡脚的水平距离(m)；
α——边坡坡角(°)；
H——落石高度(m)。

上述参数含义如图11-19所示。

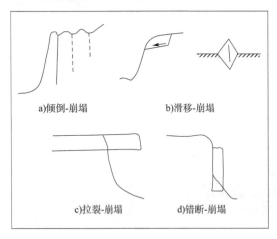

图11-18　崩塌破坏形式

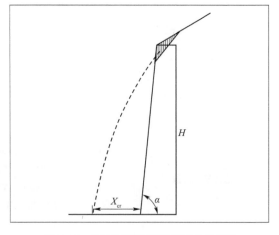

图11-19　落石距坡脚水平距离计算示意图

(5)潜在崩塌体的稳定性分析及变形预测，遵循"以定性分析为基础、定量计算为手段"的原则，采用工程地质条件分析法和工程地质比拟法进行评价。

四、采空区

(1)结合区域地质资料，通过现场地质调绘，确定含矿地层的分布特征；根据收集的矿区开采资料，划分老采空区、现代采空区及未来采空区；初步确定采空区的分布特征，评价采空区的规模。

(2)对大面积采空区，定性评价其"活化"的可能性，预测其变形发展趋势。对不稳定的大面积采空区原则上应绕避而不进行工程处治。

(3)采空区勘察以钻探和地质调绘为主，辅以物探工作。钻探应全孔取芯，要采取有效的钻探工艺保证岩芯采取率，垮落带(冒落带)和断裂带(裂隙带)的采取率分别不应小于30%和50%；钻孔岩芯编录除符合一般工程地质要求外，应重点记录采空区的垮落带(冒落带)、断裂带(裂隙带)和弯曲带的分布及特征。三带的垂向分布如图11-20所示。

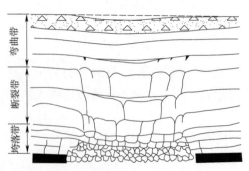

图11-20　采空区覆岩破坏分带模式

(4)采空区的钻孔数量以基本查明采空区特征为准；路基段(含隧道路基)钻孔勘探深度应达到采空区底板以下；桥梁段钻孔深度以满足桩基的稳定性和承载能力为原则。

(5)勘察范围沿路线长度应为压覆采空区的影响范围，宽度为采空区影响宽度[计算方法参见《采空区公路设计与施工技术细则》(JTG/T D31-03—2011)],并考虑新采和复采的影响。

(6)勘察成果应包括采空区特征分析、采空区稳定性分析和变形预测、采空区场地对拟建公路或构造物的适宜性评价及处治与监测建议。

(7)采空区稳定性分析与评价分为场地稳定性评价和公路地基稳定性评价两部分,遵循"以定性分析为基础、定量计算为手段"的原则,按照《采空区公路设计与施工技术细则》(JTG/T D31-03—2011)中相关评价标准进行。

五、软土

(1)通过地质调绘和现场勘察确定软土的成因类型、地层结构特征,尤其应重视表层或上部"硬壳层"的分布情况,如图 11-21 所示。对改扩建的国省道工程,应充分利用表层或上部"硬壳层",降低处治费用。

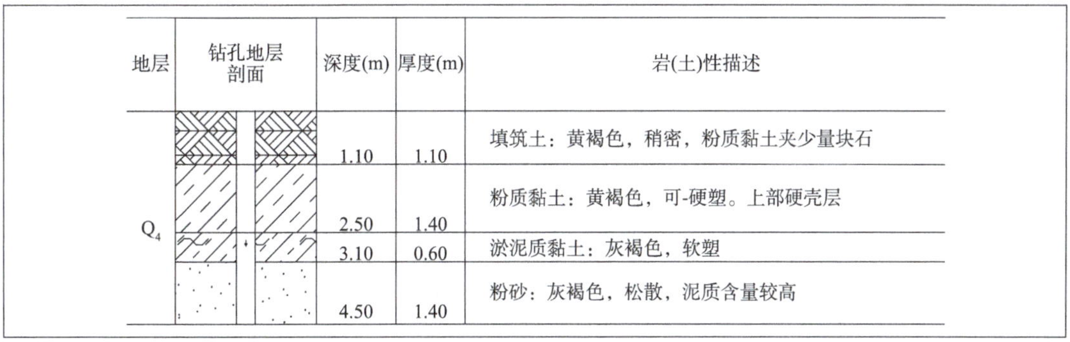

地层	钻孔地层剖面	深度(m)	厚度(m)	岩(土)性描述
Q_4		1.10	1.10	填筑土:黄褐色,稍密,粉质黏土夹少量块石
		2.50	1.40	粉质黏土:黄褐色,可-硬塑。上部硬壳层
		3.10	0.60	淤泥质黏土:灰褐色,软塑
		4.50	1.40	粉砂:灰褐色,松散,泥质含量较高

图 11-21 软土区钻孔地质柱状图

(2)对湖相沉积软土,应采用钻探取样和原位测试相结合的综合勘察方法,原位测试优先选用标准贯入试验、静力触探试验和十字板剪切试验。地质编录时应加强地质分层,尤其应注意分辨软土中所夹砂类土层的分布特征(团块状分布或层状分布)。

(3)对山涧沟谷区分布的软土,应采用螺纹钻和轻型动力触探相结合的方法进行勘察。黏性土的稠度状态与轻型动力触探击数的对应关系可参考表 11-3 确定。

黏性土的稠度状态与轻型动力触探击数(N_{10})的关系　　　　表 11-3

N_{10}(击)	<16	16~20	21~30	>30
稠度状态	软塑	可塑	可-硬塑	硬塑、坚硬

(4)根据近几年的工程实践与研究,可将洞庭湖地区的软土分为三类,即淤泥质土、淤泥质土夹砂和砂纹淤泥质土,分别如图 11-22a)~c)所示。这三类软土在整个洞庭湖区具有较强的分布规律,工程特性具有较大的差异性,勘察时需加强地质判别和土工试验工作。

(5)软土室内试验样应使用薄壁取土器取样,采用压入法或重锤少击法采取,并应及时送样和试验。

(6)软土区勘察工作量的布置、室内试验工作均应满足《公路工程地质勘察规范》(JTG C20—2011)的要求。

a)淤泥质土

b)淤泥质土夹砂

c)砂纹淤泥质土

图 11-22　洞庭湖区三类主要软土类型

六、红黏土及灰岩残积土

(1)采用地质调绘、钻探和土力学试验相结合的方法,查明不同地貌单元的红黏土及灰岩残积土的分布特征和物理力学性质。

(2)泥质类灰岩的残积土除具有高液限特征外,还具有弱至中等膨胀特性,这些特征应通过常规室内试验确定。

(3)湖南省在红黏土地区公路的主要病害是路堑边坡的变形问题。红黏土具干缩湿胀特性,久晴后的降雨极易造成边坡的坍塌变形。因此,路线方案设计时,要总体上控制边坡高度、加强防渗排水措施,并在坡脚增设挡土结构。

(4)接近基岩面的下部红黏土层或灰岩残积土往往含水率较上部高,呈软塑或可~软塑状态,揭露后易发生收缩变形和塑性挤出变形,从而导致边坡失稳破坏,故应控制路基设计高程,避免揭露下部软弱土层。

(5)红黏土不应直接作为路基填料,其中压缩系数大于 0.5MPa^{-1} 的红黏土不得用于填筑路堤。

图 11-23　花岗岩残积土柱

七、花岗岩残积土

(1)采用挖探、钻探、原位测试等进行综合勘探,勘探及原位测试工作量应根据地形地质条件和构造物类型确定,并满足《公路工程地质勘察规范》(JTG C20—2011)的要求。

(2)根据含砾和含砂量将花岗岩残积土划分为砾质黏性土、砂质黏性土及黏性土;室内试验应测定其中细粒土的天然含水率、塑限和液限;原位测试采用标准贯入试验。

(3)花岗岩残积土和风化岩的地质分层主要根据矿物的风化程度和标准贯入试验的实测击数确定。主要矿物风化程度的鉴别可参见图 11-23 和图 11-24,标准贯入试验实测击数与花岗岩风化程度的关系可参考表 11-4。

(4) 花岗岩残积土的桩侧极限摩阻力值可根据室内试验、标准贯入试验及有关规范中的经验数据综合确定，必要时通过现场荷载试验确定。

(5) 对花岗岩残积土边坡，除查明土层的组构特征外，更要重视对土层中原岩结构面的地质调查；除考虑地表水对坡面的冲刷破坏外(图 11-25)，更应重视可能顺原岩结构面产生的滑移或崩塌破坏，图 11-26 为某省道上的一个花岗岩残积土高边坡在运营期间发生的滑坡，平均厚度约 15m 的滑体顺原岩中的外倾结构面发生滑移，交通中断并破坏了坡脚的挡土墙。

图 11-24　花岗岩全风化岩土柱

实测标贯击数($N_{63.5}$)与花岗岩风化程度的关系　　表 11-4

实测标贯击数 $N_{63.5}$	<40	40～70	≥70
花岗岩风化状态	残积土	全风化	强风化

图 11-25　花岗岩边坡坡面冲刷

图 11-26　花岗岩残积土滑坡

第四节　改建公路地质勘察

(1) 应充分收集已建公路的工程地质勘察资料、设计和施工资料，调查既有构造物的地基稳定状态和变形特征，评价不良地质体处治方案的有效性，以便有针对性地开展地质勘察工作。

(2) 一般路基可采用螺纹钻、轻型动力触探、挖探等勘探方法；连续分布的软弱土路基应采用静力触探、钻探等勘探方法；岩溶和采空区路基应采用物探和钻探相结合的勘探方法；潜在不稳定边坡和陡坡路基应采用地质调绘和钻探相结合的勘探方法。

(3) 桥梁地基勘察以钻探为主，大型构造发育区、岩溶区和采空区宜布置物探工作，以合理确定持力层。隧道勘察应以地质调绘、物探和钻探方法相结合，在地质分析的基础上针对地质异常点布置钻探工作,验证和修正地质模型,以合理评价围岩。

(4)加宽桥梁时,原则上宜采用桩基础,并宜采用旋挖或回转成孔工艺,尽量避免采用浅基础和冲击成孔工艺,以减少对老桥地基的扰动。

图11-27　沿既有下边坡外侧拓宽

(5)既有国省道的边坡,由于开挖时间长,坡体的卸荷作用已完成,且局部不稳定部分已进行了防护,故其现状稳定性较好。加宽时,路线方案应以不扰动或少扰动既有边坡为原则,以维持其现状稳定状态。如图11-27所示的某省道高边坡,岩体具碎裂状结构,经常发生落石和楔形体崩塌变形,经喷射混凝土处治后边坡一直稳定,在后期的提质改造中不开挖坡体来拓宽路基,而是在下边坡外侧增加支挡来拓宽路基,以维持边坡的现状稳定性。

(6)对既有国省道上已处治过的滑坡,公路改建时应避免在滑坡周界内填筑路堤或开挖路堑边坡,以免诱发滑坡复活。

(7)在岩溶地区改建公路时,对路基有影响的岩溶水应疏导引排,不得改变地表水及地下水的排泄条件。

第十二章　普通国省道设计案例分析

第一节　浏阳市永社公路示范工程

一、浏阳永社公路示范工程概况

浏阳市永安至社港公路由 G106 社港至龙伏段和 S204 龙伏至洞阳段构成，全长 41km，与京港澳国家高速公路东复线湖南省平江至汝城高速公路相伴而行，地处美丽的捞刀河河谷地带，连云山脉、龙华山脉逶迤在永社公路东西两侧，连通了素有"山川聚美千古秀，耕读传家万年长"美誉的浏北地区，沿线广泛分布有王震故居、寻淮洲故居、新安桥、沈家大屋等湖南省级文物保护单位和焦达峰故居、田波扬故居、界口贞节牌坊等长沙市级文物保护单位，还有江氏正骨术、长沙花鼓戏、长沙山歌等湖南省级非物质文化遗产，龙伏镇新开村等省级历史文化名村及洞阳镇西园社区等省级农家书屋。图 12-1 为浏阳永社公路现状实景。

　　　　　　a)　　　　　　　　　　　　　　　b)

图 12-1　浏阳永社公路现状实景

为实现"交通与旅游融合、公路携经济同行"的目标，永社公路于 2016 年入选湖南省公路安全生命防护示范工程、2017 年入选湖南省干线公路建设示范工程。示范工程遵循"创新、协调、绿色、开放、共享"发展理念，以"安全提标、景观提升、服务提质、管理提优、文化提醒、社评提高"为手段，积极探索直面新型旅游出行方式的交通基础设施建设管理模式，努力实现"建设绿色示范干线公路、打造新型郊野旅游产品"的示范目标。

二、示范内容简介

(一)安全提标

本示范工程以"安全提标"作为基础,高度重视旅游交通安全,着力强化和完善平面交叉口、急弯陡坡、学校等特殊路段的安全保障措施,倾力打造更系统、更人性化的道路标志指引体系,关注路侧宽、深边沟等细节安全的处理,全面提升道路的本质安全性。

1. 平面交叉口的安全优化

平面交叉口是国、省干线公路事故率较高的路段之一。因此,本次设计将平面交叉口的安全优化作为重点内容。

将平交口的视距问题作为优化重点,采取调整被交道纵坡、平交口范围绿化等方式,确保平交口行车视距满足行车安全要求。

完善平交口的交安设施,确保相关警告标志、道口桩等设施完备,同时加强对于平交口低等级道路的接入管理,包括在低等级道路上增设停车让行标志等明示路权的标志以及橡胶减速带、减速垄等强制性速度控制设施。图12-2为通过完善小型平交口的安全设施进行安全优化。

a)

b)

图12-2　通过完善小型平交口的安全设施进行安全优化

2. 急弯陡坡、学校等特殊路段的安全优化

(1) 急弯陡坡路段

采用的措施包括:在路段两侧增设大型悬臂式行车安全提醒标志;下坡方向连续设置纵向减速标线,并在下坡段的适当位置设置车速实时反馈监测装置;弯道路段增设太阳能线形诱导标;弯道外侧设有宽、深边沟的路段增设护栏。

(2) 学校路段

采用的措施包括:在学校路段两侧新增大型悬臂式行车安全提示标志;在学校路段新增多组横向减速标线;合理设置人行过街设施,采用更醒目的彩色立体人行横道线;在学校路段两侧设置车速实时反馈监测装置。图12-3为特殊路段的安全优化示例。

a)   b)   c)

图 12-3   特殊路段的安全优化示例

3. 指路标志体系的安全优化

（1）增补缺失标志，形成由预告、告知和确认标志构成的完善的指路标志体系。

（2）全面梳理和调整指路标志的路径指引信息，形成清晰、连续的标志指引信息。

（3）调整标志支承形式，对于受路侧绿化影响可视性不佳的柱式标志，统一改为悬臂式标志。

4. 道路边沟的安全优化

对路侧宽、深水沟进行改造，增设盖板或改为浅碟形边沟，为司机增加容错的空间，同时为兼顾排水和景观要求。

（二）景观提升

本示范工程力图通过"景观提升"工程整体改善道路的行车环境，给人以"路在景中延、车在绿中行、人在画中游"的美好的行车体验。

永社公路沿线自然景色优美，山川秀丽，河流、山林、田园、草场以及各类经济作物大棚栽植片区规模宏大；部分路段可远望连绵起伏的悠悠青山，近观绿油油的草场、稻田。本次景观提升工程充分结合路侧两边自然景观、地貌、地形及建筑物情况，遵循"露、透、封、诱"及远景、近景相结合的景观总体设计理念，打造独具特色美丽公路。

（1）沿线路域景观良好、田园风光秀丽、滨河风景优美等路段植物种植进行梳理，使行车视线更为通透，将自然景观引入司乘人员的视野，通过"借景"将公路景观与沿线大地景观融为一体，如图 12-4 所示。

（2）对于路侧有碍美观的建筑物，如厂房、采石场等，或者经过居民区的路段，则采用"封"的手法，苗木加密成片栽植。

（3）全线植物统筹规划，分路段分节点进行不同绿化种植，强化道路沿线各个乡镇的可识别性，突出各自特色，形成一镇一景、一镇一季，如图 12-5 所示。

（三）服务提质

"旅游+交通"融合带来的最主要转变之一就是旅游交通内涵的明显变化，它不再是一种简单的运输方式或工具，而是以运输设施和交通线路为基础，满足旅游者出行、游览、运动、休闲等需要的综合旅游运输服务，因此，"服务提质"是本次示范工程的关键和核心内容之一。

a) b)

图 12-4 通过"借景"手段进行的景观改造

a) b)

图 12-5 "一镇一景、一镇一季"景观改造

1. 升级与增加休息服务设施

针对本项目服务区、休息区和港湾式临时停车区等服务设施不足的现状,通过改造优化加油站路面设施条件、合理利用路侧闲置空地等方式,新增便民服务点、休息区等服务设施,基本功能重点解决停车、休息、超市、公共厕所、信息引导以及应急、无障碍救援;扩展功能则包括餐饮、旅游、加油、加气、充电、加水、维修等功能,满足道路使用者的旅游休闲的各方面的需求。图 12-6 为升级改造养护工区、增设充电桩。

2. 建立旅游交通信息共享平台

本项目引入了基于移动互联网和微信平台的旅游交通信息工程平台,实现旅游+交通信息的深入融合,道路使用者通过扫描二维码、摇一摇等多种简单的操作方式,可实现方便、快捷地接入该信息共享平台,从而全方位获取对应交通路段的综合智能信息,包括:交通导览、交通服务、旅游景点、民俗特色、餐饮住宿等服务信息。图 12-7 为智慧公路互动平台。

3. 增设自行车慢行专用道

因地制宜,遵循"安全、节约、环保、灵活"的总体原则,尽可能少占地、少征拆,在部分两段的两侧增设自行车道慢行专用道,全线共设置总设置长约 12km 的自行车道。图 12-8 为路侧新增自行车道。

普通国省道设计案例分析 第十二章

a)

b)

图 12-6 升级改造养护工区、增设充电桩

图 12-7 智慧公路互动平台

225

图 12-8 路侧新增自行车道

4. 对接沿线旅游景点

本项目周边自然、人文、历史景观众多,而现有的旅游标志、标识体系缺乏统一的规划,标志信息选取缺乏层次性,标志指引不连续大大降低了其旅游引导服务功能。因此,本次优化设计重点对本项目的旅游标志进行了全面的梳理,打造信息层次更为清晰、指示更为明确、连贯的旅游信息指引体系。该指引体系由一级指引标志和二级指引标识两级构成:

(1)一级指引标志,主要用于对景点的远程连续指引,采用逆反射标志。图 12-9 为用于景点远程连续指引的一级指引标志。

图 12-9 用于景点远程连续指引的一级指引标志

(2)二级指引标识,共分为三类,其中第 Ⅰ 类适用于对道路两侧 2~3km 范围内景点的指引,设置在通往景点的岔路口;第 Ⅱ 类适用于对本项目周边主要景点的指引,设置在沿线的服务区、休息区等服务设施内。图 12-10 为用于景点较近和近距离指引的二级指引标识。

a) b)

图 12-10 用于景点较近和近距离指引的二级指引标识

(四) 管理提优

1. 推行"路长制"管理新模式

充分发挥"路长制"管理新模式的作用,形成公路管理部门与沿线乡镇协同联动、齐抓共管的新局面,重点解决好以下问题:

(1)"疏、堵"结合妥善解决好集镇路段停车问题。由各乡镇政府部门牵头,通过公路、交警、城管等多部门联动,取消集镇路段的路边停车位,同时利用周边空地合理新建停车场,推动集镇路段的规范化管理,根本扭转集镇路段交通秩序较混乱的现状。

(2)由各乡镇进一步完善本项目至周边旅游景点的连接道路和延伸指引标识,使道路与沿线景点真正融为一体,实现整体效应的最大化。

2. 构建智能路网运行监测系统

依据我国关于国、省干线路网监测系统的总体发展要求,建设由高清监控摄像机、车辆检测器和可变信息标志等前端监测和信息发布设备,以及后台数据处理、存储终端构成的智能路网运行监测系统,提高道路管理部门的应急处置响应速度和处置能力,通过科学调度增强道路的通行能力,提升道路整体服务水平。

3. 规范集镇路段的管理

(1)取消集镇路段的路侧的停车位,改作非机动车车道,实现机非分离。

(2)对于路幅较窄、人行道存在机动车停放现象的路段,为避免车辆随意进、出路面而可能带来的交通安全隐患,在道路两侧人行道沿增设钢管隔离桩;对于路幅较宽,车辆、行人随意横穿现象较突出的集镇路段,增设中间隔离栏杆,同时合理加密人行过街设施。

(五) 文化提醒

文化是"旅游+交通"的内在核心,是灵魂,因此,本示范工程通过"文化提醒"工程,以雕塑、小品等多种表现形式集中展现本项目沿线的公路文化、地域特色文化和农业文化等,为本项目注入人文精神。

1. 增设公路文化标语和雕塑

利用挖方边坡,在边坡防护的构筑物上书写表现"湘路精神"公路文化标语及"办人民满意公路"的文化标语。图12-11为公路沿线各处文化标语和雕塑。

a)

b)

c)

图12-11　公路沿线各处文化标语和雕塑

2. 打造地域文化特色小品

在休息区内设置雕塑、小品集中展现周边的地域特色文化在浔江驿休息区内设置"耕读传家"主题雕塑,作为博士村的旅游导引,突显浏北地区的耕读文化;在罗福弄服务区内设置古屋场文化墙,重点推荐周边的沈家大屋、周家大屋等明清古宅,图文并茂加深游客印象,引导游人参观;利用弃土场设置主题小品,如北盛的"久负盛名、天下粮仓"为主题的小型景点,突出北盛仓文化主题。图12-12为沿线主题文化休息区。图12-13为沿线主题文化小品。

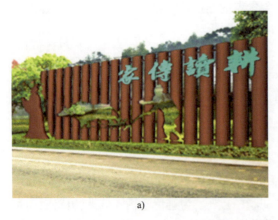
a)

b)

图12-12　沿线主题文化休息区

3. 推介观光休闲农业文化

本项目沿线分布有多处特色水果种植园,本设计通过利用路侧空地设置港湾式停车带、木栈道等方式实现旅游交通与种植园之间直接连接,可以安全有效地引导游人参与到体验式采摘旅游休闲中。图12-14为沿线观光木栈道+售卖亭连接方式的效果图与实景。

a) b)

图 12-13 沿线主题文化小品

a) b)

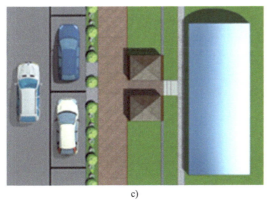

c) d)

图 12-14 沿线观光木栈道 + 售卖亭连接方式的效果图与实景

(六) 社评提高

本项目是湖南省"交通 + 旅游"建设模式的新尝试,也是公路部门为适应当前人民群众切实需求、地方经济发展的一次主动变革,其根本目的是更好地服务地方民生和经济发展。

(1)满足了旅游者出行、游览、运动、休闲等多层次需求,提高游客舒适度和满意度。

(2)增加了沿线工业及农业产品的附加值,引领区域供给侧结构性改革,转变沿线群众的生活方式,实现全民参与、全民受益。

第二节　G354娄底至涟源公路改扩建工程

一、项目概况

娄底至涟源公路是G354(原S908、之前为S312)途经娄底市的一段,有"湘中经济走廊咽喉"之称。改建段东起娄底市区西侧的金子塘,西至涟源市西侧与G207相交,是娄底市东西向的一条重要的交通干道,连接了区域内的两大经济中心娄底市与涟源市,承接着涟源、冷水江、新化与娄底市区之间的交通联系,是涟源、冷水江、新化三县市的经济命脉线,同时也是娄底往西的重要交通出口。

老的娄涟公路于1995年10月经省计委批准立项,属广东至湖南高速公路走廊项目,湘潭至耒阳段子项目,湖南省重点项目,1998年6月开工建设,2002年9月竣工通车。原设计为全封闭全立交二级汽车专用公路,建成后实际未予封闭。拟改扩建路段全长约33.6km,原按设计速度为80km/h的二级汽车专用公路标准修建,路基宽15m,水泥混凝土路面宽12m,全线最小平曲线半径为450m,最大纵坡5%,设互通立交2处。道路能达到一级公路标准水平。项目受洪水位控制的地方有三处,均满足1/100水位要求,其他地段不受洪水位控制。

改扩建后本项目全线采用一级公路标准建设,设计速度80km/h,路基宽度24.5m,大、中桥宽度30m,全线桥涵设计汽车荷载等级采用公路Ⅰ级。改扩建后主要技术指标见表12-1。改扩建项目主要工程量见表12-2。

改扩建后主要技术指标表　　　　表12-1

项目	单位	主线指标
公路等级	—	一级公路
设计速度	km/h	80
路基宽度	m	24.5
行车道宽度	m	2×7.5
桥宽	m	2×15
设计车辆荷载等级	—	公路—Ⅰ级
设计洪水频率	—	1/100
平曲线最小半径	m	极限值250m,一般值400m
不设超高的平曲线半径	m	2500
缓和曲线最小长度	m	70
最大纵坡	%	5
最小坡长	m	200

续上表

项目			单位	主线指标
竖曲线	凸	一般	m	4500
		极限	m	3000
	凹	一般	m	3000
		极限	m	2000
竖曲线最小长度			m	70
中间带宽度			m	2.0

改扩建项目主要工程量表 表 12-2

序号	指标名称	单位	数量 施工图设计	备注
1	路线长度	km	33.634	
2	土石方数量	万 m³	93.3	
	其中:土方	m³	74.68	
	石方	m³	18.63	
3	防护及排水工程	m³	120110.9	
	挡土墙及桩板墙	m	3251	
	滑坡处治	m/段	321/3	
4	沥青混凝土路面	m²	779737.5	
5	涵洞	道	101	含互通主线
6	大桥	m/座	686.44/5	新增半幅
7	中桥	m/座	—	
8	小桥	m/座	17.84/1	加宽利用
9	互通式立交	处	2	
	互通内天桥	处	1	拆除重建
	互通内中桥	m/座	41.54/1	拆除重建
	互通内小桥	m/座	37.14/1	新增半幅
10	分离式立交	处	7	
	分离式立交(中桥)	m/座	43.84/1	拆除重建
	分离式立交(小桥)	m/座	206.22/6	其中1座利用,5座拆除重建,2座改通道
11	通道	处	82	含互通主线
12	天桥	处	8	
13	征用土地(新增)	亩	2043.16	占用原公路用地1552.674
14	占用水田		44.937	

续上表

序号	指标名称	单位	数量	
			施工图设计	备注
15	拆迁建筑物	m^2	22266	
16	安全设施	公路公里	33.634378	
17	造价	万元	80893.91	

二、原有公路使用状况及存在的主要问题

如图12-15～图12-24所示,原有公路交通量大,沿线居民、厂矿企业多,公路隔离设施破坏严重,多处立交变为平交,且新增了很多平交口。部分边坡出现坍塌,部分边沟、排水沟垮塌、淤塞。路面出现破损,坑洼不平。所有桥梁均存在桥面纵向、横向裂缝发育贯通、桥面破损厉害、桥头跳车现象、伸缩缝泥土淤塞、泄水管堵塞排水不畅等严重等病害。

a) b)

图12-15 原公路总体状况

 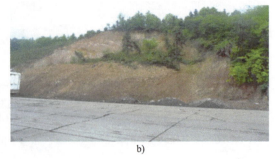

a) b)

图12-16 老路部分边坡坍塌

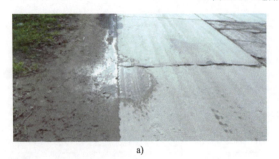 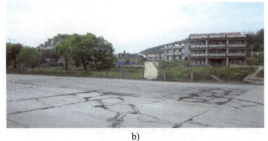

a) b)

图12-17 老路路面破损严重

a)　　　　　　　　　　　　　　　　　　b)

图 12-18　老路部分排水沟垮塌、淤塞

图 12-19　桥梁盖梁渗漏腐蚀　　　　　　　图 12-20　桥梁绞缝渗漏洗白

图 12-21　桥梁盖梁挡块裂缝　　　　　　　图 12-22　桥头路面破损

图 12-23　桥梁拱底灰缝脱落　　　　　　　图 12-24　桥梁拱脚漏水

三、设计思路

(一)集约利用通道资源

在既有公路运行速度能够满足要求的路段,经运行安全性论证,并确保交通安全防护及管理措施到位的前提下,可维持既有公路平纵面线形。经过前期踏勘及外业调查,改扩建时大部分路段采用单侧加宽的方式,小部分路段根据实际情况灵活采用两侧加宽方式。

(1)老路已通车近11年已基本无沉降,采用单侧加宽的方式避免了每侧小范围加宽后在行车道位置产生不均匀沉降。

(2)本项目为改建工程,是在不中断交通的情况下进行施工,采用单侧加宽,可将对老路的影响降到最低。

(3)老路单侧的防护排水工程可最大化利用。

(4)大大提升大中桥加宽的设计及施工的便利性。

(5)选择填挖工程量较少、拆迁量较小、地质情况较好的一侧进行加宽,可减少大量土方及边坡防护工程,避免诱发新的地质灾害和工程病害。

如图12-25~图12-29所示均为各路段灵活选择加宽侧的实例(各图左图为改扩建前老路实景,右图为改扩建后新路实景)。

a)　　　　　　　　　　　　　　　b)

图12-25　老路右侧边坡曾出现垮塌且现有防护工程较好,选择左侧加宽

a)　　　　　　　　　　　　　　　b)

图12-26　老路右侧土方量较大,路段不缺土方且拆迁不大的情况下选择左侧加宽

　　　　　　　a)　　　　　　　　　　　　　　　b)

图 12-27　老路左右侧均为切方路基,但右侧工程地质条件更差,选择左侧加宽

 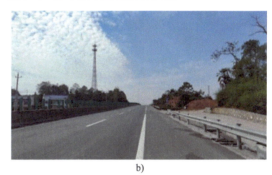

　　　　　　　a)　　　　　　　　　　　　　　　b)

图 12-28　左侧拆迁量大,且右侧平交也需改造,选择右侧加宽

　　　　　　　a)　　　　　　　　　　　　　　　b)

图 12-29　左侧坡体地质条件一般,选择右侧用填方加宽

（6）如图 12-30、图 12-31 所示的谭家互通改扩建,如左加宽谭家互通只需改造 D、E 匝道,工程量较小;如右加宽改造 A、B、C 匝道,工程量较大;如两侧加宽则整个互通需要改造,工程量最大且设计施工最为复杂。综合比较,本段采用左加宽路基的方式。

（二）提高老路及废旧资源利用率

交通运输部《关于实施绿色公路建设的指导意见》进一步明确了绿色公路建设的指导思想:落实"四个交通"发展要求,促进公路发展转型升级,建设以质量优良为前提,以资源节约、生态环保、节能高效、服务提升为主要特征的绿色公路,实现公路建设健康可持续发展。

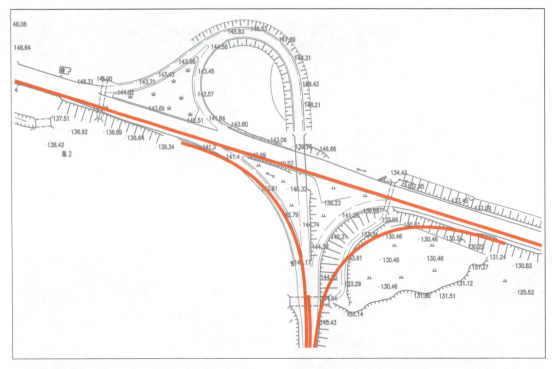

图 12-30　谭家互通加宽平面图

图 12-31　谭家互通改建后实景图

设计浪费就是最大的浪费,提高老路及废旧资源的利用率对集约节约,控制工程造价起着至关重要的作用。就本项目来说,老路废旧资源主要是利用旧水泥路面破碎后作为底基层再利用以及轻质土和波纹管加固改造老桥。

1．旧水泥路面破碎后利用为新建路面底基层

老路的水泥混凝土路面宽约 12m,路基宽约 15m,路面结构为 24cm 水泥混凝土面层 + 20cm5％水泥稳定碎石。如前述图 12-17 所示,由于交通量增长,超载现象严重等原因,全线路面断板、脱空率严重,板接缝或裂缝处弯沉较大。据现场调查统计,老路路面断板、脱空率超过35％,路面板接缝或裂缝处平均弯沉大于 0.7mm,老路路面已无法直接利用。论证后采用加铺沥青混凝土路面方案,原老路水泥路面破碎后作为底基层予以再利用。

改建路面方案如表 12-3 所示。

水泥路面改沥青混凝土路面方案　　　　　　表 12-3

路面结构层	新建加宽路段	原水泥混凝土路面加铺方案一	原水泥混凝土路面加铺方案二
面层	4cmAC-13＋5cmAC-20C＋7cmAC-25C	4cmAC-13＋5cmAC-20C＋7cmAC-25C	4cmAC-13＋5cmAC-20C＋7cmAC-25C
封层	改性沥青同步碎石	改性沥青同步碎石	改性沥青同步碎石

续上表

路面结构层	新建加宽路段	原水泥混凝土路面加铺方案一	原水泥混凝土路面加铺方案二
上基层	25cm5%水泥稳定碎石	25cm5%水泥稳定碎石	—
下基层	18cm5%水泥稳定碎石	24cm原水泥混凝土路面破碎化	24cm原水泥混凝土面板
底基层	18cm4%水泥稳定碎石	20cm原老路基层	20cm原老路基层
总厚度	77cm	85cm	60cm
优点	—	(1)对于原路面病害的处治较为彻底; (2)在路线中线处调整高度将达24cm,可通过加厚水稳碎石上基层来调整横坡路拱	路面厚度较薄
缺点	—	水泥混凝土路面破碎后回弹模量较低,需在其上加铺一层水稳碎石上基层,才能满足路面的结构强度,因此路面厚度稍大一些	(1)需对原路面进行换板、注浆、灌缝等处治,可能导致病害处治不彻底,反射裂缝较多; (2)在路线中线处调整高度达24cm,不利横坡调整
—	—	最终采用方案	—

2.泡沫轻质土和波纹管加固改造老桥

石门分离式立体交叉为主线上跨农村公路,老桥为一孔13m普通钢筋混凝土空心板桥,重力式桥台,扩大基础,正交,桥宽15m,设计汽车荷载为汽超—20、挂—120。桥梁检测评定该桥为1类桥,如按常规设计该桥可能会拆除重建。但由于该桥拆除重建期间老百姓的交通出行无法解决(绕行距离很远),且全桥新建工程费用较大,地方上有所顾虑。综上,该桥最终采用了钢波纹管结合泡沫轻质土回填的加固方案。该方案虽牺牲了一点桥下空间,但施工快速便捷,通过泡沫轻质混凝土的回填,不仅能减少恒载,达到现行规范的计算要求,而且能满足极窄工作面条件下的施工,且较拆除重建方案减少工程费约86万元。图12-32和图12-33是加固前后实景图。

图12-32 石门分离式桥改建前

图12-33 石门分离式桥改建后

(三)加强生态保护,注重自然和谐

近年来我国开始实行最严格的生态环境保护制度。公路建设作为资源消耗大户,其对于生态保护的认识提升有很大的意义和价值。设计作为先行,更是应该把注重自然和谐作为设计的前提和根本。

(1) 加宽方式灵活选择。如前述图 12-25 ~ 图 12-29 所示,各路段根据地形地质条件、工程数量大小、拆迁情况等采用灵活的加宽方式,不拘泥于统一与刻板的标准化,将对环境的破坏降至最低。

(2) 路线指标灵活应用。如图 12-34 所示,龙江大桥及所接地方道路距离老路 7m,高程比老路低 5.5m。为避免拆迁龙江大桥及房屋,路线采用 1.23°小偏角,半径为 20813m,虽较规范的常规值有所突破,但在保证安全的前提下实现了价值最优。龙江大桥段改建前后如图 12-34 和图 12-35 所示。

图 12-34 龙江大桥路段改建前实景

图 12-35 龙江大桥路段改建后实景

(3) 自然景观与工程建设和谐统一。如图 12-36 所示,温家河桥路段老桥为一座 1×40m 空腹式石砌板拱桥,桥梁结构与秀丽风景浑然天成,成为地方一道标志性的风景桥,吸引了不少摄影爱好者的到访。该桥梁全长 67.15m,桥面全宽 15m,右交角 90°。0 号、1 号台采用重力式台。

a)

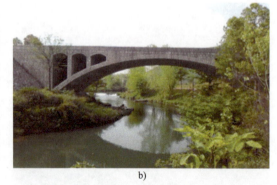

b)

图 12-36 老路空腹式石砌板拱桥实景

从设计角度有两种桥型方案可供选择,第一种是采用与老桥跨径一致,桥型一致的 1×40m 钢筋混凝土板拱桥,下部结构采用重力台配扩大基础,桥梁全长 76.6m,桥面全宽 15m,右交角 90°。这种方案的优点是:左右幅桥梁的整体协调性和美观性好,几乎与原桥景观一致,缺点是左幅桥台会与老桥桥台基础、锥坡冲突,须拆除一部分老桥桥台及基础,影响老桥结构的稳定性。第二种方案为 3×30m 连续 T 梁,下部结构采用柱式台和柱式墩配桩基础,桥梁全长 96.0m,桥面全宽 15m,右交角 90°。该方案的优点是边跨能跨越老桥桥台及锥坡,避免对老桥结构的干扰,不影响老桥的结构稳定性,其缺点是与老桥风格不统一,景观协调性差。

经反复论证和计算,在确保安全的前提下,从自然和谐方面考虑,确定采用完全利用老桥作为路基左幅,新建与老桥桥型、跨径一致的 1×40m 钢筋混凝土板拱桥作为拓宽后的右幅路基,改扩建后的桥梁如图 12-37 所示。

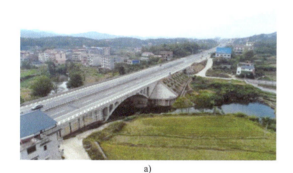
a)

b)

图 12-37　改扩建后钢筋混凝土板拱桥与老桥浑然一体自然和谐

四、设计总结

公路改建工程在现状调查分析、评价的基础上,研究老路的改建方案。

公路改建工程应对既有公路进行全面深入的调查,对既有公路进行评价,并对利用既有公路情况进行详细说明。

安全原则:技术方案应能充分保证原路基和结构物的安全稳定,避免产生新的道路交通安全隐患,避免诱发地质灾害和工程病害,并要有利于保障施工期的行车安全和施工安全。

节约原则:在技术条件可行的多种改扩建实施方案中,应本着节约原则优先选择能节约土地资源、节省工程造价的方案。

方便原则:技术方案的选择应能方便原道路和设施的扩建改造与质量控制,方便施工期道路和路网交通组织,并有利于改扩建完成后公路运营管理的方便。

充分利用原则:技术方案应能充分利用原路的用地空间、路基、结构物和附属设施等原有工程、设施和材料等道路资源,最大限度地节约资源和保护环境。

第三节　S218 新宁县白沙至塔子寨改建工程

一、项目概况

1. 项目背景

"桂林山水甲天下,崀山风景赛桂林",这是爱国诗人艾青对崀山的赞美;"半生长誉丹霞美,方识崀山比丹霞",这是丹霞地貌学术创始人陈国达发出的感慨。坐落在湘桂边陲的崀山景区曾被《中国地理杂志》之《选美中国》版块评选为中国最美丹霞。它是世界自然遗产、国家5A级风景名胜区、国家地质公园,位于湖南省新宁县境内,南与桂林相连,北与张家界呼应。其地质结构奇特,山、水、林、洞浑然一体。

S218新宁县白沙至塔子寨公路(简称白塔公路)是崀山风景区成功申报世界自然遗产的重点配套工程,是湖南省"十三五"干线公路建设示范工程。项目位于崀山风景名胜区的外围,线路起于洞口至新宁高速公路八角寨互通出口匝道,终于崀山南大门,路线全长6.817km。本项目在路网中的地位与功能非常重要:是省道新S218的一部分;是通往广西的出省通道;是下高速后通往国家5A级风景名胜区崀山南大门的必经之路;是改善新宁县交通条件、提升旅游目的地通畅能力之路;是一条旅游观光慢行道。项目路线示意图见图12-38。

图12-38 项目路线示意图

2. 建设标准

本项目采用二级公路技术标准,设计速度60km/h,局部困难路段降为40km/h,路基宽度12m,沥青混凝土路面。项目采用的主要技术标准详见表12-4。

主要技术标准表　　表12-4

序号	项目	标准值	采用值
1	公路等级	二级	二级
2	设计速度	60km/h(40km/h)	60km/h(局部40km/h)
3	路基宽度	12m	12m
4	车道宽度	2×3.50m	2×3.50m
5	汽车荷载	公路—Ⅱ级	公路—Ⅱ级
6	设计洪水频率	大、中桥1/100; 路基、小桥及涵洞1/50	大、中桥1/100; 路基、小桥及涵洞1/50

续上表

序号	项目		标准值	采用值
7	圆曲线最小半径	一般值	200m(100)	最小值:60m
		极限值	125m(60)	最大值:1500m
8	最大纵坡		6%(7%)	7%
9	最小坡长		150(120)	120m
10	凸形竖曲线半径	一般值	2000m(700)	最小值:800m
		极限值	1400m(450)	
11	凹形竖曲线半径	一般值	1500m(700)	最小值:700m
		极限值	1000m(450)	

本项目全线属新宁县崀山镇，主要中间控制点有起点、鲤溪、青山冲及终点。沿线主要公路有：洞新高速、白塔公路、新梅公路，与本项目主线相接或交叉，本项目路线跨越的河流有鲤溪、扶夷江。

二、以环境保护为本——坚持因地制宜的路线设计原则

项目路线走廊属中低山、丘陵与河谷盆地相间地貌，地形起伏较大，山体较为陡峻，树木葱郁，流水潺潺，环保要求高。因此，本项目在进行几何设计时，立足于景观慢行道的定位，强调与地形地物的协调融合，不片面追求全路段的高标准，而是从指标的均衡协调性出发，在保证道路行车安全的前提下，提高项目的通行能力、服务水平和景观效果。此外，通过视线诱导、震动减速标线、警示标志等安全设施，保证陡坡路段的行车安全。图12-39为随山就势的平面线形。图12-40所示路段就是因地制宜设置纵坡的案例，该路段设计避免了大填大挖，最大限度地保护生态原貌，充分体现"不破坏就是最大的保护"的设计理念，使道路交通环境"轻轻地坐落在地面上"，实现沿线自然风景的协调统一。

图12-39 随山就势的平面线形　　　　　图12-40 因地制宜的纵面线性

根据《公路项目安全性评价规范》(JTG B05—2015)"附录B 运行速度计算方法"一章中运行速度的计算模型，对全线小客车和大货车的运行速度进行了预测分析。本项目全路段货车的运行速度均小于60km/h，速度协调性好。

三、以人之生命为本——安全性设计,无缝保障平安

本项目路线全长仅6.817km,但是却有3个平交口,1处分离式立体交叉,2个停车观景区,还有陡坡和小半径曲线路段,因此,以人为本进行安全性设计,无缝保障旅游公路平安畅通,是本项目设计的重中之重。

(一)平交口安全性设计

(1)白塔公路与洞新高速公路八角寨互通出口匝道平交设计。平交设计条件是被交道新宁方向交通量较大,平交范围内主线右侧为高填方。在对老路进行实地踏勘、运行速度验算之后,采取以下具体措施以提升安全性,如图12-41和图12-42所示。

①右侧高填方改造难度大,维持现状,在主线左侧拓宽以增设左、右转弯车道并设置渠化导流岛。

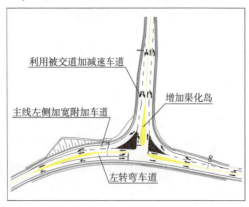

图12-41 平交范围安全优化设计图

②平交范围的被交道利用已有的加减速车道,增设渠化导流岛,并对转弯处进行修正。

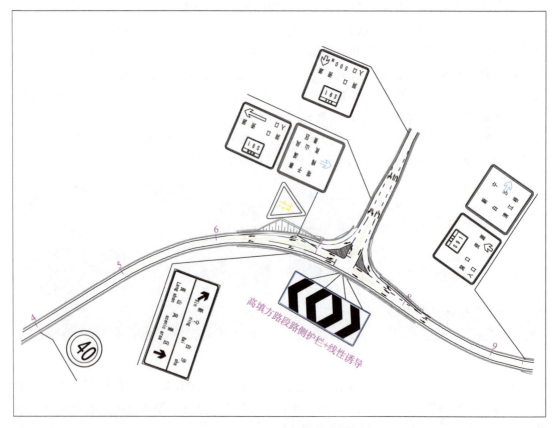

图12-42 平交范围安全设施优化设计图

③补充路侧护栏、指路标志、标线、线形诱导标等。

（2）为进一步完善景区带村旅游扶贫的措施，方便老百姓出行，项目在崀山镇鲤溪村新增了一处平面交叉。新的平交距高速收费站约900m，被交道为村道，路基宽度4.5m，于被交处向西延伸约6km，联系四五处村组，如图12-43所示。

为保证安全，此处平交完善新增了平交标志，修改了标线，补充了预告标志，同时在被交叉道路设置了减速让行标志，如图12-44所示。

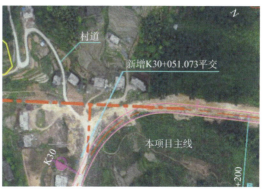

图12-43 鲤溪平交航拍图

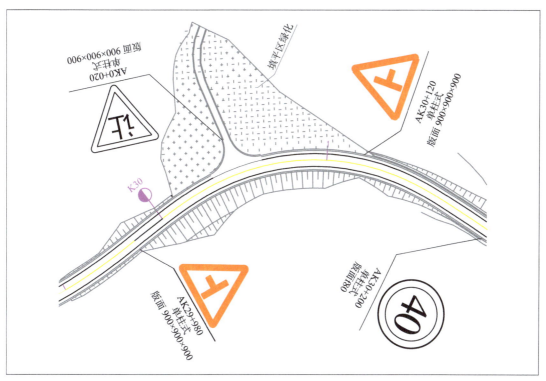

图12-44 新增鲤溪平交安全设施设计（尺寸单位：mm）

（3）终点崀山风景名胜区南大门平交设计。终点平交距八角寨核心景区很近，是本项目和崀山景区的重要结合点，景区客运索道站下站房也坐落于此，这里也是村民聚居区，地势开阔。此外，项目和新梅公路（原S218）也在此相交，交通量较大。根据复杂的交通情况，平交设计为主线增加右转弯加减速车道及渐变段、水滴形转弯车道分隔岛；被交道增加左转弯附加车道及转弯车道分隔岛。完善平交标志，补充预告标志及确认标志，同时在被交叉道路增设了线形诱导标，提升安全性。同时，结合与景区的地理关系，本平交还加强了对景区的指示与引导标志的设置，如图12-45、图12-46所示。

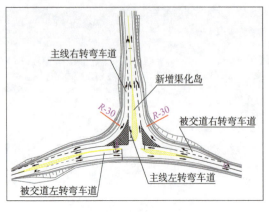 

图 12-45　终点平交平面设计图(尺寸单位:m)　　　　图 12-46　终点平交平面实景图

(二) 停车观景区安全性设计

为凸显本项目旅游慢行公路的定位,营造路在景中延,车在绿中行,人在画中游的意境,项目因地制宜在鲤溪大桥、青山冲大桥(横跨扶夷江)增加了两处停车观景区,使得游客有了"你在崀山上看风景,我在观景区里看崀山"的感慨。同时,为保证停车观景区的安全,对停车观景区的标志、标线进行了精细化设计,如图 12-47、图 12-48 所示。

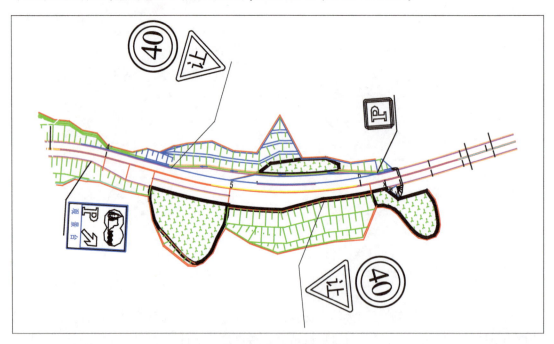

图 12-47　鲤溪大桥停车观景区安全设施设计图

(三) 陡坡及人行横道路段安全性设计

本项目在陡坡路段以及设有人行横道的处增设了彩色减速标线,在停车观景区设置彩色立体人行横道线,可以使路面产生突出或凹陷障碍的三维视觉效果,诱导司机主动减速慢行,且行车无颠簸感,更好地提醒司机安全驾驶,如图 12-49、图 12-50 所示。

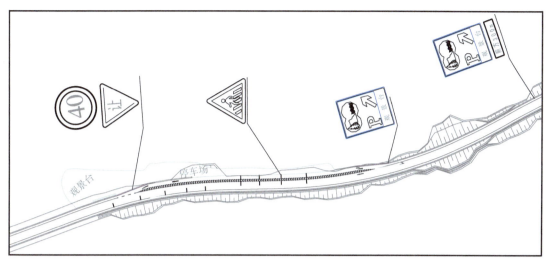

图 12-48 青山冲大桥停车观景区安全设施设计图

图 12-49 彩色减速标线

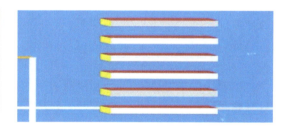

图 12-50 停车观景区彩色立体人行横道线

(四) 小半径曲线路段安全性设计

项目某路段平曲线半径为 60m,且此处通视条件稍差,通过增设急转弯警告标志和限速带等措施来保证行车安全,如图 12-51 所示。

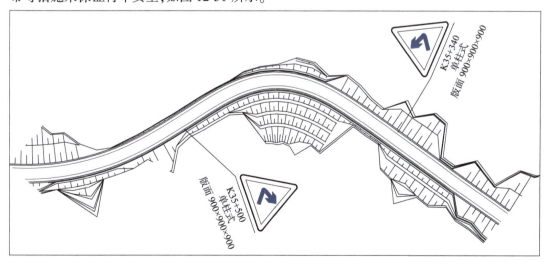

图 12-51 小半径路段增设急转弯警告标志(尺寸单位:mm)

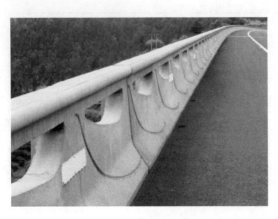

图 12-52 "凤凰展翅"型护栏

(五) 桥梁路段安全性设计

本项目地处崀山旅游风景区,为兼顾安全与景观,桥梁护栏采用了"凤凰展翅"造型的混凝土护栏。这种防侧翻混凝土护栏防护等级可达 SS 级,完全满足规范的安全要求,同时通过"凤凰展翅"的方向和造型,既有导向功能还增强了护栏的通透性,将自然美景引入工程当中,如图 12-52 所示。

(六) 分离式立交交叉路段安全性设计

主线下穿洞新高速分离式立交桥路段,前进方向右交角 114°,净高大于 5.5m,主线纵坡为 2%,下坡接 7.5% 陡坡上坡。为提升该路段安全性,将路线左侧混凝土护栏防护等级提高至 SA 级,同时把右侧护栏升级为 SA 级混凝土护栏,整个路段的护栏均涂以醒目的红白油漆,同时还在桥墩上设置立面标志。

四、以服务完善为本——观景慢行系统、照明系统及智慧交通系统设计

本项目沿线自然风光无限好,有美丽的梯田、重峦叠嶂的大山、茂密苍翠的松树,而且空气新鲜,是一个天然的"大氧吧",在公路上行驶,视野开阔,用路者有"车在景中行、人在画中游"的感觉,游客欣赏之余会情不自禁想有所停留,因此,为满足游客需求,提供完善的观景服务,又保证其观光安全,改扩建过程中新增两个停车观景区。

停车观景区不同于普通的观景区,除了提供观景平台外,还要满足观景平台处的停车需求,因此,本项目停车观景台使用景观评价、专家咨询、现场考察等方法,系统选址,因地制宜进行景观设计、精心细致施工,最终使停车观景台形成因地造势、呼应自然、融入自然的效果。

在沿线平交、大桥、停车观景区采用智能交通系统 ITS 技术,为游客提供便捷的服务,同时增设新能源照明设施,为游客提供舒适的观景和行车环境。

(一) 新增鲤溪大桥停车观景区

1. 位置选址

本停车观景区设置于鲤溪大桥东侧,本段路线位于山腰,山下为扶夷江支流鲤溪,地势平坦,视野开阔,风景优美,宛如"人间仙境",同时上游为鲤溪峡谷皮筏漂流风景区,桥位处为漂流的终点,如图 12-53、图 12-54 所示。

2. 设计方案

停车观景区右侧 A 区充分利用本段原设计挖平区,在鲤溪大桥 0 号桥台右侧根据地形设观景台,与 A 区之间设 1.2m 宽人行步道相接,步道长 57m,同时与桥下机耕道采用步道相接,以方便漂流的游客上下。

左侧 B 区利用挖方进行填平,B 区范围较小,仅做停车使用。本段主线限速 40km/h,进出停车观景区匝道宽 6m,设加速车道长 40m,减速车道长 20m,渐变段均长 30m。平、纵、横

等指标及路面结构与主线一致，匝道与主线之间保留土路肩，采用栽植灌木与主线分离。A区与B区之间设彩色立体人行横道连接。

图12-53　鲤溪大桥停车观景区远眺风景图

图12-54　鲤溪停车景观区效果图

(二)新增青山冲大桥停车观景区

1.位置选址

本停车观景区设置于青山冲大桥东侧，路线位于山腰，山下为扶夷江及大片平原，地势平坦，视野开阔。选择此设置停车风景区的理由有三点：一是此处位于崀山风景名胜区二级保护区内，下游有田心岛三级保护景观单元，风景优美，稻田规格整齐，游客顿时有种"浩渺"的情怀。二是蓝天白云飘飘，游客在此有"坐看云起时"的感慨，能够很好地放松身心。三是从此处远眺，可以看到重峦叠嶂、山清水秀的风景，扶夷江水如"玉带"般向上游蜿蜒前行，远看更有"一山更比一山高"的感慨，游客在此欣赏美景，能激发灵感和想象力，同时也会有一种探索远处崀山风景的欲望，从而实现了旅游公路景观可进入性和快速性的功能，如图12-55、图12-56所示。

图12-55　青山冲停车观景区风光欣赏

图12-56　青山冲停车观景区效果图

2.设计方案

停车观景区右侧A区充分利用右侧桥梁施工预制场地，在青山冲大桥0号桥头右侧，根据地形设观景台，同时将桥下施工便道改造后并预留开口，以便游客及当地居民上下。左侧B区利用填平区，因范围较小，仅作停车使用。本段主线限速40km/h，进出停车观景区匝道宽6m，设加速车道长40m，减速车道长20m，渐变段均长30m。平、纵、横等指标及路面结构与主线一致，匝道与主线之间保留土路肩，采用栽植灌木与主线分离。A区与B区之间设彩色立体人行横道。

(三) 增设照明工程

对沿线平交、大桥、停车观景区进行照明设计,道路单侧设计 11m 高风光互补型 LED 路灯,共 69 盏;停车观景区设计 3.5m 高太阳能庭院灯,共 36 盏,如图 12-57 所示。

设计以自然中可再生的太阳能、风能为能源,向大气中少排放污染性气体,致使污染排放量降低。长久下来,对环境的保护有较大作用,同时也减少了后期大量电费支出的成本。

(四) 增设智能交通系统 ITS

本项目设计的智能交通系统主要设置包括:高清电视监控系统、交通事件视频检测系统、超速交通违章检测系统、电子卡口系统等。其中高清监控点 CAM 共 7 处,视频检测 PVD 共 16 处,电子卡口 EP 共 12 处,超速抓拍共 4 处。分别布置于平交、停车观景区、大桥及重点路段。

主线及路口外场设备采用敷设光纤的方式,直接接入所属区域监控分中心内。

图 12-57　风光互补型 LED 路灯

五、以回归自然为本——加强生态保护,注重自然和谐

大湘西优美的自然环境、独特的人文景观、淳朴厚重的民风、充满神秘传奇的魅力和千百年间沉淀下来的乡土文明,都是为世人所魂牵梦绕的。而崀山又是中国丹霞景区中最有代表性和最美的景区之一,是国家地质公园,也是世界自然遗产。

良好生态环境是实现中华民族永续发展的内在要求,是增进民生福祉的优先领域。项目设计之时,设计者深入学习贯彻习近平新时代中国特色社会主义思想和党的十九大精神,为决胜全面建成小康社会,全面加强生态环境保护,打好污染防治攻坚战,提升生态文明,建设美丽中国,建设美丽崀山,为游客展示一份舒心惬意的画卷。设计中精心构思了公路环境保护和景观绿化。

1. 环境保护

路线所经区域为崀山风景三级保护区,其中跨扶夷江处为二级保护区。鲤溪大桥与青山冲大桥分别跨越鲤溪和扶夷江,为避免公路上油污污染水源,在桥台两侧分别设置 4 处油水分离池;同时将两座大桥的桥面水全部采用排水管集中收集,汇入油水分离池。图 12-58 为边坡喷播植草绿化。

2. 生态优先

"我们不是要破坏环境,而是要融入环境"。本项目一方面注重对各类环境破坏的

图 12-58　边坡喷播植草绿化

预防和综合治理,另一方面加强沿线环境开发,建立新的完整公路环境,与沿线自然景观协调统一,使公路本身成为一道风景线。

本项目上边坡防护设计引进新工艺高性能生态基材喷播和加筋麦克垫喷播植草,有效地降低雨水对坡面的冲刷力和侵蚀,保护植物种植,促进植物生长,绿化效果快,施工简单、效率高,投资更节省。

3. 景观提升

为凸显旅游景观公路的定位,项目在景观上以"点""线""面"结合的方式,遵循因地制宜、适地适树,点线贯通、面体交融,生态优先、文化并行,维护简单、经济适用的原则进行景观的提升。

"点"——全线平交、填平区、挖平区、弃土场、停车观景区共设计9个绿化节点。平交区和填平区绿化示意如图12-59、图12-60所示。

图12-59 平交区绿化示意图

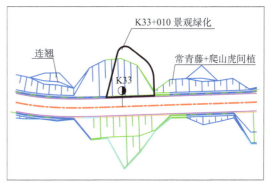

图12-60 填平区绿化示意图

"线"——虽然本项目里程不长,但公路作为一条线性空间,必须将沿线的"点"串起来,才会呈现出连续、律动、有美感的道路空间,而不是凌乱、破碎的景观片段。填方路段:全线填方路段采用香樟、杜英、四季桂等搭配,对司机进行视觉诱导,并取得良好的视觉效果。挖方路段:在碎落台、挖方平台分段以迎春、海桐、黄馨、连翘、红叶石楠、金丝桃、金边黄杨、春鹃搭配。填方区和挖方区绿化设计示意如图12-61、图12-62所示。

图12-61 填方路段绿化示意图

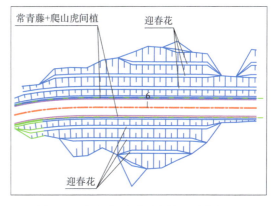

图12-62 挖方路段绿化示意图(尺寸单位:m)

"面":选择新宁本地树种杜英、香樟及四季桂等常绿树种为行道树,以常青藤、迎春、爬山虎作为搭配,贯穿整条连接线,还以个性化明显的银杏、红枫、樱花等植物体现立意,配合颜色品种多变的绿篱及草花,以及周边环境构成植物景观的主题。

六、总结感悟

S218新宁县白沙至塔子寨公路作为崀山风景区一个亮点工程,在设计上贯彻"创新、协调、绿色、开放、共享"发展理念。

在公路设计中,一是因地制宜设计公路线形,不盲目追求高指标,强调公路线形与地形相适应,与环境相协调。二是进行精细化设计,无缝保障平安。在路线交叉、停车观景区、急转弯、护栏等方面对交通安全设施进行精细化设计,体现以人为本的和谐理念。三是因地制宜设计停车观景区,为游客提供完善、最佳的观景服务设施。采用智能交通系统管制交通,利用新能源发电提供照明,既满足游客观光需求,又保证观光安全。四是引入动态设计概念,加强施工过程中的生态保护,注重公路设施与沿线自然景观的协调统一,以回归自然为本,使公路本身成为一道风景线,采用点线贯通,面体交融的景观再造设计方法,呈现出连续、律动、有美感的道路空间。

逐步升华的设计思路对湖南省内乃至国内生态旅游公路建设可起到指导示范作用。

第四节 S253湘西州凤凰至木江坪公路工程

一、项目概况

1. 项目背景

S253凤凰至木江坪公路地处湘西自治州凤凰县境内,毗邻凤凰古城。凤凰古城是国家历史文化名城、国家AAAA级景区、首批中国旅游强县、"湖南十大优秀文化遗产",曾被誉为中国最美丽的小城。

S253凤凰至木江坪公路是湖南省"十三五"干线公路示范公路项目,是凤凰县城北上和通往东南方向的交通要道,对破解县城交通瓶颈、缓解城区交通压力、改善木江坪镇至县城交通条件具有重要意义,同时也是沿线乡镇通往县城的主要道路,并服务于沿线旅游资源开发。本项目深入贯彻落实"安全、舒适、环保、示范"的公路建设目标,创建成了可观摩、可复制、可推广的示范工程。

2. 建设规模及标准

本项目起点接G354线凤大公凤凰县大坳处,终点止于凤凰县木江坪乡政府大门口。路线全长32.5km,路基土石方112.0551万m^3,路面284.158km^2,拆迁建筑物11099.3m^2,防护工程27884.0m^3,隧道325m,桥梁698m/10座;其中大桥5座(594m),中桥1座(27m),小桥4座(77m),涵洞128道,平面交叉20处,分离式立体交叉1处(下穿吉怀高速公路,完全利用)。

全线采用二级公路标准,其中绕城南环线段为新建段,设计速度为60km/h,局部路段采用40km/h,路基宽度为21m(局部路基宽度为12m)。南环线以后为乡村老路改造段,设计速度为40km/h,路基宽度为8.5m。图12-63为项目路线示意图。项目主要技术指标见表12-5和表12-6。

图12-63 凤木路项目路线示意图

设计速度60km/h路段主要技术指标表 表12-5

指标名称	单位	标准值	采用值
公路等级	—	二	二
设计桩号	m	—	K0+000~K8+829
设计速度	km/h	60	60 局部40(K5+000~K7+500)
设计荷载	—	公路—Ⅱ级	公路—Ⅰ级
路基宽度	m	10.0	21/12
路幅划分	m	2×3.5+2×0.75	2×7.5+2×3(K0+000~K7+500) 2×3.5+2×2.5(K7+500~K8+829)
路面类型	—	—	沥青混凝土路面
平曲线极限半径	m	125	130

续上表

指标名称		单位	标准值	采用值
缓和曲线最小长度		m	50	50
最大纵坡		%	6	6 局部7（K5+000~K7+500）
最短坡长		m	150	160
设计洪水频率	大、中桥	—	1/100	1/100
	小桥、涵洞	—	1/50	1/50
	路基	—	1/50	1/50
桥梁全宽		m	净-9.5+2×0.5	净-11.5+2×0.5
隧道净宽		m	10	10

设计速度40km/h 路段主要技术指标表　　表12-6

指标名称		单位	标准值	采用值
公路等级		—	二	二
设计桩号		m	—	K8+829~K32+483
设计速度		km/h	40	40
设计荷载		—	公路—Ⅱ级	公路—Ⅱ级
路基宽度		m	8.5	8.5
路幅划分		m	2×3.5+2×0.75	2×3.5+2×0.75
路面类型		—	—	沥青混凝土路面
平曲线极限半径		m	60	60
缓和曲线最小长度		m	35	35
最大纵坡		%	7	7
最短坡长		m	120	120
设计洪水频率	大、中桥	—	1/100	1/100
	小桥、涵洞	—	1/50	1/50
	路基	—	1/50	1/50
桥梁全宽		m	净-8+2×0.5	净-8+2×0.5

二、设计亮点

路线是公路之本，路线总体设计按照以人为本、节约资源、保护环境、协调发展的原则，努力做到"四个注重",即注重灵活掌握技术指标、注重利用老路资源、注重保护自然原生态、注重宽容性安全设计。

示范公路设计在保障公路主体工程优良品质的前提下,以"适用性、共享共建、服务性、地域性"为指导,提升、拓展公路的旅游服务功能、生态环保功能、扶贫开发功能、文化展示功能,构建"平安交通系统、旅游服务系统、慢行绿道系统、景观生态系统、绿色节能系统、文化展示系统、扶贫惠民系统"七大系统,全方位、全要素提升公路功能,打造全新旅游公路体系和湖南省示范公路与旅游公路品牌。

(一)以人为本的平安交通系统

1. 灵活的路线设计

路线设计时采用灵活性设计新理念,灵活选用技术指标,局部灵活采用新线绕避方式,保证公路自身是安全的。

(1)由于受峡谷地形条件控制,主要为沿河线,本项目路段基本上是沿老路布线,充分利用地形条件,力求建设方案经济、实用,不追求高标准、高指标、高速度和宽路幅。路线在经过凤凰县南华山时,为了减少切方,设计速度由60km/h降低为40km/h。纵断面最大纵坡按7%控制设计,在此处路段设计限速40km/h警告标志及减速振动标线,提升交通安全。

(2)官庄乡和木江坪乡镇集市老路路线线形指标低,行车视距不良,而且街道化严重影响交通,改造意义不大,因此此段采用新线绕避约2km的方式,彻底解决该问题,在确保道路车辆安全的同时也大大提升了赶集群众的安全。

以上路段实景如图12-64、图12-65所示。

图12-64 沿河路段依势而为流畅的线形

图12-65 乡镇路段采用新线绕避方案

2. 细致的安全设施设计

完善全线的交通标志,并使其与周围环境相协调,引导司机安全舒适行车,对全线居民密集区、交叉路口、隧道进出口等重要节点位置的交通标线进行精细化设计,以保证行车安全。

(1)注重交通标志细节设计,保证安全舒适行车。

将标志立柱、横梁涂刷棕色防腐漆,可减少突兀感,凸显旅游公路特色;增加了路口预告

标志、旅游标志等标志,有效解决了老路交通标志版面内容少且部分不合理,容易引起司乘人员误导的问题,能够更好地引导司机正确、安全行车,如图12-66所示。

(2)精细化的交通标线设计。

在居民密集区增设了彩色震动减速标线、人行横道标线;对重要的交叉路口进行了交通渠化,增设了人行横道标线、导向箭头;对道路变窄路段设置了标线进行引导;在隧道进出口增设了震动减速标线,能够更好地保证车辆、行人安全,如图12-67、图12-68所示。

图12-66　凸显旅游特色的交通标志

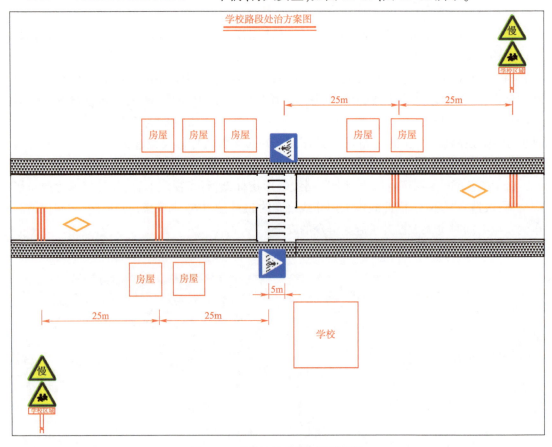

图12-67　学校地段减速振动标线设置

3.安全的排水设计

如图12-69所示,在路基挖方路段及低填路段,结合宽缓边坡设计,使用浅碟形草皮边沟。浅碟形边沟减少了边沟的深宽比,增大了公路有效使用宽度,提高了行车和行人安全性,体现了"宽容性设计"的新理念,一定程度上允许司机在车辆行驶过程中出现差错,行车安全性大大提高,体现了以人为本的理念,同时改善了路域环境,使道路融于自然。如图12-70所示,对经过村寨路段的边沟,采用矩形边沟加泄水盖板,增加路基的有效宽度,提高行车安全。

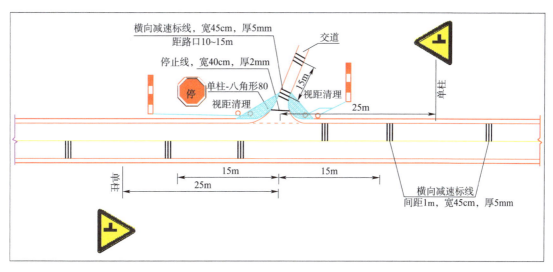

图 12-68　典型小交叉口路段减速振动标线采用彩色标线

图 12-69　浅碟形草皮边沟

图 12-70　矩形边沟加泄水盖板,增加路基有效宽度

(二) 功能完善的旅游服务系统

本着"共建共管"的原则结合村寨民居打造服务区 1 处、观景台(增加防雨棚)9 处、公厕 11 处、招呼站 17 处,村寨码头 18 处,并在绿道沿线增加直饮水取水点、标识指示系统为当地居民以及旅游者提供便捷服务。部分设施标志设置如表 12-7 和图 12-71 所示。

全线旅游设施标志情况表　　　　　　　　　　　　　表 12-7

标识类型	指示标识	解说标识	警示标识
内容	通过文字加箭头或图片的形式表示目的地的方向、距离,以及目的地与现处位置之间的关系等	通过文字加图片的形式进行讲解和说明,可增设二维码	用于标明可能存在危险、绿道管理的有关规定等
位置	交通接驳点、驿站、主要的绿道游径交叉口必须设置,其余地点视需要设置	主要对节点进行解说,绿道沿线视需要设置	危险地点必须设施,其余地点视需要设置

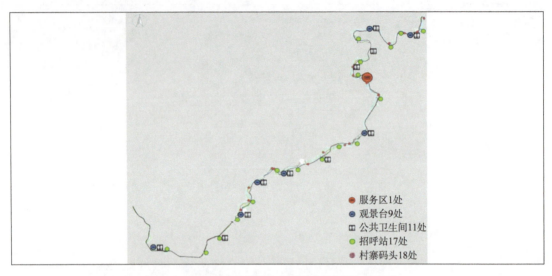

图 12-71　设施标志分布图（部分设施标志图中未标示）

1. 融合湘西民俗文化的服务区

公路沿线根据沿线居民以及旅游需求，融合湘西民俗文化和凤凰古城特色，以"共享共建共管"为原则，结合大湾村村委会打造一处服务区，吸取当地马头墙、庭院、坡屋顶、木构等传统湘西建筑元素，用现代手法结合传统中式元素，打造一个标志性强、易于识别的建筑空间，集合休息休闲、住宿、饮食、自行车租赁等功能。

此服务区周围土地平壤开阔，良田美池屋舍井然其间，可以细品结合西式洋楼的美观大方和传统湘西民居讲究实用的建筑特色和风格。优越的自然条件成就了大湾人低沉宽旷又带点柔婉的嗓音，观光者在此能经常听到大湾百姓那动听欢快的山歌，看到极具湘西文化的舞蹈。轩细精致的绣花鞋垫和苗式剪纸艺术也能让观光者体会独特的苗族文化（图 12-72、图 12-73）。

图 12-72　大湾村服务区改造前（村委办公楼）

图 12-73　大湾村服务区改造效果图

2. 饱览自然风光的观景平台

观景平台设计的关键在选址，不仅是通过景观评价技术深入挖掘当地景观资源，更要因地造势呼应自然、融入自然，不做作。选择能欣赏到该地区最具特色、最优美的风景地点，为观者提供良好的观景空间。依据上述原则，本项目新建了两处观景平台。

一是大湾观景台,位于大湾村村委附近,大湾村是全国"美丽乡村"创建试点乡村,也是社会主义新农村示范村,这里冬无严寒,夏无酷暑,一年四季,鲜花遍地,瓜果飘香,显得盎然而生机,大湾观景台具有以下两个特色:

远可以观山。观景台选址位于视野开阔的视点,从观景平台往远处眺望,可以看到雄奇的高山,树木苍翠,百鸟啼啭,是一个天然的"大氧吧",在油菜花开的季节,更是美不胜收,俨然一个"世外桃源"。因此,大湾观景台可以给旅游者以"美"的享受。

近可以亲水。江心沱江水流淙淙,更有大湾绿洲点缀其中,木板桥通往江中绿洲,颇有"断桥流水人家"的意境,观光者可以近距离观赏水体,能更深刻地感受到自然之美。大湾观景平台实景图如图 12-74 所示。

二是路畔观景台,此观景台视野开阔,观光者可以观赏到雄浑壮阔的大山风景,蔚蓝的天空,白云飘飘,感受"白云生处有人家"的意境。一湾清澈亮丽的沱江小河宛如飘带,坡上的生态林树木苍翠、硕果累累,一年四季的风景都别具风格,在金秋十月,丹桂飘香,在油菜花开的季节,更是鸟语花香,蝴蝶翩翩起舞,观光者可以目睹一幅幅充满生机活力的新农村画卷。

图 12-74 大湾观景台平面图

另外,在服务区和观景台的适当位置增设了移动卫生间和遮雨棚。

3. 富有人文情怀的景观小品及标识

在旅游风景区标识、旅游指路标识、驿站标识中融入木构等传统湘西建筑文化,打造标识性强、易于识别的艺术品,将景区垃圾桶和供游客休憩的休闲设施做成富有人文情怀的小品,作为打造凤凰旅游品牌的一部分,供游客休闲放松。

4. 便捷的直饮水系统

公路沿线直饮水系统采用具有湘西特色的石头雕刻艺术,体现当地特色人文情怀,为旅游者和当地居民提供绿色健康的饮水。

(三)"人在画中游"的慢行绿道系统

为突出提升道路交通的旅游服务功能,与"慢游"和"漫游"等深度体验式、休闲式旅游方式相适应,公路设施更注重服务于自助游、自驾游、徒步游、休闲旅行、养生旅游等新的旅游方式。慢行系统与城市绿道无缝衔接,以"低碳、环保"为统一要求,结合特色村寨、河滨绿带、景观节点,因地制宜打造绿意盎然、鸟语花香的滨江绿道,营造"花海纵贯、林下穿行、缘江而行"的慢行体验。设计的绿道系统起于凤凰花园酒店,与县城规划绿道相衔接,止于大湾村,共 14.7km,连接服务区、特色村寨、景观节点、采摘园、历史文化名镇名村等,可供居民及游客休闲、游憩、健身和生物迁徙等。图 12-75 为油菜花地里的慢行系统。

图 12-75 油菜花地里的慢行系统

(四)与自然和谐的景观生态系统

1. 与自然融为一体的生态挡墙与边坡绿化

路基防护工程在满足安全的前提下,以刚柔结合、多层防护与生态防护相结合的方式进行边坡处治,尽可能消弭人工痕迹,融入自然,对路堑墙端头采用加长墙身逐步降低墙高,使其视觉平顺,在端头处治完成后,栽植树木或藤类植物掩盖,使其融入原坡面(图12-76)。

在矮边坡上增加花箱绿化,提升景观品质,路肩绿化较窄,保留现状乔木并进行修建,补植花灌木及地被花卉,丰富绿化层次及色彩(图12-77)。

图12-76　沿线挡墙绿化优化设计　　　　图12-77　低缓边坡及花卉点缀

对自然石质边坡底层种植绿篱,上层种植爬山虎,增加绿色,提升品质。

将山体边坡分级加固,对底层边坡进行立面处理,结合花箱绿化丰富景观效果,特定边坡上层喷浆表面进行艺术涂鸦,色调以素雅清新为主。

2. 灵活设置护栏,凸显自然景观

在满足安全的前提下,部分沿河段护栏选择通透性好、与周围环境协调的 A 级(6 索)缆索护栏形式,更好地凸显周边景色。安全需求较高路段及半径小于120m 的路段选择波形梁护栏或城墙式混凝土护栏,并在波形梁护栏、城墙式混凝土护栏内侧采用绿化进行遮挡,以取得良好的视觉效果。

一级驿站前后 300m、二级驿站前后 50m,在满足安全的前提下采用钢背木护栏。钢背木护栏的表面材质由于采用天然的木材,能更好地与环境融为一体,视觉上更显柔和。

各种护栏实景如图12-78 ~ 图12-80 所示。

图12-78　缆索护栏更好凸显　　图12-79　波形护栏内侧采用　　图12-80　钢背木护栏与自然
　　　　　周边景色　　　　　　　　　　　　花卉点缀　　　　　　　　　　　　融合度更高

3. 桥梁亮化

对沿线村寨多座现有桥体进行修复并完善亮化照明设计,色调以"暖黄"为主,给人温馨的感觉(图12-81)。

(五)科技驱动的绿色节能系统

在老路改造过程中推广建筑拆迁垃圾等废旧材料循环利用技术,建设新能源车辆充电设施,利用道路节能照明系统等绿色能源技术,构建绿色节能系统。如沿线在景观节点、休闲空间、桥体美化照明等点位和绿道设施周围使用的景观照明以单侧路灯为主要布置形式,并推行LED节能照明技术(图12-82)。利用智能供电控制技术,对普通电源的隧道照明,在采用节能电磁感应灯具的同时,配置照明节能器,以智能化的手段通过调控电压、电压跟踪、黑夜灯三种手段实现节能。当感应器感知到车辆行至隧道洞口时,节能器将电压从180~190V提高到220V,电灯即可恢复正常照明;当车辆驶出隧道时,节能器又将电压调低;黑夜由于车流较少,就启用黑夜灯模式,将亮灯数减少1/3~1/2。

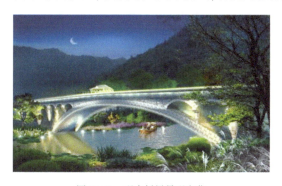

图12-81 现有桥梁景观亮化

图12-82 太阳能路灯系统

(六)以公路为载体的文化展示系统

S253凤凰至木江坪公路地处湘西自治州凤凰县境内,苗族土家族文化独特,民间雕刻、绘画、剪纸、蜡染等技艺高超,其中凤凰文武茶灯、凤凰苗医药为省级非物质文化遗产。因此,把公路作为优秀文化传承的载体,创新文化传承方式,加大民族文化宣传力度,文化展示主要体现在以下三方面:

(1)在隧道洞口设计一些当地传统的风土人情的元素,对保留传统文化起到一定的推动作用,对地区的文化传播发展有一定的贡献,体现隧道洞口景观与当地人文的和谐(图12-83)。

(2)大湾村作为"全国美丽乡村示范村","大湾模式"与"大湾文化"已成为湘西的名片,因此在大湾服务区增加文化墙,着力宣传"大湾文化",既可以提高凤凰人民的民族自豪感,又可增进民族大团结,促进民族文化交流(图12-84)。

(3)利用网站、微博、微信公众号等新媒体手段展开宣传,提升公路形象。

(七)充满经济活力的扶贫惠民系统

结合公路建设,实施永临结合、复耕复垦、民房租用、班站设置、驿站共建、路容整治、视域美化等方式,构建扶贫惠民系统。"一路通,则百业兴",旅游公路改善了贫困地区发展农业、旅游等产业的交通条件。如典型扶贫就业示范村——大湾村,近年来积极推进农业产业结构,按照"山上种板栗、山腰种柑橘、山下种蔬菜"的模式,积极发展商品农业,公路为当地的农业运输提供了便捷的交通条件。同时当地百姓结合旅游公路的建设,发展观光旅游农业,目前,二期农家乐项目也在筹划跟进,一旦该项目完成,将彻底改变大湾村第三产业比重过低的局面,为农村的发展、农民收入水平的提高,提供强劲长久的动力(图12-85、图12-86)。

图12-83　隧道洞口人文景观设计

图12-84　大湾村服务区大湾文化展示墙

图12-85　扶贫就业示范村——大湾村

图12-86　大湾村柑橘产业园

三、总结感悟

本项目是典型的旅游公路,本身也是旅游载体,通过灵活设计和创作设计等手段,结合湘西特色民俗文化,以生态绿化为主,打造了凤凰滨江富有文化特色的景观生态廊道。公路设计过程中,充分利用了沱江沿溪线独特的地理位置和自然风光。一是灵活运用技术标准,解决了老路改造难度大、集市严重阻塞过境交通、老路标志标线安全隐患大三大问题,保证了公路自身安全。二是针对项目兼具旅游公路和旅游载体的双重功能的特点,通过精细化设计,构建了功能完善的旅游服务系统,"车在景中走,人在画中游"的慢行绿道系统和景观生态系统。三是在旅游公路建设和运营过程中,利用现代高科技技术,打造了绿色节能系统。四是公路设计充分发掘了民族元素,融入了当地的环境景观,展示了当地特有的地域风情和文化,赋予公路文化内涵,形成了公路的地域特色,旅游公路的建设实现了公路沿线旅游开发与扶贫开发的双赢。七大系统的构建全方位、全要素提升了公路功能,打造了全新旅游公路体系和湖南省示范公路和旅游公路品牌。

第五节 G242 新晃侗族自治县新晃至平仑坳公路工程

一、项目概况

(一)项目背景

新晃侗族自治县隶属于湖南省怀化市,位于湘西中低山丘陵西部,西接云贵高原,东邻芷江,西南北三面与贵州毗邻。新晃侗族自治县是一个以侗族为主的少数民族聚居县,居住着侗、汉、苗、回等 26 个民族,总人口 26 万,其中侗族占 80.13%。新晃侗族自治县侗文化、夜郎文化积淀厚重,原始稻作文化、傩文化保存良好。傩戏"咚咚推"已入列国家首批非物质文化遗产保护名录,并且保留了大量的侗族文化特色建筑:鼓楼、风雨桥、干栏式民居(跑马楼、吞口屋、吊脚楼、四合院)、花街路、石凉亭、吊桥、浮桥、石拱桥、木桥等。

黔东南苗族侗族自治州位于贵州省东南部,东邻湖南省怀化市,地区旅游资源得天独厚,自然生态环境良好,民族风情浓郁,被联合国教科文组织列入世界"返璞归真、回归自然"十大旅游胜地之一,被专家学者誉为"人类疲惫心灵栖息的家园""原生态民族文化博物馆"。其原生的民族文化、原始的自然生态、原貌的历史遗存有机结合,构成了举世无双的原生态黔东南文化景观,被誉为"歌舞之州、森林之州、神奇之州、百节之州"。

G242 新晃侗族自治县新晃至平仑坳公路是湖南省"十三五"干线公路示范公路项目,是连接新晃侗族自治县与贵州省黔东南苗族侗族自治州天柱县的重要通道。本项目作为省交通重点项目,对完善湖南省西部国道网、充分发挥区域国道的骨干作用有重要意义。同时,本项目的建成有利于该地区侗族文化、资源、旅游的联合开发,也将促进侗族特色文化的保护和传承。

(二)路线走向及建设规模

本项目利用老路 S232 进行拓宽改造升级,起于新晃侗族自治县,与 G320 相交,路线往南途经禾滩乡、李树乡、扶罗镇和贡溪乡,止于湘黔省界平仑坳,接贵州省 S202 天柱县坪能至邦洞公路。

原老路 S232 按山岭重丘三级公路技术标准建设,路基宽度 7.5m,设计速度 30km/h。本次改扩建按二级公路标准建设,设计速度 40km/h,采用 8.5m 宽路基。

项目路线全长 49.4km,土石方 46.795 万 m^3,桥梁 492.28m/12 座,涵洞通道 194 道,棚洞 101.5m/1 座,平面交叉 66 处,观景台 1 处,总投资 4.10 亿元。

二、项目特点

(一) 弯道路段视距不足

本项目存在多处小半径路段,视距不良,弯道处的通视三角区内存在植物、山体、房屋等障碍物,无法保证会车视距,司机看不到对向车辆情况。特别是小半径弯道位于下坡路段时,由于车辆行驶速度较快,若司机转弯不及时或操作不当,容易发生车辆冲出路外、碰撞固定物或对向车辆相撞事故。

(二) 村镇路段交通干扰大

部分路段两侧房屋密集,住宅紧邻路侧,路侧安全净区严重不足,行人、非机动车较多,横向交通干扰较大,易发生车辆与行人相撞的事故。设计需综合考虑改扩建方案,采取有效措施,合理减少拆迁,节约用地。

(三) 邻水邻崖路段防护工程不足

该公路存在多处邻水邻崖危险路段,老路路侧却几乎没有任何防护设施,特别是位于弯道外侧的路侧危险路段,车辆冲出路侧的可能性更大,一旦发生事故,后果将非常严重。

三、设计亮点

本项目改扩建的指导思想有以下四点:安全、合理、环保、创新。

(一) 人本安全之路

坚持以人为本、树立安全至上理念,安全是公路设计和建设需考虑的首要因素,分析不同因素对安全的影响,采取相应安全的设计策略尤为重要。安全包括运行安全和实体安全。

1. 运用运行车速理论,改善路线线形

事故多发路段原因反分析及组合线形改善。设计项目组收集了近几年老路交通事故多发地段的相关数据,列出了事故多发路段并逐一分析了事故原因,着力研究由于老路不良线形组合造成交通事故多发的路段改善,进行运行车速检验,在工程量增加不大的情况下,改善线形,提高行车安全。

平面半径严重不足路段检测及线形改善。经运行速度检测发现老路在兴隆镇旧寨村、禾滩乡禾滩村、禾滩乡岑贡村、李树乡三江村路段,均存在平面半径较小、相邻路段运行速度差大于 20km/h,对行车安全非常不利的现象。设计通过加大平面半径,降低运行速度差使其小于 20km/h,满足安全运行的要求。

运行车速理念的核心是通过改善相邻路段指标的组合,降低容许速度差,从而消除安全隐患。因此,体现安全与环保的公路线形设计,不在于全线(或局部)平纵指标的高低,而在于整体线形的连续性及衔接路段的级差控制,这对于普通国省道的改扩建非常适用。如图 12-87 所示,两个路段相邻运行速度差大于 20km/h,均需进行线形改善。

2. 精准测设,规避居民聚居区

老路在贡溪乡茂守村路段平面半径较小,需要改善平面指标,但经过多年发展,老路两侧已经形成居民聚居区,这种情况下,设计通过精准测量和精准设计,将线位偏移,把部分路

线裁弯取直,极大提升了车辆和居民的交通安全并避免了房屋拆迁,并改善了交通条件。如图 12-88 所示。

a) b)

图 12-87　相邻运行速度差大于 20km/h 的路段均需进行线形改善

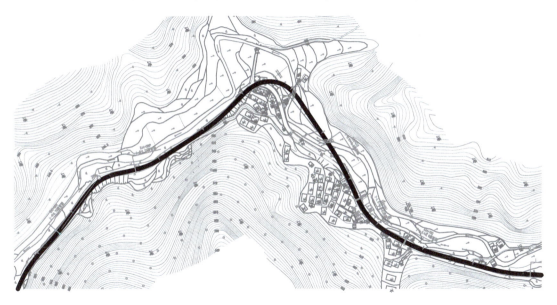

图 12-88　精准测设,规避居民聚居区

3. 因地制宜,合理设置交安设施

本项目傍山邻涧,邻水邻崖路段较多,路线蜿蜒起伏,坡陡弯急,小半径弯道、连续弯道多,并且大多数弯道存在视距不良的情况。设计综合考虑路段特点,合理改善了交安设施。

(1)急弯路段视距不良但障碍物可以移除路段。

如图 12-89 所示,路段平面半径很小,且弯道内侧山体遮挡视线,视距严重不良,弯道外侧临河,路堤边坡较高,是典型的急弯下坡组合路段,存在严重的安全风险隐患。

风险因素分析:①路段处于下坡路段,车辆行驶速度容易过快。车道宽度较窄,弯道半径较小,受山体遮挡造成视距不良,无法保证会车视距,在车速较快的情况下易发生碰撞事故。②线形突然改变,司机未能提前得到提示信息,车辆转弯速度过快容易冲出路侧。弯道外侧边坡较高且有水体存在,车辆一旦冲出路外,事故后果将非常严重。

根据以上分析,对该路段采取了以下措施提升安全:①弯道前设置"急弯路"警告标志;

弯道外侧行车道边缘施划"注意前方路面状况标记",加强视线诱导。②削挖弯道通视三角区内的土质山体,改善视距。③弯道外侧设置混凝土护栏,防止车辆冲出路外。④混凝土护栏上粘贴反光带,提高夜间行车安全性。内侧视距不良路段线形改善如图 12-89 所示。路段综合交安措施如图 12-90 所示。

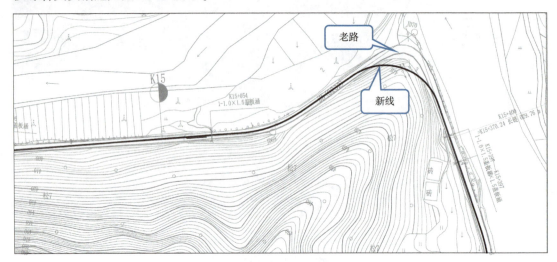

图 12-89　内侧视距不良路段线形改善

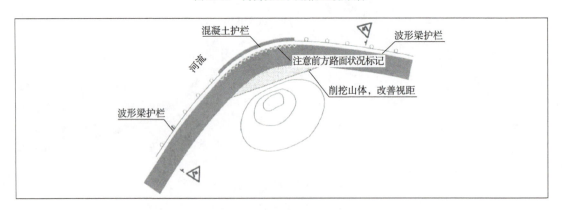

图 12-90　路段综合交安措施

(2)急弯路段视距不良但障碍物不可移除路段。

经计算,对于设计速度为 40km/h 的路段,在充分考虑小半径弯道加宽及内侧水沟及护坡道宽度后,能满足规范规定停车视距要求。但对于房屋集中路段,由于取消了路侧加宽平台,则可能不满足停车视距要求。设计通过在合理位置增设凸面镜,来解决不满足停车视距要求路段。

图 12-91 为连续小半径急弯聚居区路段路线平面图。路段为三个小半径急弯路段相连,居民住宅区紧邻硬路肩,弯道两侧均有房屋遮挡视线,且无法实施大范围的拆迁。

风险因素分析:①该路段弯道半径较小,受房屋遮挡造成视距不良,无法保证停车视距,在车速较快的情况下易发生事故。②该路段两侧房屋密集,行人、非机动车较多,出行有突发性。弯道处视距不良给行人带来较大风险。

根据以上分析,对该路段采取了以下处理措施,提升安全:①弯道外侧的电线杆上增设凸面镜,使司机能提前观察对向来车情况,弥补视距的不足,如图 12-92 所示。②弯道前的路面施划"急弯"图形标记并装配减速带,提示司机减速。

图 12-91　连续小半径急弯聚居区路段路线平面图

a)

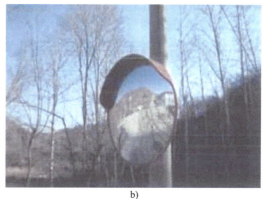
b)

图 12-92　视距不良路段增设凸面镜改善

(3)陡坡弯道组合,路侧有交叉口路段。

该路段为下陡坡路段,路侧邻崖,弯道外侧无任何防护等设施。弯道内侧有山体遮挡视线。紧邻弯道有支路交叉口位于左侧,受山体遮挡不易发现。支路为下坡且坡度较大。该路段平面如图 12-93 所示,现场实景如图 12-94 所示。

风险因素分析:①主路为下陡坡路段,弯道外侧边坡坡度较高,一旦车速较快,车辆冲出路外的后果将非常严重。②弯道半径较小,受山体边坡遮挡造成视距不良,无法保证会车视距,在车速较快的情况下易发生事故。③受山体遮挡,支路交叉口视距不良,支路车辆很难被司机提前看到。④支路方向,受山体遮挡,支路车辆无法看到主路来车情况,发生碰撞的风险较大。

根据以上分析,对该路段采取了以下处理措施:①平交口位置设置凸面镜,使支路司机能提前观察主线来车情况,弥补视距的不足。②弯道前的路面施划"急弯"图形标记。③支路设置减速带。④弯道外侧设置混凝土护栏,防止车辆冲出路外。如图 12-95 所示。

图 12-93　陡坡弯道组合路段平面图

图 12-94　陡坡弯道组合路段实景

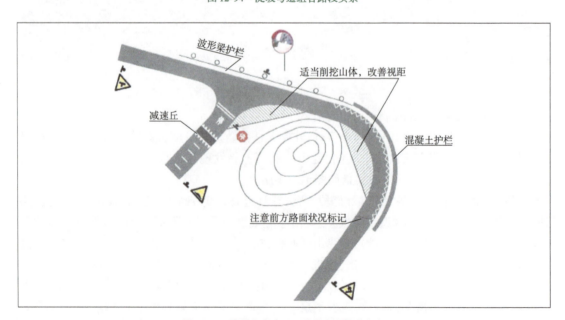

图 12-95　陡坡急弯交叉口路段交安提升方案

(4)穿村镇路段。

穿村镇路段存在的风险因素主要是村镇复杂的混合交通环境对车辆的横向干扰。行人、摩托车都属于交通弱势参与者,往往是交通事故的受害者,穿村镇路段应从保护行人和控制车辆速度入手。在进入村镇路段前设置"村庄"警告标志,提示司机即将进入村庄路段,应注意控制车速,小心驾驶。必要时,可设置减速设施、限速标志等。

4. 设置加盖板矩形边沟,增加路基有效宽度,提高行车安全性

多年来,我国在山区公路边沟设计上,通常采用矩形边沟或梯形边沟,除投资因素外,另一个重要因素就是便于清理碎落物,但是这些排水结构物不仅影响路容,同时经常发生汽车车轮卡陷事故,为行车安全带来隐患。

路堑路段,设置加泄水盖板的矩形边沟,投资增加有限,且可增加路基有效宽度,克服规则的深边沟给行车带来的安全隐患,消除了车轮卡陷和边坡碎落堵塞,同时形成流畅优美的路基轮廓线,增加路容美观。如图 12-96 所示。

图 12-96　边沟加盖板,提高行车安全

5. 拆除检测不合格桥梁,灵活选择新建桥位方案

本项目沿线共有老桥 12 座,其中中桥 6 座,小桥 6 座。根据检测报告,三江桥、八拱桥、高简桥和上贡溪桥维修加固的价值不大,需原址重建或改线重建。

综合考虑,上贡溪桥采用原址拆除重建方案;三江桥、八拱桥及高简桥采用改线重建方案,一方面可以改善老路线形,另一方面可以利用原老桥作为施工便桥,后期施工完后,对老桥桥面加铺后,增加交通标志,作为当地人行桥,方便居民出行的同时极大地提升了交通安全。

(1)三江桥路段方案。既有三江桥采用 1-25m 空腹式双曲拱,如图 12-97 所示。本次将设计线位左移在老桥左侧新建桥梁,如图 12-98 所示。

a)

b)

图 12-97　三江桥老桥实景

(2)八拱桥路段方案。本段位于扶罗镇扶罗村和云溪村,既有八拱桥采用 1-25m 空腹式双曲拱,如图 12-99 所示。新建路线左移,裁弯取直,在老桥的左侧新建桥梁,如图 12-100 所示。

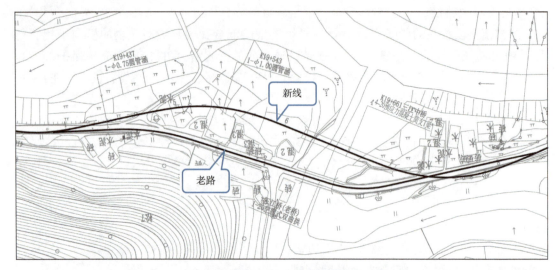

图 12-98　三江桥路段路线平面图

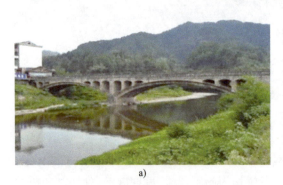
a)

b)

图 12-99　八拱桥老桥实景

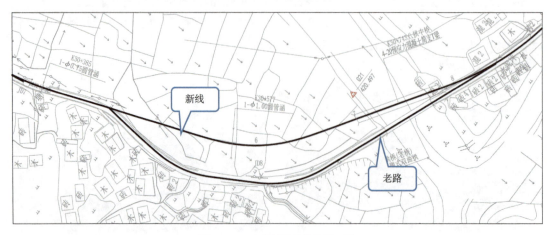

图 12-100　八拱桥路段路线平面图

（3）高简桥路段。本段位于贡溪乡贡溪村，既有高简桥采用 3~10m 简支空心板，如图 12-101 所示。老路平面半径 30m，不满足设计速度 40km/h 规范规定的平面指标要求，需要进行限速处理。此处将设计线位左移，平面半径增大到 65m，在老桥左侧新建桥梁，如图 12-102 所示。

a) b)

图 12-101 高简桥老桥实景

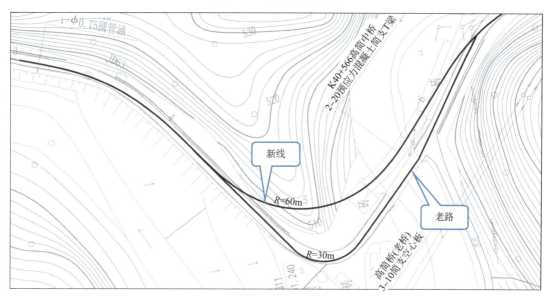

图 12-102 高简桥路段平面图

（4）K40+566 上贡溪桥路段。上贡溪桥位于城镇段直线上，为 1-10m 空心板桥，如图 12-103 所示。设计采用原址拆除重建方案，以满足提升设计标准后的荷载计算要求。

a) b)

图 12-103 上贡溪桥老桥实景

6. 着力解决控制性地质灾害工点，扫清运营期安全隐患

在项目 K38+450～K38+550 路段，路线左侧边坡是一个松散堆积体山体，且高度接近 70m。该边坡滑塌、掉块甚至是局部滑坡不断，让过往司乘人员和运营管理者苦不堪言，但鉴于种种原因,该边坡一直无法得到根治,只能是通过设置"停车、观察、通过"的标志牌和垮了就清的办法来暂时解决。对于这种有巨大安全隐患的地质灾害工点,必须利用本次改扩建的机会,在建设期得到根治,才能确保后期交通安全。老路边坡实景如图12-104所示。

图12-104　老路松散堆积体边坡有重大安全隐患,应在改扩建建设期彻底处治

在论证该潜在不稳定边坡的处治时,有三种方案,即常规放缓边坡加坡体防护方案、棚洞方案和新建桥梁绕避方案。经充分论证,综合安全、用地、资金等多方面因素,最终推荐采用了棚洞方案。棚洞结构为现浇C30钢筋混凝土矩形框架结构。棚洞顶面设0.75~2.7m的落石缓冲层。施工时采用挂网锚喷支护,边开挖边支护,及时封闭新创岩面。后期养护中,注意在雨季前,清理边坡上部大块石头,并定期清理塌方土质和小块碎石。各方案技术经济比较见表12-8。

三个方案技术经济比较　　　　　表12-8

序号	项目	放缓边坡+坡体防护方案	棚洞方案	新建桥梁绕避方案
1	路线长度(m)	1138	1138	788
2	优点	(1)原路段施工,无须新征水域用地; (2)协调单位相对较少,协调难度低; (3)建安费最低	(1)原路段施工,无须新征水域用地; (2)无须与水利部门协调; (3)处治较彻底,运营期无安全风险; (4)交安费较桥梁方案低	(1)完全避开地质灾害段,运营期间无安全风险; (2)裁弯取直,路线长度短350m,平面指标高
3	缺点	(1)路线较桥梁方案长350m,平面指标相对较低; (2)上边坡不能完全处治到位,工程处治费用存在不确定性; (3)运营期仍存在安全隐患	(1)路线较桥梁方案长350m; (2)运营期需定期清理棚上坍塌体; (3)建安费较边坡放缓+防护方案高	(1)增加一座12×30m跨水桥梁,施工难度较高,跨部门协调,难度较大; (2)建安费最高
4	建安费(万元)	1100	1600	2785
5	方案推荐	—	推荐	—

棚洞施工现场如图 12-105 所示。

7. 综合路网分布,确定施工期间交通分流。

本项目改建路段推荐分期建设。一期工程为扶罗镇至平仑坳段,一期工程长19.875km;二期工程为新晃侗族自治县城至扶罗镇段,二期工程长 28.399km。交通分流按分期进行设置。

8. 三维虚拟场景动态模拟,直观检查线形

利用道路软件,将数字地面模型与路基三维立体模型叠加,构建道路的可视化操作平台,进行道路的虚拟现实浏览,实时进行任意位置、视点、高度、速度的三维全景行车,直观地检查线形视距、安全性和评价道路景观等,而且还可以将整个(或部分)过程制作成 AVI 动画,方便地应用于路线方案的汇报展示,从而直观体现项目的优点、难点和重点。路线三维设计系统动态显示如图 12-106 所示。

图 12-105 双洞分离式棚洞处理高危路堑边坡

图 12-106 路线三维设计系统动态模拟线路图

(二)合理设计之路

1. 合理掌握标准,灵活运用指标

合理选用技术标准,树立设计创作理念。不必固守全路段或某一长度路段速度必须统一的做法(实际上司机所操纵车辆的行驶速度是在不断变化的),只要速度连续、均衡,保证运行安全即可。地形条件较好路段,可以采用较高的设计速度;地形条件较差路段,可以适当限速,同时灵活运用次要技术指标。

(1)K27+100~K27+400 段路线方案。

本段位于扶罗镇伞寨村,老路平面半径为45m,不满足 40km/h 设计速度规范的平面指标要求。如果平面半径增大至60m,可以满足40km/h 速度规范要求,但需拆迁当地新建的两层高混凝土房屋约320m²,如图12-107所示,协调难度非常大。经认真分析计算,设计对此路段采用微调线位,配合限速 30km/h 和加强交安设施的方案通过,取得较好的效果,平面如图 12-108 所示。

图 12-107 该路段路线内侧房屋实景图

271

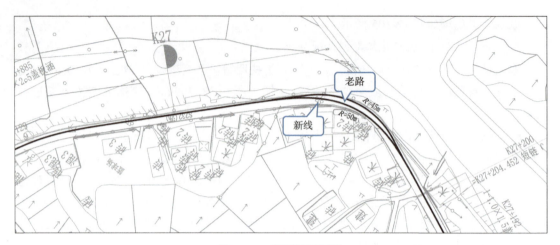

图 12-108　路段路线平面图

(2) K32+200～K32+480 段路线方案

本段位于扶罗镇云溪村,老路平面半径 45m,不满足 40km/h 速度规范要求,如平面

图 12-109　老桥桥位实景

半径加大到 60m,满足 40km/h 速度规范要求,则需在路线左侧新建一座现浇箱梁桥,造价增加约 350 万元。考虑到老桥上部结构为两跨空腹式双曲拱,桥型美观,且经检测单位评定,承载能力极限状态和正常使用极限状态满足《公路工程技术标准》(JTG B01—2014) 第 6.0.10 条要求,经分析比选,设计最终采用利用老路方案,并辅以限速 30km/h 进行处理。老桥实景如图 12-109 所示,新老路线方案比选如图 12-110 所示。

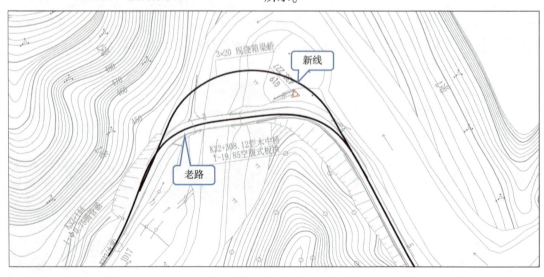

图 12-110　路段新老路线方案比选平面图

(3) K38+900～K39+115 段路线方案

本段位于贡溪乡贡溪村,老路平面半径 45m,不满足 40km/h 设计速度规范平面指标要求。如平面半径加大到 60m,虽满足 40km/h 速度规范要求,但需开挖路线左侧山体。从地质角度来看,此处左侧边坡是顺向边,如开挖可能导致大范围失稳,边坡处治费用巨大且运营风险高。经综合分析比较,设计采用利用老路方案并辅以限速 30km/h 的限速处理。老路边坡实景如图 12-111 所示,改建后边坡实景如图 12-112 所示。

图 12-111 改扩建前老路左侧边坡实景

图 12-112 改扩建后左侧边坡实景

(4) K38+000～K38+500 段路线方案

该路段左侧为 40m 以上的高边坡,右侧邻崖,老路平曲线间直线长度较短,JD51～JD52 反向曲线间直线长度为 45m,JD52～JD53 同向曲线间直线长度为 68m。如按规范的高指标采用,反向曲线需满足 2v=80m,同向曲线需满足 6v=240m,老路线形不满足要求;如单纯从提升平面指标考虑,按常规设计将 JD52～JD53 合并为一个单曲线圆,则会造成路线左侧大量挖方,工程防护费用剧增不说,还极可能为运营期留下地质灾害隐患。综合比较,参考《公路路线设计规范》(JTG D20—2017),对于设计速度小于或等于 40km/h 时,曲线间夹直线长度 2v 和 6v 为参照取值非强制执行,故最终采用拟合老路线形方案,虽降低了直线长度,但做到了充分利用既有工程,减少了巨大土石方开挖量,避免引发地质灾害和生态破坏,且经运行速度检验,该路段能满足安全运行要求。该路段实景及路线方面如图 12-113 和图 12-114 所示。

图 12-113 K38+000～K38+500 路段实景图

(5) K48～终点段路线方案

K48～终点段左侧为高路堤,右侧为深切方,地质情况较差,有滑坡历史,老路在该路段就砌有挡土墙支护。因终点与贵州省 S202 天邦公路高程对接,本段老路最大纵坡超过 8.5%。如果统一采用 40km/h 设计速度,则最大纵坡须控制在 8% 以内,势必会对老路造成较大填切,对环境造成巨大破坏的同时可能诱发滑坡地质灾害。综上,该路段采用设计速度按 30km/h 限速,维持老路纵坡不变的方案。该路段实景如图 12-115 所示。

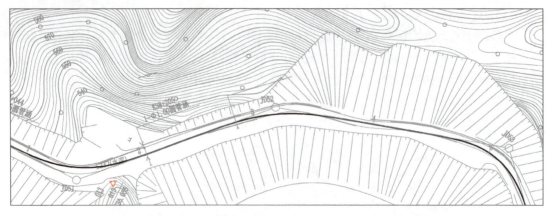

图 12-114　K38+000～K38+500 段同向及反向曲线间直线长度灵活处理

2. 注重路线连续流畅，优化路线线形

行车的舒适性要求对项目路线线形提出了较高的要求，但地形地质、改建性质又限制了较高线形指标的采用。路线连续流畅，不在于单个曲线指标的高低，而在于整条道路曲线指标的均衡。本项目改建设计中，灵活采用多种平曲线（S 形、卵形、回头曲线及复合型平曲线），注重平纵线形配合，提高线形连续性及与自然地貌的协调性。

S 形曲线线形连续流畅，与地形配合具有较高的灵活性，是增强路线动感的理想线形之一，在包括本项目在内的普通国省道的设计中较多采用，如图 12-116 所示。

图 12-115　K48～终点路段实景图

图 12-116　随弯就势的连续 S 形曲线

暗凹等线形视觉不连续，景观效果差且存在行车安全隐患，应通过调整纵坡等手段，改善老路"暗凹"等视觉中断线形，提升线性流畅和安全，如图 12-117 所示。

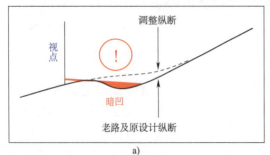

a)

b)

图 12-117　调匀纵坡，消除视觉中断老路"暗凹"

3. 路基断面形式结合自然条件灵活掌握

本项目为老路改建项目,老路路基宽度为 7~7.5m,改建后的路基宽度为 8.5m。由于项目地形复杂,多处路段一侧为河流,一侧为陡峭的山体,路基加宽条件有限。在保证行车道宽度的情况下,土路肩宽度 b 在 0.25~0.75m 间灵活选取,以减少山体开挖及设置大量挡墙,降低工程造价及环境破坏。类似路段实景如图 12-118 所示。

图 12-118　部分路段右侧为河,左侧为陡峭的山体,
可论证灵活选取土路肩宽度

4. 桥梁荷载标准,灵活选用

本项目为三级路升级为二级路,按《公路工程技术标准》(JTG B01—2014)7.0.2 条要求,二级公路汽车荷载等级采用公路—Ⅰ级,但当二级公路作为集散公路且交通量小,重型车辆少,其桥涵设计可采用公路—Ⅱ级荷载。

本项目共有老桥 12 座,根据检测报告,三江桥、八拱桥、高简桥和上贡溪桥维修加固的价值不大,需拆除重建或改线重建,其余 8 座桥梁经检测验算,满足公路—Ⅱ级标准,但不满足公路—Ⅰ级标准要求。如本项目统一采用公路—Ⅰ级标准,所有桥梁均需拆除重建,工程量大。设计对桥梁荷载标准进行了充分论证:

(1) 根据工程报告,本项目功能定位为集散公路。

(2) 根据历年交通量数据及 OD 调查,本项目 2018 年建成时预测年平均日交通量在 3042 辆,2034 年预测年平均日交通量仅有 9800 辆,交通量较小,重型车辆占比仅有 6% 左右。

(3) 根据《公路工程技术标准》(JTG B01—2014),当二级公路作为集散公路且交通量小,重型车辆少时,其桥涵设计可采用公路—Ⅱ级荷载。

综合项目特点,为充分利用原有构造物,对经过检测具有维修利用价值的桥梁,采用公路—Ⅱ级荷载进行验算通过。对不具有维修利用价值的桥梁拆除重建,新建桥梁荷载标准采用公路—Ⅰ级。

(三) 资源节约之路

对于改扩建项目而言,灵活选择老路加宽方式是资源节约的根本措施。常用的改扩建加宽方式有三种:单侧加宽、双侧加宽、分离式加宽(分离式加宽暂不考虑)。根据本项目特点及不同方案优缺点,除部分特殊路段,由于房屋、边坡、河流等特殊原因控制外,一般情况下采用单侧加宽方式。各路段加宽方式比选如表 12-9 所示。

本项目各路段加宽方案比较表　　表 12-9

序号	比较内容	单侧加宽方案	双侧加宽方案
1	对公路两侧设施影响	可利用一侧已有防护、排水、安全、绿化等设施	两侧已有防护、排水、安全等设施均需挖除重建

续上表

序号	比较内容	单侧加宽方案	双侧加宽方案
2	技术方案和实施难度	设计、施工、质量保证措施相对简单,对交通影响相对较小	路基路面、桥涵拼接等设计、施工、质量保证相对复杂,对交通影响较大
3	施工	(1)单侧加宽仅有一条新老路基衔接缝,施工作业面大,质量容易得到保证,土方工程可以从路的一侧集中施工,单点可完成工程量较大; (2)施工方便,老路可以作为施工临时道路使用; (3)单侧加宽路基加宽值相对两侧加宽方式要大,压实度容易保证,且基底处理等一系列施工工序都在一侧进行,施工进度快; (4)施工期间临时工程及占地较少;施工便道和预制场地可沿加宽侧布设	施工期间临时工程量相对较大,占地较多,施工便道、预制场地须沿公路两侧布设
4	其他优点	(1)单侧加宽可以减少新旧路基接触面,降低路基地处理难度; (2)施工对原路交通干扰较小,利用旧路的交通维持通畅	(1)可拟合原有路线几何线形; (2)新旧路幅横断面能有效组合,路拱横坡规范; (3)更适于城镇区的低填路段和受居民房屋建筑、电力电信等设施约束路段
5	推荐方案	推荐采用单侧加宽为主,局部路段双侧加宽	

(四)技术创新之路

本项目沿线共有老桥12座,其中中桥6座,小桥6座。根据检测报告,有8座桥梁虽满足公路—Ⅱ级标准,但需对部分病害进行处理。本项目积极采用新技术,利用老桥,降低工程造价。

1. 拱桥新建桥面系采用连续配筋桥面

现有老桥桥面破损严重,主要是温度作用下产生的横向通缝。为克服这一难题,维修加固引入连续配筋水泥混凝土层+沥青混凝土面层的桥面形式。采用18cm厚连续配筋水泥混凝土+4cm沥青混凝土面层的新建桥面,代替原有老桥桥面的水泥稳定碎石基层+沥青碎石面层,可大大改善拱桥桥面易开裂变形的缺点。由于新建桥面系自重比老桥面系自重略大,设计中根据拱上恒载不变的原则,采用泡沫轻质土换填混凝土代替原有拱上填料,平衡新建桥面系所增加的自重。如图12-119所示。

2. 采用悬挑新建桥面板的方式加宽桥面宽度

为满足改扩建后的桥梁宽度,本项目维修利用的8座老桥需加宽的最大值仅为1.06m,如采用拼接加宽法或悬臂挑梁法,造价相对较高且施工工序较复杂。设计采用拱桥左右两侧悬挑新建的连续配筋水泥混凝土桥面板来解决老桥宽度不够的问题。

3. 加强新建防撞护栏与桥面板连接

老桥防撞护栏与桥梁主体结构之间无钢筋连接,且护栏基座直接放置在拱上侧墙顶部,整体性较差。这种护栏的设置方式在某种意义上来说,仅对非机动车与行人起到有效的防护作用,在机动车的撞击下,护栏可能出现外倾、坠落。

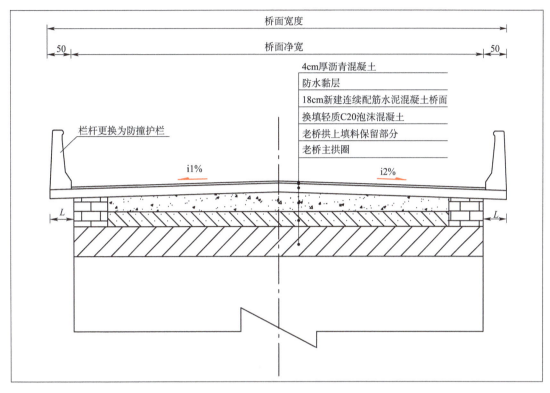

图 12-119 利用泡沫轻质土和连续配筋桥面加固老桥方案图(尺寸单位:cm)

圬工拱桥桥面系与附属工程更换,常规方案是采用植筋方式,将新建防撞护栏底面与拱上侧墙或换填的拱上填料连接,但这种方案施工复杂,连接性能较差。

本项目老桥新建桥面板与新建防撞护栏外侧同宽,防撞护栏与桥面板的连接方式采用预埋钢筋连接的方式。如图 12-120 所示。相对于常规方案,该新型护栏的优势在于:①新方案利用钢筋的抗弯与抗剪性能抵抗荷载对护栏的冲击力,常规方法是利用圬工材料和植筋的抗剪性能,前者的承载能力与安全储备明显优于后者。②通过验算,新方案的防撞护栏受到车辆撞击力作用时,护栏根部与桥面板端部连接处的受力满足规范要求,护栏与桥面板连接处及桥面板本身不会发生断裂,可以有效避免二次事故的发生。

4. 特殊构造物,灵活处理

如图 12-121 所示,K14+288 石拱涵位于石拱桥的桥台锥坡下。石拱涵基础和台身完好,没有出现下沉和开裂情况。但从图 12-122 可见,拱涵拱圈开裂较严重,并且顺涵轴方向的纵向裂纹长度占总长的 2/3;拱圈空洞 4 处,但拱圈基本没有变形。拱涵病害较为严重,但是如果拆除石拱涵,则拱涵上的石拱桥也

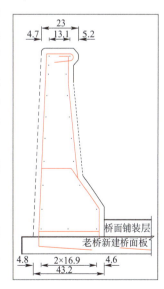

图 12-120 新建护栏钢筋构造图
(尺寸单位:cm)

需拆除,施工周期长且工程造价较高。

图 12-121　涵洞与桥位置实景图

a)

b)

图 12-122　石拱涵病害及位置示意图

经综合分析计算,最终采用加固处理的方案,具体措施包括:①拱圈采用高强砂浆修补圬工砌体空洞及裂缝,埋设压浆管后压浆密实以增加拱圈延性,提高其承载能力;②拱圈内衬外包 6cm 厚的聚合物砂浆。

本项目地处湘西南,依山傍水,地形复杂,道路升级改造既要将设计速度由 30km/h 提高至 40km/h,又要将路面宽度由 7m 左右加宽至 8.5m,受限因素多,改造困难。设计结合项目特点,在保证安全的前提下,通过灵活设计、技术创新,并注重细节设计,达到资源节约、行车舒适的目的,同时也有效地降低了工程造价,满足了业主的期望。

参考文献

[1] 关昌余,丽萌.新理念公路设计指南:2005 版[M].北京:人民交通出版社,2005.

[2] 赵明华,苏永华,刘晓明.湘南红砂岩崩解机理研究[J].湖南大学学报:自然科学版,2006,33(1):16-19.

[3] 赵明华,邓觐宇,曹文贵.红砂岩崩解特性及其路堤填筑技术研究[J].中国公路学报,2003,16(3):1-5.

[4] 刘多文,熊承仁.红砂岩的渐进崩解特性试验研究[J].中外公路,2002,22(6):19-22.

[5] 邓觐宇,赵明华.红砂岩路堤填筑技术研究[J].公路,2002(8):80-83.

[6] 广东省长大公路工程有限公司.广东省高液限土路基修筑技术指南[M].北京:人民交通出版社,2014.

[7] 李达辉,唐艳,孙文州.长江口细砂填筑路基压实特性研究[J].上海公路,2012(1):1-3.

[8] 李振,谢耿.粉细砂填筑路基施工工艺分析[J].西部交通科技,2017(6):25-28.

[9] 汪德云.粉细砂筑堤填筑标准确定的工程实践[J].水力规划与设计,2017(10):121-124.

[10] 谭毅,陈智.水泥改良粉细砂路基填料击实特性研究[J].公路与汽运,2012(5):117-119.

[11] 张宏,钱劲松,戴清,等.长江口细砂作为路基填料的工程特性研究[J].建筑材料学报,2012,15(2):236-240.

[12] 谭鹏,曹长伟,资西阳,等.滨海细砂作为公路路基填料的工程特性研究[J].公路工程,2014(1):94-98.

[13] 王恭先,王应先,马惠民.滑坡防治100例[M].北京:人民交通出版社,2008.

[14] 王小芳,杨云帆,杨琴.湖南省降水量时空分布特点及其动态趋势分析[J].湖南农业科学,2018(1):60-63.

[15] 交通运输部中交第二公路勘察设计院.公路设计手册(路基)[M].2版.北京:人民交通出版社,1996.

[16] 朱天璋,黄向京.湖南高速公路红粘土工程特性及问题与对策探讨[J].公路工程,2008,33(5):24-28.

[17] 黄向京,王维.湖南高速公路红粘土工程研究[J].地质灾害与环境保护,2008(11):177-181.

[18] 郑健龙,杨和平.公路膨胀土工程[M].北京:人民交通出版社,2009.

[19] 中华人民共和国交通运输部.公路隧道设计细则:JTG/T D70—2010[S].北京:人民交通出版社,2010.

[20] 中华人民共和国交通运输部.公路隧道加固技术规范:JTG/T 5440—2018[S].北京:人民交通出版社股份有限公司,2018.

[21] 中华人民共和国交通运输部.公路工程技术标准:JTG B01—2014[S].北京:人民交通出版社,2014.

[22] 中华人民共和国交通运输部.公路技术状况评定标准:JTG 5210—2018[S].北京:人民交通出版社股份有限公司,2019.

[23] 袁道先,蒋勇军,沈立成,等.现代岩溶学[M].北京:科学出版社,2016.

[24] 徐邦栋.滑坡分析与防治[M].北京:中国铁道出版社,2001.

[25] 韩行瑞.岩溶水文地质学[M].北京:科学出版社,2015.

[26] 童立元,刘松玉,邱钰.高速公路下伏采空区危害性评价与处治技术[M].南京:东南大学出版社,2006.

[27] 胡厚田.崩塌与落石[M].北京:中国铁道出版社,1989.

[28] 中华人民共和国交通运输部.公路项目安全性评价规范:JTG B05—2015[S].北京:人民交通出版社股份有限公司,2015.